PSAT는 상상

한번에 핵심뚫기

PSAT

Public
Service
Atitude
Test

자료해석

강필 저

 온라인 강의 >> 상상공무원 **sangsanggong.com**

 자료 파악법과 **효율적 계산법**을 반복 학습할 수 있는 구성

 선택지 **분류**를 통한 선택지의 **효율적 접근법** 제시

 쉽게 응용할 수 있는 **상황별 최적 계산 요령** 제시

 빠르게 응용할 수 있는 직관적인 이해와 풀이

 상상공무원

도서
출판 **오스틴북스**

PSAT 영역 중에서 자료해석은 처음 접했을 때 가장 생소함이 큰 영역일 것입니다. 익숙하지 않은 여러 형태의 자료가 제시되고, 상당량의 계산까지 필요하기 때문에 제시간 안에 모든 문제를 풀 수 있을지 의아할 것입니다. 그래서 자연스럽게 다른 영역을 중점으로 두고 자료해석을 가장 소극적으로 공부하는 경우가 많습니다. 하지만 자료해석은 PSAT 영역 중에서 가장 점수 향상 속도가 빠르고 안정적인 점수를 확보할 수 있는 영역이라고 자신 있게 말씀드릴 수 있습니다.

PSAT 시험이 오랫동안 시행되어오면서 자료해석 영역의 다양한 접근법과 계산 방법이 연구되었습니다. 그리고 이제는 정형화된 유형의 문항이 상당수 포함되어 출제되기 때문에 자료해석을 공략하는 지름길이 분명히 존재합니다. 이 책에서 제시하고 있는 지름길을 잘 따라간다면 여러분도 충분히 자료해석을 주력 영역으로 만들 수 있을 것입니다.

이 책은 엄선한 자료해석 공략법을 제시하고 있습니다. 출제 비율이 낮은 자료 형태 소개나 지엽적인 계산 방법들은 과감하게 생략하고, 가장 출제 빈도와 활용도가 높은 핵심 내용만 선별하여 단시간에 자료해석을 향상할 방법을 제시하고 있습니다.

본 책에서는 1) '자료의 핵심 구조를 빠르게 파악', 2) '묻고 있는 바를 효율적으로 계산'이라는 두 가지 기본적인 목표를 중심으로 구성하였습니다.

'본문 해석' 파트에서는 자료 구조의 빠른 파악을 위해서 빈출 자료 유형을 분류하여 자료 유형에 따라 반드시 확인해야 하는 핵심 내용을 정리해 두었습니다. '선택지 해석' 파트에서는 선택지를 분류하여 선택지 유형에 따른 해결 아이디어와 선택지의 난이도를 파악하는 습관을 기르도록 유도하고 있습니다. '자료해석을 위한 수리 이론'에서는 가장 기본이 되는 계산법부터 빠르게 정답을 도출할 수 있는 효율적 계산 요령까지 선별하여 소개하고 있습니다. 그리고 '유형별 연습' 파트에서는 위의 사항들이 실전 문항에서 어떠한 방식으로 적용되는지 이해할 수 있도록 문항 옆에 주요 확인 사항들을 요약해 두었으며, 해설에서는 앞 챕터에서 언급한 핵심 내용을 응용하여 풀이를 작성하였습니다.

따라서 이 책을 통해 자연스럽게 자료해석의 핵심 사항들을 익히고 반복 학습하여 다른 유사 문항을 보다 더 쉽게 해결할 수 있을 것입니다.

이 책으로 자료해석의 모든 부분을 섭렵할 수는 없겠지만, 여러분의 목표를 이루기에 결코 부족함이 없을 것입니다. 부디 이 책이 여러분의 길에 큰 도움이 되는 러닝메이트가 될 수 있기를 기원합니다.

저자 강필

목차

PSAT 알아보기

공직적격성평가(PSAT)란?

PSAT(공직 적격성 평가, Public Service Atitude Test)는 지식 기반 사회에서 정치, 경제, 사회 문화의 급속한 변화에 신속히 적응하고 공직과 관련된 상황에서 발생하는 새로운 문제에 대처할 수 있는 문제 해결의 잠재력을 가진 사람을 선발하기 위해 도입된 시험이다.

PSAT는 특정 과목에 대한 전문 지식의 성취도 검사를 지양하고 신임 관리자로서 필요한 기본적인 소양과 자질을 측정하는 시험으로 이를 위해 논리적·비판적 사고 능력·자료의 분석 및 정보 추론 능력, 판단 및 의사 결정 능력 등 종합적 사고력을 평가한다.

1. PSAT영역

언어논리	글의 이해, 표현, 추론, 비판과 논리적 사고 등의 능력을 검정
자료해석	수치 자료의 정리와 이해, 처리와 응용계산, 분석과 정보 추출 등의 능력을 검정
상황판단	상황의 이해, 추론 및 분석, 문제해결, 판단과 의사결정 등의 능력을 검정

1) 언어논리영역

① 정의

글을 논리적으로 이해하고 표현하고 비판하는 능력을 검정한다.

② 평가항목

이해	• 글의 주요 부분을 파악하고 전체적인 내용을 이해할 수 있는가? • 다양한 지문을 사용하여 폭넓은 독서를 유도하는 문제를 출제한다. 처세술이나 제태크 관련 글은 피하고 대신 공직자가 읽어야 할 만한 고전을 활용한다. 문학작품의 감상능력은 평가하지 않는다.
표현	• 글의 재료를 수집하여 개요를 구성하고 문단을 조직화하며 고쳐쓰기를 통해 글을 완성할 수 있는가? • 맞춤법, 띄어쓰기 등 문법적 지식을 직접 묻는 문제는 출제하지 않는다.
추론	• 주어진 글을 바탕으로 새로운 정보를 이끌어낼 수 있는가? • 기호논리학을 알아야만 풀 수 있는 문제는 출제하지 않는다. 논리학의 전문용어를 묻는 문제는 출제하지 않는다. 지나치게 복잡한 과정을 거쳐야만 풀 수 있는 문제는 출제하지 않는다.
비판	• 글에 들어있는 논증 구조를 분석하여 타당성, 일관성, 관련성 등의 기준에 의해 논증의 설득력을 비판적으로 평가할 수 있는가? • 추론능력 이외의 모든 논리적 사고능력은 모두 이 범주에 속한다.

③ 언어논리 지문의 소재

• 특정 학문의 전공자에게 유리하지 않도록 지문의 소재를 인문과학, 사회과학, 자연과학 등에서 골고루 사용한다.

• 공직자에게 권할만한 좋은 책이나 다양한 분야의 고전뿐만 아니라 서신, 설명, 홍보, 연설, 대화 등 실용적인 글도 지문으로 이용할 수 있다. 문학지문은 가급적 사용하지 않는다.

• 문제를 푸는데 필요한 지식은 대학의 교양수준을 넘지 않는 수준에서 구성하였으며, 대학교양 수준을 넘는 전문용어가 포함될 경우 비전공자도 충분히 이해할 수 있도록 용어의 의미를 주석으로 달아준다.

2) 자료해석영역

① 정의

수치자료의 정리와 이해, 처리와 응용계산, 분석과 정보 추출 등의 능력을 측정한다. 자료해석 능력은 일반적 학습능력에 속하는 것으로 수치, 도표, 또는 그림으로 되어 있는 자료를 정리할 수 있는 기초통계능력, 수 처리능력, 수학적 추리력 등이 포함되며 수치 자료의 정리 및 분석 등의 업무수행에 필수적인 능력이다.

② 평가항목

이해	• 제시된 표 또는 그래프가 가진 의미를 다른 별도의 내용과 관련짓지 않고 직접 읽어낼 수 있는 능력을 말한다. • 예를 들어 표 또는 그래프를 보고 이것의 의미를 말로 바꾸어 표현할 수 있는 능력을 말한다. • 공직상황에서 표나 그래프의 형태로 주어지는 자료를 해석하는 능력
적용	• 주어진 개념이나 방법, 절차, 원리, 법칙 그리고 일반화된 방법 등을 주어진 장면이나 구체적 장면에 맞추어 사용할 수 있는 능력을 말한다. • 법칙과 원리를 적용하는 문제, 도표나 그래프를 작성하는 문제, 자료 수집의 방법과 절차를 바르게 사용하는 문제 등이 여기에 속한다. • 다른 상황에서 적용된 통계자료를 자신의 상황에 맞게 적용하는 능력
분석	• 주어진 자료를 구성요소로 분해하고 그 구성요소 간의 관계와 그것이 조직되어 있는 원리를 발견하는 능력을 말한다. 또한 자료에 나타난 외적 현상 밑에 잠재되어 있는 아이디어 혹은 조직원리 등을 찾아내는 능력이다. • 자료에서 가설과 증거사이의 관계, 부분과 부분 사이의 관계, 결론을 지지하는 증거를 찾아내는 능력, 관계있는 자료와 관계없는 자료를 식별하는 능력 등이 분석력에 해당된다. • 주어진 복잡한 자료를 정리하여 자료 속에 숨어 있는 아이디어를 찾아내고 주어지지 않은 정보를 찾는 능력
종합 평가	• 여러 개의 요소나 부분을 결합하여 하나의 새로운 전체를 구성하는 능력 및 주어진 결론을 도출하기 위한 절차를 판단하고 자료를 통합하여 주장하는 바를 검증하는 능력이 여기에 포함된다. • 주어진 기준에 비추어 자료에서 얻어진 주장이나 결론 자체를 평가할 뿐만 아니라 그러한 주장이나 결론이 도출되는 과정 역시 평가하게 된다. • 공직 상황에서 주어진 여러 가지 자료를 이용하여 가장 합리적인 판단을 내리는 데 요구되는 능력

③ 자료해석 자료의 소재

자료해석 영역에서 출제될 수 있는 문항의 소재는 분야가 제한되어 있지 않다. 따라서 모든 분야에서 사용되는 자료들이 출제의 대상이 될 수 있다. 이러한 분야는 경제, 경영, 심리, 교육학과 같은 사화과학으로부터 물리, 화학, 생물, 천문학과 같은 자연과학의 분야뿐만 아니라 한국사 그리고 시사적 자료까지 다양한 소재가 사용될 수 있다.

자료해석 영역에서는 다양한 분야의 지표(GDP, 기업재고, 실업급여 청구율, 시청률 등) 또는 지수(주가지수, 지능지수, 소비자 평가지수 등)을 이용하여 문제가 출제될 수 있으며 통계치(빈도, 백분율, 상관계수 등)을 이용한 문제역시 출제될 수 있다. 그러나 지수나 지표 혹은 통계치, 그 자체의 개념이나 정의를 직접 묻는 문제나 혹은 그 개념을 미리 알고 있어야만 답을 할 수 있는 문제는 출제되지 않는다.

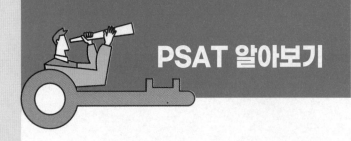

3) 상황판단영역

① 정의

상황판단영역은 구체적으로 주어진 상황을 이해·적용하여 문제를 발견하는 능력 및 이러한 문제점을 해결하기 위하여 다양한 가능성(대안)을 제시하고, 일정한 기준에 의해서 최선의 대안을 선택하는 능력을 측정하는 영역

② 평가항목

이해	• 제시된 상황의 주요 쟁점 및 문제점을 이해할 수 있는 능력 • 주어지 개념/원리들을 새로운 상황이나 구체적인 사례에 적용할 수 있는 능력 • 복잡한 상황 속에 숨어 있는 해결해야 할 문제와 그 문제의 본질을 찾아내는 능력
적용	• 상황을 대안으로 설정하기 위한 주요 요인을 추론하는 능력 • 여러 형태의 대안을 비교·분석하는 능력 • 복잡한 상황 속에서 해결해야 할 문제의 대안을 추론하고 분석하는 능력
분석	• 문제해결을 위한 대안을 설정하고, 그 대안의 실행전략을 유추하며, 그에 따른 결과를 예측하는 능력 • 복잡한 상황 속에서 해결해야 할 문제의 대안들을 찾아나가는 능력
종합 평가	• 문제해결을 위한 다양한 형태의 대안을 평가하는 기준을 설정하고 비교 평가하여, 합리적 대안을 선택하는 능력 • 복잡한 상황 속에서 해결해야할 문제의 여러 대안들을 비교·평가하여 최적(최선)의 대안을 도출해 내는 능력

③ 상황판단영역에 출제되는 소재

상황판단영역에서 출제되는 문항(지문)의 소재는 특정분야에 치우치지 않고 인문과학, 사회과학, 자연과학 등 다양한 분야에서 공직자들이 접하게 될 실제적인 상황, 구체적인 사회적 이슈, 공공정책 등을 사용한다.

문항(지문)의 소재를 다양화한 것은 수험자들의 학습 부담을 늘리기 위한 것이 아니라 다양한 상황에 접근할 수 있는 논리적·비판적 사고능력과 문제해결능력 등을 함양하여 그 능력을 새롭고 다양한 분야에 적용할 수 있도록 하기 위해서이다.

다양한 독서를 통해 넓고 깊은 교양을 쌓은 수험자가 유리하도록 종합적이고 심도 있는 사고를 요하는 문제를 중심으로 출제한다.

문제를 푸는 데 필요한 지식은 대학의 교양 수준을 넘지 않는 수준에서 구성한다. 단, 교양 수준을 넘는 전문적인 용어가 사용되었을 경우에는 각주 등을 사용하여 그 용어를 이해할 수 있게 설명한다.

★ 1단계: 자료해석 공부의 기본은 '정확도'임을 명심하기

제한시간에 해결해야 하는 모든 객관식 시험과 마찬가지로 자료해석 역시 정확도와 속도를 향상시키는 것이 중점이다. 그렇다면 자료해석에 입문하면서 어떠한 요소를 중점으로 공부해야 할까?

우선 정확도와 속도는 양립할 수 없는 개념인 동시에 상호보완되는 관계라는 것을 알아야 한다. 단편적으로 한 문제의 풀이만 생각해보면 정확도를 향상시키기 위해서 문제를 꼼꼼하게 풀이해야 하므로 속도가 늦어질 수 밖에 없다. 하지만 전체적으로는 정확도가 향상됨으로써 얻는 이익을 통해 결국 속도가 비약적으로 향상되는 결과를 얻을 수 있다.

먼저 정확도가 향상되면 심리적인 안정감을 얻을 수 있다. 자료해석은 대부분 계산을 통해 문제를 해결해야 하므로 순간적인 집중도와 안정감이 필요하다. 그래서 심리적으로 흔들린다면 타 영역에 비해 크게 망칠 확률이 높다. 그렇기 때문에 심리적 안정감 확보를 위해 가장 핵심인 정확도가 매우 중요하다.

그리고 자신의 풀이에 일정 수준 이상의 정확도가 확보되었다는 자신감과 감각이 있다면 이를 바탕으로 적절한 시험 전략을 세울 수 있다. 한 문제 내에서 선택지를 해결하는 우선순위를 정할 수 있고, 전체적인 시험에서도 문제 유형에 대한 정확도에 대한 감이 있다면 정확도가 높은 문제를 우선적으로 해결하여 높은 정답률을 확보할 수 있을 것이다.

| 정확도 | ⇒ | 속도 |

그렇다면 결국 자료해석에 입문하면서 가장 기본적인 목표는 정확도를 향상시키는 것이라고 할 수 있다. 처음에는 한 문제 푸는 시간이 오래 걸리더라도 우선 정확도를 높이는 방향을 지향해야 한다.

※ 속도에 의존하는 공부를 하는 경우 흔하게 나타나는 단점이 있다. 공부를 할수록 분명 더 많이 알아가는 느낌은 들지만, 그만큼의 점수로 연결되지 않는 경우가 많다. 보통 이런 케이스는 70점 정도 점수를 얻는 수준까지는 빠르게 다다르지만, 이후에는 극심한 정체기를 만나게 되고 극복하기에 절대 쉽지 않다.

자료해석 공부방법과 이 책의 활용

★ 2단계: 정확도 향상시키기

정확도를 향상시키기 위해서는 다음과 같은 두 가지 능력을 확보해야 한다.

자료파악능력	계산능력

1) 자료파악능력

① 빈출 자료의 구성과 특징 이해: 우선 빈출되는 자료들을 중점으로 주요 포인트를 중점으로 해석할 수 있는 능력을 길러야 한다.

② 빈출되는 출제 포인트 예측 및 함정 표현 이해
선택지와 연계해서 중요한 점들을 체크하는 습관을 들여야 한다. 결국 자료를 파악하는 것은 선택지의 판단을 위한 것이므로 빈출되는 선택지의

③ 자료의 핵심 키워드 파악 및 단기 암기
그리고 자료를 구별할 수 있는 주요 키워드를 파악하고 단기적으로 암기하여 선택지에서 묻는 대상을 빠르고 정확하게 찾을 수 있어야 할 것이다.
이를 위해서 단순하게 자료를 많이 접하면 될 것이라고 생각하면 오산이다. 항상 자료를 볼 때마다 주요 체크리스트를 스캔하듯이 보는 습관을 만들어야만 짧은 시간에 자료를 파악하는 능력을 기를 수 있다.

➤ **본서의 활용**

기본적인 빈출 자료의 해석을 위해서 'CHAPTER 2. 본문 해석'을 참고하면 된다. 그리고 'CHAPTER 3. 선택지 해석'을 통해 빈출되는 선택지 유형을 이해한다면 본문 자료와의 연계성을 이해할 수 있어 본문자료를 보다 효율적으로 해석할 수 있는 능력을 기를 수 있을 것이다.
그리고 'CHAPTER 5. 유형별 실전 문제'에서는 본문의 주요 체크 사항을 문항 옆에 요약해 두었고, 해설에서 선택지 해설 전에 '자료이해'에서 전반적인 자료의 출제 포인트를 정리해 두었다.
여러 차례 반복하여 위 챕터들을 공부해서 빈출 자료들에 대해서는 핵심 사항을 체크하는 습관을 체화시키도록 해야 할 것이다.

2) 계산능력

① 어림산의 이해와 활용

자료해석에서는 정밀한 계산이 필요한 경우는 거의 없다. 따라서 기본적으로 사칙연산에 대한 어림산이 충분히 익숙해질 정도로 연습하는 것이 필요하다. 자신의 계산력이 약하다고 판단되면 어림산 계산만 따로 연습해보는 것도 필요하다. 자료해석에 필요한 어림산 계산은 고난도의 계산 스킬이 아니기 때문에 짧은 훈련만으로도 충분히 향상할 수 있다는 것을 명심해야 한다.

⮕ 본서의 활용

'CHAPTER 4. 자료해석을 위한 수리이론'에서 '어림산' 파트를 통해 어림산을 이해할 수 있을 것이다. 어림산은 각자가 계산하는 방식이 조금씩 다르다. 본서에서 소개하는 어림산 방법은 충분히 명확성과 실전성이 검증된 방법이므로 자신의 어림산 방법이 모호하다고 생각한다면 본서의 내용을 반드시 참고하여 기본적인 어림산 스킬을 갖추어야 할 것이다.

② 자신만의 계산 방식 정립

자료해석을 처음 공부할 때 계산에 대한 고민을 대부분 해보게 된다. 왜냐하면 기본적으로 자료해석은 대부분 어림산을 사용하므로, 자신의 계산에 대한 확신이 서지 않는 경우가 많다. 그리고 특정 상황에서 일관된 계산 방법을 사용하는 것이 아니라, 그때마다 다른 임기응변식의 계산을 하는 경우가 많아 무언가 체계가 잡히지 않았다는 불안함을 느낄 수 있다. 따라서 어림산을 하더라도 어느 정도 일관된 방법을 사용하고, 특정 상황에서 확실하게 효율적인 방식이 있다는 것을 이해하고 학습해야 한다.

⮕ 본서의 활용

'CHAPTER 4. 자료해석을 위한 수리이론'에서는 일관된 어림산 방식을 제시하고 있으며, 여러 가지 계산 방식 중 상황에 따른 효율적인 접근 방식의 순서를 정리해두었다. 따라서 아직 자신의 계산에 불안함이 느끼는 경우 이를 참고하면 큰 도움이 될 것이다.
그리고 '효율적 계산 TIP'은 활용도가 상당히 크고 효율적인 내용을 엄선하였기 때문에 정확도 향상과 시간을 단축하는 데 많은 도움이 되리라 생각한다.

자료해석 공부방법과 이 책의 활용

★ 3단계: 실전 전략 세우기

객관식 시험에서는 전략이 매우 중요하다. 특히 자료해석은 타 영역과 달리 일정 수준의 실력이 쌓이면 선택지 전부를 해결하지 않고서도 정답을 결정할 수 있는 경우가 많다. 따라서 기본적으로 실전에서는 최소한의 선택지를 해결하는 방식의 전략을 연습해야 할 것이다. 그리고 문항의 난이도를 파악하여 정답률이 낮을 것이라고 예측되는 문항을 과감하게 우선순위에서 뒤로 밀어두는 것도 주요한 전략이 될 것이다.

이러한 전략의 기본은 자신 있게 풀 수 있는 선택지 유형과 문제 유형을 파악하는 것이다.

➡ 본서의 활용

본서 'CHAPTER 3. 선택지 해석'에서는 선택지의 유형 분류뿐 아니라 유형에 따른 난이도를 정리해두었다. 그리고 'CHAPTER 5. 유형별 실전 문제'에서는 문항을 다양한 기준의 유형으로 분류하고 주요 사항들을 정리해두었다. 본서에서 나누어진 선택지와 문제 유형은 실전에서도 대부분 접하게 될 것이기 때문에 유형별 특징과 난이도를 알아둔다면 실전 전략을 세우는 데 도움이 될 것이다.

★ 4단계: 감각 유지

PSAT는 문제 풀이의 감각이 매우 중요한 시험이다. 배경지식에 근거한 시험이 아니기 때문에 순간의 임기응변이나 직관이 중요하다. 특히 자료해석은 타 영역보다 감각이 훨씬 중요한 과목이다. 불과 일주일 정도만 자료해석 문제를 풀어보지 않아도 문제 해석력과 계산력이 둔해지는 것을 느낄 것이다. 따라서 다음과 같이 실전까지 감각을 유지하는 방법을 추천한다.

1) 자신만의 대표 유형 문제 선별

자료해석 문제를 풀다 보면 좋은 느낌이 드는 문항들이 있다. 쉬워서 좋은 느낌이 든 것이 아니라 번뜩이는 계산, 자료 구조의 특이성, 자신의 풀이 창의성 등 그 문제를 푸는 동안 신선한 느낌을 받아서 일 수도 있고, 또는 다른 많은 문제의 기본 틀이 될 수 있는 단단한 구조의 문제라는 느낌을 받아서 일 수도 있다.

그러한 문제를 20~30개 정도 선별하여 정리해두고, 정기적으로 다시 풀어본다면 그 좋은 느낌을 상기시킬 수 있을 것이다. 이러한 방식의 문항 정리는 자료해석 실전 감각을 유지하는 데 매우 큰 도움이 될 것이므로 꼭 실천해보길 바란다.

2) 매일 계산 연습

자료해석은 기본적으로 공식에 의존한 정밀 계산이 아니다. 따라서 연습하지 않으면 계산에 대한 감을 쉽게 잊어버릴 수 있다. 좋은 느낌이 드는 문항을 정리해두는 것처럼 다양한 스킬의 대표적인 계산을 정리해두고 주기적으로 연습해보는 것도 감각 유지에 큰 도움이 될 것이다.

➡ 본서의 활용

'CHAPTER 5. 유형별 실전 문제'에 정리해둔 문제 유형과, 'CHAPTER 4. 자료해석을 위한 수리 이론'에 정리해둔 계산 중 몇 가지를 정리해두고 정기적으로 읽어보면 좋을 것이다.

어떤 이들은 자료해석을 원래부터 잘하는 사람과 못하는 사람이 나뉜, 공부해서 향상되지 않는 IQ 테스트 같다고 말하곤 한다. 절대 그렇지 않다는 것을 명심하길 바란다. 위 공부 방법을 잘 실천한다면 자료해석은 고득점을 확보할 수 있는 가장 안정적인 영역이 될 것이다.

시험안내

국가직 공무원 7급 공개경쟁 채용시험

✱ 시험의 목적

공무원 신규채용시 불특정 다수인을 대상으로 경쟁시험을 실시하여 공무원으로 채용하는 제도로서 균등한 기회보장과 보다 우수한 인력의 공무원 선발에 있음

✱ 7급 시험실시 기관

- 인사혁신처장: 교정·보호·검찰·마약수사·출입국관리·행정·세무·관세·사회복지·감사·공업(일반기계·전기·화공직류)·농업(일반농업직류)·시설(도시계획·일반토목·건축·교통시설·도시교통설계직류)·전산직렬 공채시험
- 소속장관: 인사혁신처장이 실시하는 시험을 제외한 기타 채용시험

✱ 채용절차

시험공고 → 응시원서접수 → 시험실시 → 합격자발표 → 채용후보자등록 → 임용추천·배치 → 임용

✱ 채용시험절차

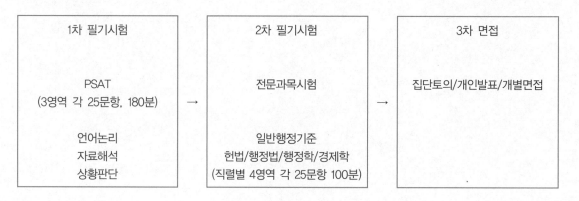

1차 필기시험	2차 필기시험	3차 면접
PSAT (3영역 각 25문항, 180분) 언어논리 자료해석 상황판단	전문과목시험 일반행정기준 헌법/행정법/행정학/경제학 (직렬별 4영역 각 25문항 100분)	집단토의/개인발표/개별면접

2021년 국가직 7급 시험통계

✻1차 필기시험

2021년도 국가공무원 7급 공채 제1차시험 합격선 및 합격인원 현황

모 집 단 위	선발 예정 인원	출원 인원	응시 인원	2021년도		비 고
				합격선	합격인원	
전 모집단위 합계	815	38,947	24,723	–	5,758	–
일반 모집 계	757	38,533	24,470	–	5,638	–
행정(일반행정:일반)	215	14,810	9,537	70.33	1,586	
세무(세무:일반)	136	3,371	2,245	53.33	1,046	
공업(일반기계:일반)	42	1,092	672	57.33	308	
외무영사(외무영사:일반)	41	3,354	2,673	67.66	294	

2021년도 국가공무원 7급 공채 제2차시험 점수 분포 현황

	계	95 이상	90 이상 95 미만	85 이상 90 미만	80 이상 85 미만	75 이상 80 미만	70 이상 75 미만	65 이상 70 미만	60 이상 65 미만	55 이상 60 미만	50 이상 55 미만	50 미만	비고 (과락)
총 계	24,723	1	22	111	421	710	1,450	2,239	2,791	2,391	3,189	2,614	8,784
행정(일반행정 전국:일반)	9,537		12	68	257	406	762	995	1,149	886	1,152	880	2,970
세무(세무:일반)	2,245		1	4	15	40	92	177	254	238	345	263	816
공업(일반기계:일반)	672			5	10	17	37	85	84	87	86	70	191
외무영사(외무영사:일반)	2,673	1		1	23	44	113	215	284	251	343	320	1,078

✻2차 필기시험

2021년도 국가공무원 7급 공채 제2차시험 합격선 및 합격인원 현황

모 집 단 위	선발 예정 인원	출원 인원	응시 인원	2021년도		비 고
				합격선	합격인원	
전 모집단위 합계	815	38,947	5,171	–	984	–
일반 모집 계	757	38,533	5,056	–	929	–
행정(일반행정:일반)	215	14,810	1,411	89.00	254	
세무(세무:일반)	136	3,371	947	78.00	166	
공업(일반기계:일반)	42	1,092	326	80.00	51	
외무영사(외무영사:일반)	41	3,354	260	86.00	52	

2021년도 국가공무원 7급 공채 제2차시험 점수 분포 현황

	계	95 이상	90 이상 95 미만	85 이상 90 미만	80 이상 85 미만	75 이상 80 미만	70 이상 75 미만	65 이상 70 미만	60 이상 65 미만	55 이상 60 미만	50 이상 55 미만	50 미만	비고 (과락)
총 계	5,171	105	320	437	514	458	431	441	424	321	180	92	1,448
행정(일반행정 전국:일반)	1,411	65	152	178	160	118	104	116	126	89	53	24	226
세무(세무:일반)	947	3	27	36	66	81	71	74	75	45	28	17	424
공업(일반기계:일반)	267		10	12	23	29	19	16	19	13	5	1	120
외무영사(외무영사:일반)	260	7	22	29	40	25	30	20	23	18	6		40

강필
PSAT
자료해석 기본서

CHAPTER

01

자료해석 열기

자료해석 열기

1 자료해석 소개

자료해석은 〈표〉, 〈그림〉 등으로 주어진 수치자료를 이해, 분석, 처리, 정보 추출, 계산하는 능력을 측정하는 영역이다. 대부분의 필기 전형 적성검사에서 필수적으로 평가하는 영역이다.

(1) 자료해석 시험의 구성과 평가방법

자료해석은 5급, 민간경력자 채용 시험, 7급 공무원 시험, 공기업, 대기업 적성 시험 등에서 평가하고 있다. 수학능력시험에서는 사회문화에서 '표', '그래프' 유형 문항이 자료해석에 해당한다고 볼 수 있다.

구분 \ 시험명	수능	PSAT	GSAT	NCS
분야	대입 적성	공무원 직무 적성	대기업 직무적성	공기업 직무적성
영역	사회문화 세부유형 (자료분석)	독립과목 (자료해석)	수리논리 세부유형 (자료해석)	수리능력 세부유형 (도표해석)

(2) PSAT 자료해석 영역 평가 방식

시험	문항수	제한시간
5급 공개경쟁채용시험, 외교관후보자 선발시험, 지역인재 7급 수습직원 선발시험, 입법고시	40문항	90분
국가공무원 민간경력자 일괄채용시험, 7급 경호공무원 공개경쟁채용시험, 7급 공개경쟁채용시험	25문항	60분

(3) 시험 소재와 문항 배치 특징

특정 분야에 치우치지 않고 인문, 사회, 경제, 과학 등 다양한 소재의 〈표〉, 〈그림〉, 〈조건〉, 〈정보〉 등의 자료가 주어진다. 그리고 배경지식이 없더라도 문항 내의 정보만으로 충분히 문제를 이해하고 해결할 수 있는 조건을 제시해 준다.

한편 특별한 유형이나 킬러 문항이 특정 번호에 배치되지 않기 때문에 특정 번호를 킬러문항으로 설정하고 배제하는 전략이 쉽지 않다.

(4) 문제 출제 유형

유형		내용
해석형	단순읽기	계산과 추론 등이 요구되지 않은 단순한 자료 읽기 (제시된 자료의 단순 비교)
	단순계산	문제의 요구에 따라 주어진 자료를 비교적 단순한 계산을 통해 정답을 도출 (합, 차, 평균, 증가율, 비율 등의 단순 사칙연산)
	응용계산	문제의 이해를 통해 필요한 계산식 등을 유도한 후 계산하여 정답을 도출 (식의 변형을 통해 필요한 계산식의 유도 및 활용)
	이해	주어진 자료의 형식이나 관계를 이해한 후 계산하여 정답 도출 (새로운 구조나 형식의 자료)
	추론	문제에서 주어지지 않은 상황이나, 가정된 상황 등을 예측하여 정답 도출 (자료의 범위 등을 예측)
수리계산		주어진 식과 조건을 이용하여 계산을 통해 문제에서 요구하는 결과를 도출 (최댓값, 최솟값 등의 계산)

※ 한 문항에 다양한 지문 유형이 혼합되어 있음

(5) 정형화된 문제 유형

유형	내용
〈표〉, 〈그림〉 해석형	제시된 자료를 해석, 계산하여 선택지의 정오를 판단하는 유형
자료 변환형	제시된 〈보고서〉, 〈표〉, 〈그림〉 등을 근거로 표현한 선택지의 〈표〉, 〈그림〉 등의 정오를 판단하는 유형
매칭형	명칭이 주어지지 않은 대상을 계산과 추론을 통하여 명칭과 대상을 매칭 시키는 유형
보고서형	〈보고서〉의 작성되지 않은 부분을 계산 및 추론을 통하여 계산하는 유형
필요한 자료 추론형	〈보고서〉를 작성하기 위해서 추가로 필요한 자료를 찾는 유형
상황 계산형	주어진 조건과 상황에 따라 최적 결과 값, 최적 대상 등을 도출하는 유형

(6) 자료해석 공부방법 및 전략

자료해석은 짧은 시간 동안 많은 계산을 요구하기 때문에 처음 접했을 때 가장
어렵다고 느낄 수 있는 영역이다. 하지만 필요한 계산은 고차원의 방부등식이
아니라 대부분 단순 사칙연산이다. 그렇기 때문에 오히려 계산 요령과 문제 파
악 능력을 익히면 타 영역에 비해 가장 빠르게 점수가 향상되며 일정 수준의 점
수를 보장해주는 영역이 될 수 있다.

1) 효율적인 계산법 연습

자료해석 시험이 시행되어 온 기간이 적지 않다. 그동안 시간을 단축하는 많은
자료해석 계산법이 연구되었다. 그중에는 분수비교법, 곱셈비교법 등 효율성

을 검증받은 방법들이 많기 때문에 자신에게 어색한 방법이라고 외면하지 말고 연습하고 익힌다면 정확성이 크게 향상될 수 있다.

2) 확실하게 정답률을 높일 수 있는 문제 유형 파악

PSAT 자료해석 시험의 난이도는 일반적으로 난이도 하 20%, 중 60%, 상 20% 정도로 구성된다.

① 25문항 기준

난이도	문항수
하	5문항
중	15문항
상	5문항

② 40문항 기준

난이도	문항수
하	8문항
중	24문항
상	8문항

따라서 기본 〈표〉, 〈그림〉, 자료변환, 매칭, 보고서, 필요한 자료추론형, 쉬운 상황 계산형 등 난이도 상을 제외한 모든 문항을 맞힌 경우 80점 정도의 점수이고 충분히 합격선이 될 수 있다.

3) 모든 선택지를 해결해야 하는 것이 아니다

난도가 높지 않은 선택지를 우선적으로 선택해서 풀어도 충분히 합격권에 이를 수 있다. 25문항 PSAT를 기준으로 선택지 또는 보기에서 총 80여 개의 지문이 주어진다. 이 중 단순읽기, 단순계산, 빈출 되는 지문 등을 먼저 처리하면 실질적으로 50~60 여개의 지문만 처리해도 된다.

> ☑ 위에서 언급한 실전 전략은 모두 유기적으로 결합하여 폭발적인 실력 향상을 가져온다. 문제 파악 능력이 약하면 난도가 높은 문제나 지문을 거를 수 없고, 계산력이 약하면 자신이 선택한 정답을 확신할 수 없기 때문에 모든 지문을 다 살펴보아야 한다. 하지만 문제파악력과 계산력이 향상되면 적절하게 난이도가 낮은 문제부터 풀이할 수 있고, 일부 지문만 살펴보고 정답을 확신할 수 있기 때문에 정확도 향상과 시간관리가 이루어지면서 급격하게 성적이 오르는 시점이 생긴다.
> 혹시 자신의 점수가 60점 미만이라면 미리 포기하지 말고 그러한 변화의 시점을 꼭 경험해보길 바란다.

② 자료해석 문항 구성

자료해석 문항은 발문, 본문, 선택지로 구성된다. 본문은 본문 자료의 제목, 단위, 각주 등으로 구분할 수 있으며, 선택지는 지문형, 수치제시, 대상제시형으로 나눌 수 있다.

(1) 문항의 구성

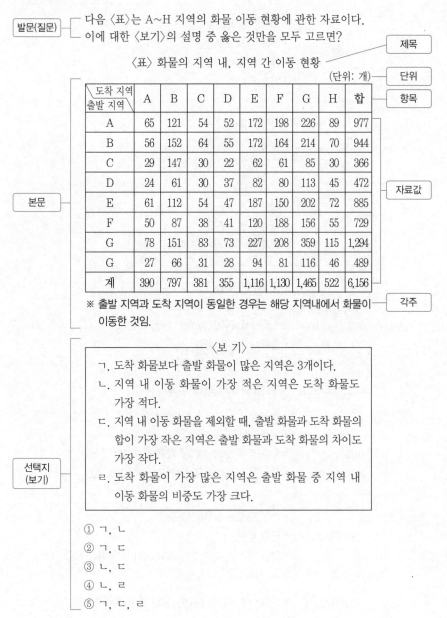

발문(질문) — 다음 〈표〉는 A~H 지역의 화물 이동 현황에 관한 자료이다. 이에 대한 〈보기〉의 설명 중 옳은 것만을 모두 고르면?

제목 — 〈표〉 화물의 지역 내, 지역 간 이동 현황

단위 — (단위: 개)

항목

출발 지역 \ 도착 지역	A	B	C	D	E	F	G	H	합
A	65	121	54	52	172	198	226	89	977
B	56	152	64	55	172	164	214	70	944
C	29	147	30	22	62	61	85	30	366
D	24	61	30	37	82	80	113	45	472
E	61	112	54	47	187	150	202	72	885
F	50	87	38	41	120	188	156	55	729
G	78	151	83	73	227	208	359	115	1,294
G	27	66	31	28	94	81	116	46	489
계	390	797	381	355	1,116	1,130	1,465	522	6,156

자료값

※ 출발 지역과 도착 지역이 동일한 경우는 해당 지역내에서 화물이 — 각주
이동한 것임.

본문

선택지 (보기)

─── 〈보 기〉 ───
ㄱ. 도착 화물보다 출발 화물이 많은 지역은 3개이다.
ㄴ. 지역 내 이동 화물이 가장 적은 지역은 도착 화물도 가장 적다.
ㄷ. 지역 내 이동 화물을 제외할 때, 출발 화물과 도착 화물의 합이 가장 작은 지역은 출발 화물과 도착 화물의 차이도 가장 작다.
ㄹ. 도착 화물이 가장 많은 지역은 출발 화물 중 지역 내 이동 화물의 비중도 가장 크다.

① ㄱ, ㄴ
② ㄱ, ㄷ
③ ㄴ, ㄷ
④ ㄴ, ㄹ
⑤ ㄱ, ㄷ, ㄹ

(2) 문항 구성별 체크사항

구성		CHECK!!
발문		• 주 자료에서 다루지 않은 정보 • 주 자료에서 다루고 있지만 효율적으로 알 수 있는 내용 • 최종질문 확인(옳은 것, 옳지 않은 것, 구해야 하는 대상이나 수치)
본문	제목	• 세부자료에 없는 대상과 수치 • 대상 사이의 연산관계 • 복수 자료사이의 관계 파악 • 자료의 속성
	단위	• 자릿수 확인 • 상대자료 여부 확인 • 단위로 유추할 수 있는 연산관계 확인
	주 자료	• 대상의 계층구조 • 대상의 연산구조 • 전체 중 제시되지 않은 자료 확인
	각주	• 주 자료에 없는 정보 • 연산관계 확인, 정리 • 수식에서 주자료에 없는 대상 확인 • 출제자의 의도 파악
	조건, 정보 등	• 우선순위 처리 조건, 정보의 파악
선택지	지문형 (5지선다, 보기지문)	• 우선순위 지문 파악 • 주 자료를 벗어난 대상 확인(알 수 없는 자료) • 〈보기〉 지문의 경우 취합형 선택지 구성 확인
	수치제시	• 특정 자릿수 활용 가능 확인 • 단위 확인 • 연산 결과가 특정 수의 배수 등이 되는 특징 확인
	대상제시	• 선택지에 제시된 대상을 통한 경우의 수 줄이기

강필
PSAT
자료해석 기본서

CHAPTER

02

본문 해석

본문 해석

자료해석 문항에서 본문은 〈표〉, 〈차트〉, 〈조건〉, 〈정보〉, 〈보고서〉, 〈각주〉 등으로 주어진다.
본문에 해당하는 자료의 정확한 파악이 먼저 이루어져야만 지문을 해결할 수 있을 것이다.
본문을 해석하는 충분한 경험이 쌓이면 본문의 자료만으로도 어떠한 내용들이 선택지에서 다루어질 것
인지 추측이 가능하다. 그러한 단계에 이르기 위해서는 자료의 특징에 따른 해석방법 및 주의사항을 숙
지해야 할 것이다.

1 표와 차트

(1) 본문 자료의 제목

제목은 〈표〉, 〈차트〉 등의 본문자료를 축약적으로 설명해주는 역할을 한다. 또
한 자료의 제목에서는 자료의 범위를 한번에 알 수 있게 해 주거나, 어떠한 내용
을 다룰 것인지를 담고 있다. 또한 복수의 자료가 주어지는 경우 자료 간 정보를
통해 새로운 정보를 도출해서 해결해야 하는 선택지들이 많이 출제되므로 자료
의 제목을 통해 자료 사이의 관계와 구성 등을 파악할 수 있어야 한다.

자료의 제목 체크사항	자료의 범위
	자료의 명칭
	자료 사이의 관계

(2) 복수 자료 사이의 관계

복수 자료 사이의 관계는 크게 병렬 관계, 독립 관계, 보조 관계로 나눌 수 있다.

복수 자료	병렬 관계
	독립 관계
	보조 관계

1) 병렬 관계

2개 이상의 자료의 항목 구성이 같은 구조를 갖고 있는 관계이다. 병렬 관계인 경우 대응되는 두 자료의 값을 비교하는 계산이 빈출된다. 따라서 대응되는 두 자료의 핵심 키워드를 축약해서 기억해야 해당 자료를 빠르게 찾을 수 있다.

〈표 1〉 생산직 근로자의 직무스트레스 수준 응답 구성비

(단위: %)

항목 \ 스트레스 수준	상위		하위	
	매우 높음	높음	낮음	매우 낮음
업무과다	9.77	67.67	22.56	0.00
직위불안	10.53	64.66	24.06	0.75
관계갈등	10.53	67.67	20.30	1.50
보상부적절	10.53	60.15	27.82	1.50

〈표 2〉 사무직 근로자의 직무스트레스 수준 응답 구성비

(단위: %)

항목 \ 스트레스 수준	상위		하위	
	매우 높음	높음	낮음	매우 낮음
업무과다	10.34	67.82	20.69	1.15
직위불안	12.64	58.62	27.59	1.15
관계갈등	10.34	64.37	24.14	1.15
보상부적절	10.34	64.37	20.69	4.60

이 자료를 보면 두 자료는 같은 항목과 구성을 갖고 있다. 두 자료에서는 각각 '생산직', '사무직'이 두 자료를 구별하는 키워드이므로 자료의 위치와 키워드를 기억해야 한다.

2) 독립 관계

각 자료가 다른 구성과 내용을 다루고 있다. 따라서 각 자료가 다루는 주제를 축약해서 기억해야 할 것이다. 그리고 전체적으로 다루는 범주는 같기 때문에 자료 사이에 일부 자료값이 공통될 수 있고, 그러한 값들이 있는지 여부는 확인하는 습관이 필요하다.

〈표 1〉 A국의 건강보험 진료비 발생 현황

(단위: 억 원)

구분	연도	2013	2014	2015	2016	2017
의료기관	소계	341,410	360,439	390,807	419,353	448,749
	입원	158,365	160,791	178,911	190,426	207,214
	외래	183,045	199,648	211,896	228,927	241,534
약국	소계	120,969	117,953	118,745	124,897	130,844
	처방	120,892	117,881	118,678	124,831	130,775
	직접조제	77	72	66	66	69
계		462,379	478,392	509,552	544,250	579,593

〈표 2〉 A국의 건강보험 진료비 부담 현황

(단위: 억 원)

구분	연도	2013	2014	2015	2016	2017
공단부담		345,652	357,146	381,244	407,900	433,448
본인부담		116,727	121,246	128,308	136,350	146,145
계		462,379	478,392	509,552	544,250	579,593

〈표 3〉 국가별 건강보험 진료비의 전년대비 증가율

(단위: %)

구분	연도	2013	2014	2015	2016	2017
B		16.3	3.6	5.2	4.5	5.2
C		10.2	8.6	7.8	12.1	7.3
D		4.5	3.5	1.8	0.3	2.2
E		5.4	−0.6	7.6	6.3	5.5

위의 자료에서는 큰 범주는 건강보험이지만 각각의 표는 건강보험과 관련하여 서로 다른 주제를 다루고 있다.

전제 다루는 범주는 건강보험 진료비이며, 〈표 1〉의 키워드는 'A국', '발생'이고 〈표 2〉의 키워드는 'A국', '부담' 〈표 3〉은 '국가별 진료비', '증가율'이다. 이러한 키워드를 기억하고 있어야 선택지를 파악할 때 여러 자료 중 어떤 자료를 참고해야 하는지 빠른 대응이 가능하다.

그리고 〈표 1〉, 〈표 2〉에서 연도별로 건강보험 진료비 '계' 항목이 같다는 것을 확인하는 것도 중요하다.

3) 보조 관계

주 자료가 있고, 다른 자료는 주 자료의 일부를 더 자세하게 나타내는 보조적인 역할을 하는 관계이다.

〈표 1〉 전체 재정지출

(단위: 백만 달러, %)

연도 \ 구분	금액	GDP 대비 비율
2013	487,215	34.9
2014	466,487	31.0
2015	504,426	32.4
2016	527,335	32.7
2017	522,381	31.8
2018	545,088	32.0
2019	589,175	32.3
2020	614,130	32.3

〈표 2〉 전체 재정지출 중 5대 분야 재정지출 비중

(단위: %)

분야 \ 연도	2013	2014	2015	2016	2017	2018	2019	2020
교육	15.5	15.8	15.4	15.9	16.3	16.3	16.2	16.1
보건	10.3	11.9	11.4	11.4	12.2	12.5	12.8	13.2
국방	7.5	7.7	7.6	7.5	7.8	7.8	7.7	7.6
안전	3.6	3.7	3.6	3.8	4.0	4.0	4.1	4.2
환경	3.1	2.5	2.4	2.4	2.4	2.5	2.4	2.4

〈표 2〉의 자료는 〈표 1〉의 항목 중 재정지출항목에 대해 세부적으로 더 분야를 나누어 구체적으로 제시하고 있다. 예를 들어 2018년 전체 재정 지출(487,215백만달러)이고 이 금액의 세부적인 비율이 〈표 2〉에서 교육(15.5%), 보건(10.3%) 등으로 세부적으로 구별되어 있으므로 「해당 연도 전체 재정지출(표 1)×분야별 비중(표 2)」를 통해 해당 연도의 분야별 재정치줄 금액을 계산할 수 있다.

(3) 항목 사이의 관계

항목들은 서로 독립적인 경우도 있지만, 포함관계, 분할관계, 공유관계, 연산관계 등을 갖기도 한다. 지문에서 물어보는 대상을 찾기 위해서는 이러한 관계를 반드시 이해해야 한다.

한편, 항목 사이의 관계를 이해하기 위해서는 자료의 구조, 항목의 이름, 항목에 대응하는 자료값 등을 종합적으로 해석해야 한다.

항목 사이의 관계	독립관계
	포함관계
	분할관계
	공유관계
	연산관계

1) 독립관계

〈표〉 세계 주요 터널화재 사고 통계

구분 사고	터널길이 (km)	화재규모 (MW)	복구비용 (억원)	복구기간 (개월)	사망자 (명)
A	50.5	350	4,200	6	1
B	11.6	40	3,276	36	39

자료의 단위도 다르고 특별히 자료 사이에 사칙연산을 이루고 있는 관계도 아니다. 따라서 이 자료의 항목은 독립적인 관계를 갖고 있다.

2) 포함관계, 분할관계, 공유관계

<표> ○○시험 응시자

전체	성별		지역별		
	남성	여성	수도권		비수도권
				서울	
400	220	180	250	190	150

▶ '남성'과 '여성' 항목

'남성'과 '여성' 항목은 분할관계이다. 두 자료의 자료값을 더하면(220명＋180명＝400명) 전체의 자료값과 같기 때문에 전체에 대해서 나누어진 관계임을 알 수 있다. 또한 자료의 제목과 항목의 명칭을 통해서도 알 수 있다. 한 시험에서 '남성' 응시자와 '여성' 응시자가 공통될 수 없다는 것은 당연하기 때문이다.

▶ '남성' 항목과 '수도권' 항목

'남성' 항목과 '수도권' 항목은 공유관계이다. 즉 두 항목 사이에 공통 범위인 '수도권'에 해당하고 '남성'에도 해당하는 응시자가 있을 수 있다. 이러한 관계는 두 자료값을 더해보면 「250명＋220명＝400명」을 넘기 때문에 공통되는 부분이 있다는 것을 짐작할 수 있으며, 항목의 이름에서도 지역과 성별은 서로 상호 배타적인 관계가 아니기 때문에 상식 수준에서 파악할 수 있다.

한편 공유관계에 대한 표현은 '남성 중 수도권에 사는 응시자', '수도권에 사는 남성 응시자' 등으로 다양하게 표현되기 때문에 공유관계에 대한 다양한 표현들도 숙지해야 할 것이다.

▶ '서울' 항목과 '수도권' 항목

'서울' 항목은 '수도권' 항목에 포함되는 관계이다. 이것은 계층 구조를 보면 '수도권' 안에 '서울'이 포함되어 있는 구조를 통해서 알 수 있으며, '수도권' 지역에 '서울' 지역이 포함되어 있다는 것은 상식이므로 이를 통해서도 알 수 있다.

3) 연산관계

연산관계는 항목사이에 성립하는 계산식을 말한다. 항목 사이의 연산관계는 자료의 제목, 항목의 이름, 단위, 각주, 조건, 정보 등 자료에 주어지는 여러 요소를 통해 파악할 수 있다.

① 자료의 계층 구조에 따른 연산관계

분할된 계층 구조 내의 모든 항목의 합은 전체와 같다.

〈표〉○○시험 응시자

전체	성별		지역별		
	남성	여성	수도권		비수도권
				서울	
400	220	180	250	190	150

▶ '남성', '여성', '전체'의 관계

　이 자료에서 「'남성'+'여성'='전체'」인 관계가 있다.

▶ '수도권', '비수도권', '전체'의 관계

　「'수도권'+'비수도권'='전체'」인 연산관계가 있다.

② 항목 명칭에 따른 연산관계

항목의 명칭이 ~율, ~비중, 평균, ~ 당 ~, 합계 등으로 이루어진 경우 다른 항목 사이의 연산관계를 의미한다.

〈표〉국가별 면화 재배면적과 생산량

국가별	재배면적 (만ha)	생산량 (만톤)	단위재배면적당 생산량 (톤/ha)
미국	2,994	8,562.8	2.86

▶ '재배면적', '생산량', '단위재배면적당 생산량' 사이의 관계

이 자료에서 항목의 이름에 따라 「'단위재배면적당 생산량'$=\dfrac{\text{생산량}}{\text{재배면적}}$」의 연산관계가 있다.

③ 〈각주〉에서 항목사이의 연산관계를 정의

〈표〉 수집한 샘플의 수중 질소 성분 농도

(단위: mg/L)

항목 샘플	총질소	암모니아성 질소	질산성 질소	유기성 질소	TKN
A	46.24	14.25	2.88	29.11	43.36
B	37.38	6.46	( )	25.01	( )
C	40.63	15.29	5.01	20.33	35.62
D	54.38	( )	( )	36.91	49.39
E	41.42	13.92	4.04	23.46	37.38
F	( )	( )	5.82	( )	34.51
G	30.73	5.27	3.29	22.17	27.44
H	25.29	12.84	( )	7.88	20.72
I	( )	5.27	1.12	35.19	40.46
J	38.82	7.01	5.76	26.05	33.06
평균	39.68	( )	4.34	( )	35.34

※ 1) 총질소 농도＝암모니아성 질소 농도＋질산성 질소 농도＋유기성 질소 농도
2) TKN 농도＝암모니아성 질소 농도＋유기성 질소 농도

위 자료에서는 〈각주〉에서 일부 항목들 사이의 연산관계를 제시하고 있다. 따라서 이러한 연산관계를 활용하여 주어지지 않은 자료값을 계산할 수 있다.

(4) 빈출표: 계층구조

〈표〉는 다양한 시각적 구성을 통해 항목 사이의 관계를 직관적으로 보여준다. 특히 상부, 하부로 이어지는 계층구조는 일반적으로 포함관계를 의미한다. 그런데 계층구조 〈표〉에서는 일부 하위구조를 생략하여 나타낸 경우도 있다. 따라서 계층구조를 이루는 〈표〉에서는 세부적으로 주어진 하부 구조 항목이 상부구조를 이루는 모든 세부구조를 제시하고 있는지 체크해보는 것이 필요하다. 이러한 관계는 항목의 명칭, 〈각주〉, 상부와 하부의 수치 확인을 통해서 알 수 있다.

〈표〉 농업 생산액 현황 및 변화율 전망치

(단위: 십억 원, %)

구분	2020년 생산액	전년 대비 생산액 변화율 전망치		
		2021년	2022년	2023년
농업	50,052	0.77	0.02	1.38
재배업	30,270	1.50	−0.42	0.60
축산업	19,782	−0.34	0.70	2.57
소	5,668	3.11	0.53	3.51
돼지	7,119	−3.91	0.20	1.79
닭	2,259	1.20	−2.10	2.82
달걀	1,278	5.48	3.78	3.93
우유	2,131	0.52	1.12	0.88
오리	1,327	−5.58	5.27	3.34

※ 축산업은 소, 돼지, 닭, 달걀, 우유, 오리의 6개 세부항목으로만 구성됨.

이 자료에서는 농업이 최상위 범위이고, 농업은 재배업과 축산업으로 구별된다. 그런데 농업에 재배업과 축산업 이외에 세부 구조가 있는지 확인할 필요가 있다. 이때 2020년 생산액을 보면 「재배업＋축산업＝농업」이므로 농업은 재배업과 축산업으로만 이루어진 구조라고 추론할 수 있다.

그리고 자료에서 축산업은 세부항목으로 소, 돼지, 닭, 달걀, 우유, 오리로 구별하고 있는데, 상식적을 생각하면 6가지로만 축산업이 구별된다는 것은 맞지 않을 것이다. 그런데 위 자료에서는 〈각주〉를 통해 다른 세부항목이 없음을 한정하고 있다. 물론 각각의 2020년 생산액의 합이 축산업 생산액과 같음을 통해 추론할 수도 있지만 〈각주〉에서는 이를 더 명확하게 정리해두고 있다.

(5) 빈출표: 분할표

분할표는 전체 집단을 여러 가지 기준에 의하여 각각 행과 열에 배열하여 나타낸 표이다. 각각의 기준에 따른 세부항목들의 합은 전체 집단의 자료값과 같다. 그리고 나누어진 기준에 따른 세부 항목끼리는 공유되는 관계가 없으며 다른 기준 사이의 항목은 항목 사이에 공통되는 자료가 존재할 수 있다.

분할표에서는 여러 기준으로 나누어진 항목을 복잡한 표현으로 물어보기 때문에 해당되는 자료값을 정확하게 찾는 것이 중요하다.

구별	항목 사이의 관계
동일 기준	• 동일 기준 내부의 세부 항목 사이에는 공통되는 자료가 없음 • 동일 기준 내부의 전체 세부 항목의 자료값 합은 가장 큰 범주의 자료임
다른 기준	• 각각의 기준들에 따른 세부 항목의 합은 최상위 범주의 자료값이므로 서로 같음 • 다른 기준의 항목들 사이에는 공통되는 자료가 존재 가능

〈표〉 양성평등정책에 대한 성별 및 연령별 의견

(단위 : 명)

구분	30세 미만		30세 이상	
	여 성	남 성	여 성	남 성
찬성	90	78	60	48
반대	10	22	40	52
계	100	100	100	100

위 자료는 전체 집단을 세 종류 기준으로 분류하였다. 분류 기준은 '연령별(30세 미만, 30세 이상)', '성별(여성, 남성)', '찬반별(찬성, 반대)'이다.

▶ 서로 다른 기준에 따른 도수의 총합
  ➥ 연령별 총인원, 찬반별 총인원, 성별 총인원은 각각 400명으로 같다.

▶ 같은 기준 내 항목 사이 공유자료
  ➥ '찬성이면서 반대', '30세 미만이면서 30세 이상', '여성 중 남성' 등에 해당하는 자료는 없다.

▶ 서로 다른 기준의 항목들 사이의 공통 자료
  ➥ '찬성하는 여성'은 「90명＋60명＝150명」, '30세 미만 남성 중 찬성의견'은 78명으로 항목 사이에 공통되는 값이 존재한다.

1) 분할표에서 공통범위의 표현

분할표에서는 다른 기준 사이의 공통되는 부분을 다양한 방법으로 표현할 수 있다. 대부분 길고 복잡하게 표현되기 때문에 자료에서 어떤 부분에 해당되는지 찾는 것이 쉽지 않다. 따라서 표현방식에 익숙해지는 것이 필요하다.

〈표〉 제품전략, 기술개발 종류 및 기업형태별 기업수

(단위 : 개)

제품전략	기술개발 종류	기업형태	
		벤처기업	대기업
시장견인	존속성기술	3	9
	와해성기술	7	8
기술추동	존속성기술	5	7
	와해성기술	5	3

위 자료는 '제품전략(시장견인)' '기술개발 종류(존속성기술, 와해성기술)' '기업형태(벤처기업, 대기업)'의 세 가지 분류기준으로 나누어진다.

이때 다음과 같이 다른 기준의 공통자료를 표현할 수 있다.

▶ 제품전략으로 시장견인을 선택한 대기업

    ➥ 시장견인과 대기업에 해당하는 공통 자료의 합으로 「9개＋8개＝17개」이다.

▶ 기업 중에서 와해성기술을 개발하고 기술추동을 제품전략으로 삼은 기업

    ➥ 대기업, 기술추동, 와해성기술에 모두 공통으로 해당되는 자료로 3개이다.

따라서 선택지 지문에서 위와 같은 표현이 어떤 자료값을 의미하는지 파악하는 것이 매우 중요하다.

2) 다른 기준 사이의 공통 자료값이 제시되지 않은 분할표

나누어진 기준 사이의 공통자료가 제시되지 않은 분할표의 경우 공통자료의 범위를 추론해야 하는 경우가 있다. 이 경우 교집합 관계를 이해하면 해당 상황을 더 쉽게 이해할 수 있다.

〈표〉 경력사원채용 지원자 특성

(단위: 명)

지원자 특성	기업	A 기업	B 기업
성별	남성	53	57
	여성	21	24
최종 학력	학사	16	18
	석사	19	21
	박사	39	42

※ A 기업과 B 기업에 모두 지원한 인원은 없음

위 자료의 경우 전체 지원자를 '지원한 기업', '성별', '최종학력'으로 나누고 있다. 그런데 지원한 기업과 다른 기준의 공통 자료는 제시되어 있지만 '성별', '최종학력' 사이의 공통 자료는 제시되어 있지 않다.

예를 들면 'A 기업에 지원한 남성'은 53명으로 자료값을 알 수 있다. 하지만 '최종학력이 박사인 남성 지원자'의 자료값은 알 수 없다. 하지만 그 범위는 추론할 수 있기 때문에 상황에 따라서 지문의 정오가 달라질 수 있다. 그 범위를 다음과 같이 집합관계로 이해할 수 있다.

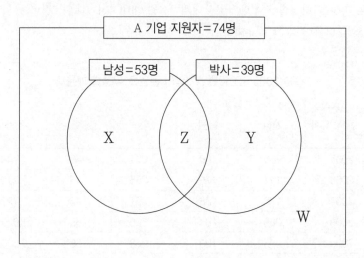

이때 '박사이면서 남성인 지원자'는 그림에서 Z 영역으로 두 집합의 교집합에 해당하므로 최대값은 39명이다. 그리고 「박사＋남성＝92명」이고 74명보다 많기 때문에 최소한 「92명－74명＝18명」은 공통범위에 해당한다. 따라서 '박사이면서 남성인 지원자'의 범위는 최소 18명, 최대 39명이다.

한편 위 그림에서 X, Y, Z, W에 해당하는 영역은 다음과 같이 표현할 수 있고 해당하는 영역의 자료값은 범위를 알 수 있다.

▶ X: 최종학력이 박사가 아닌 남성 지원자
  ➡ 최소 14명, 최대 35명

▶ Y: 최종학력이 박사이면서 여성인 지원자
  ➡ 최소 0명, 최대 21명

▶ Z: 최종학력이 박사인 남성 지원자
  ➡ 최소 18명, 최대 39명

▶ W: 최종학력이 박사가 아니고 여성인 지원자
  ➡ 최소 0명, 최대 21명

(6) 빈출표: 시계열 표

자료해석에서 가장 출제빈도가 높은 자료의 형태가 시계열 자료이다. 시계열 자료에서는 시기를 잘못 보고 실수하는 경우가 많다. 특히 주어진 기간 중 일부에 대해서만 묻는 경우도 있기 때문에 반드시 시작점과 끝점을 체크해야 한다. 그리고 기간의 일부가 생략된 경우도 있기 때문에 기간의 연속성 또한 반드시 확인해보아야 할 것이다.

시계열 표에서는 시기에 관련된 다양한 표현을 익혀두어야 한다. 예를 들어 시기별로 대상을 비교할 경우에 '전년 대비' '전월 대비' '전기대비' '전년 동월 대비'와 같은 표현들이 자주 사용된다.

〈표〉 2005~2012년 A기업의 콘텐츠 유형별 매출액
(단위 : 백만원)

연도 \ 콘텐츠 유형	게임	음원	영화	SNS	전체
2005	235	108	371	30	744
2006	144	175	355	45	719
2007	178	186	391	42	797
2008	269	184	508	59	1,020
2009	485	199	758	58	1,500
2010	470	302	1,031	308	2,111
2011	603	411	1,148	104	2,266
2012	689	419	1,510	341	2,959

위 자료에서는 2005~2012년 동안의 자료가 제시되어 있으며 일반적으로 증가율, 감소율, 증감폭, 특정 연도 사이의 비율 등을 묻는다. 따라서 시기와 기간을 체크하는 것이 매우 중요하다.

▶ 전년 대비 증가율

2006년~2012년에 대해서는 전년 대비 증가율을 계산할 수 있다. 하지만 2005년은 2004년에 대한 자료가 제시되지 않았으므로 전년 대비 증가율을 구할 수 없다. 따라서 이러한 자료에서 전체 기간에 대한 전년 대비 증가율을 물어볼 때 보통 '2006~2012년'이라고 기간을 특정한다.

하지만 기간을 특정하지 않고 '매년 증가율'을 묻거나, '주어진 기간 동안' 과 같은 표현으로 전년대비 증가율을 묻는 경우, 2006년부터의 증가율을 묻는 것이라고 해석해야 한다.

▶ 일부 기간의 증감

2008~2012년 동안 음원의 매출액은 증가하였지만, 2005~2012년의 기간을 보면 매출액이 감소한 연도가 있다. 이와 같이 주어진 전체 기간이 아닌 일부 기간에 대해서만 묻는 경우도 있기 때문에 물어보는 기간을 반드시 확인해야 한다.

(7) 빈출표: 순위표

순위표에서는 특정 항목의 크기에 따라 결정된 순위를 제시한다. 따라서 순위에 따라 항목의 범위가 한정될 수 있다. 예를 들어 4위의 자료값은 3위와 5위의 자료값 사이이다. 그리고 자료값이 큰 순서대로 순위가 결정된 경우, 제시된 자료의 마지막 순위보다 낮은 순위의 자료값은 마지막 자료보다 그 값이 작아야 한다.

한편 이전 시기에 대한 순위 변화가 제시된 경우 이전 시기의 순위를 계산할 수 있다.

〈표〉 2024년 매출액 상위 10개 제약사의 2018년, 2024년 매출액

(단위: 억 달러)

2024년 기준 매출액 순위	기업명	2024년	2018년	2018년 대비 2024년 매출액 순위변화
1	Pfizer	512	453	변화없음
2	Novartis	498	435	1단계 상승
3	Roche	467	446	1단계 하락
4	J&J	458	388	변화없음
5	Merck	425	374	변화없음
6	Sanofi	407	351	변화없음
7	GSK	387	306	5단계 상승
8	AbbVie	350	321	2단계 상승
9	Takeda	323	174	7단계 상승
10	AstraZeneca	322	207	4단계 상승
매출액 소계		4,149	3,455	
전체 제약사 총매출액		11,809	8,277	

※ 2024년 매출액은 예상 매출액임.

위 자료에서는 2024년 매출액을 기준으로 순위가 결정되었다. 이런 자료에서 자주 다루어지는 내용을 해석하면 다음과 같다.

▶ 2024년 11위 이하의 기업의 경우 매출액

2024년 10위 매출액 322억 달러보다 낮아야 하므로 11위 이하 기업의 매출액은 322억 달러 미만이다.

▶ 2024년 전체 제약사의 개수

제시된 자료만으로 전체 제약사 개수를 알 수는 없다. 하지만 2024년 전체 제약사 총매출액이 주어져 있기 때문에 나머지 제약사의 매출액이 322억 달러라고 가정하면, 가능한 제약사의 최대 개수를 추론할 수 있다.

▶ 제시된 기업들의 2018년 매출액 순위

자료에 2018년 대비 매출액 순위 변화가 제시되어 있으므로 이를 이용하여 2018년의 매출책 순위를 알 수 있다.

▶ 2018년 특정 기업의 매출액 범위

2024년 9위 제약사인 Takeda의 2018년 순위는 「9+7=16위」이다. 그렇다면 2018년 15위 이상 기업 매출액은 174억 달러보다 크고 17위 미만 기업 매출액은 174억 달러미만이다. 이와 같은 방식으로 2018년 결정된 순위에 따라 2018년 일부 기업의 매출액 범위를 계산할 수 있다.

(8) 빈출표: 짝표

짝표는 행과 열의 항목의 구성이 같다. 행과 열에 같은 이름의 항목 있기 때문에 혼동하기 쉽다. 따라서 가로와 세로를 구분하는 키워드를 정확하게 확인하고 기억해 두어야만 묻는 대상을 똑바로 찾을 수 있다.

한편 보통 가로와 세로에서 같은 이름의 항목끼리 교차하는 자료값에 대한 내용이 빈출되므로 해당하는 자료값이 어떠한 방식으로 표현되는지 이해할 필요가 있다.

1) 단순 짝표

〈표〉 화물의 지역 내, 지역 간 이동 현황

(단위: 개)

도착 지역 / 출발 지역	A	B	C	D	E	F	G	H	합
A	65	121	54	52	172	198	226	89	977
B	56	152	61	55	172	164	214	70	944
C	29	47	30	22	62	61	85	30	366
D	24	61	30	37	82	80	113	45	472
E	61	112	54	47	187	150	202	72	885
F	50	87	38	41	120	188	150	55	729
G	78	151	83	73	227	208	359	115	1,294
H	27	66	31	28	94	81	116	46	489
계	390	797	381	355	1,116	1,130	1,465	522	6,156

※ 출발 지역과 도착 지역이 동일한 경우는 해당 지역 내에서 화물이 이동한 것임.

위 자료에서 행과 열 모두 A~H 지역이 항목으로 제시되어 있다.

▶ 행과 열의 구별 키워드 확인

행은 '출발', 열은 '도착'을 의미함을 확인해야 한다.

▶ 같은 이름의 항목이 교차하는 대각선 자료값의 표현

행과 열에서 같은 이름의 항목이 교차하는 지점의 자료값은 '출발 지역과 도착 지역이 같은 지역', '출발 지역과 도착 지역이 동일한 지역' 등으로 표현될 수 있다.

2) 계층구조가 있는 짝표

계층구조가 있을 경우 대상을 표현하는 방식은 훨씬 복잡하다.

〈표〉 토지피복 분류 결과

(단위: 개소)

			B 기관						
대분류			농업지역		산림지역			수체지역	소계
		세부분류	논	밭	침엽수림	활엽수림	혼합림	하천	
A 기관	농업지역	논	840	25	30	55	45	35	1,030
		밭	50	315	20	30	30	15	460
	산림지역	침엽수림	85	50	5,230	370	750	20	6,505
		활엽수림	70	25	125	3,680	250	25	4,175
		혼합림	40	30	120	420	4,160	20	4,790
	수체지역	하천	10	15	0	15	20	281	341
소계			1,095	460	5,525	4,570	5,255	396	17,301

위 자료에서는 행과 열이 기관, 대분류, 소분류의 계층구조를 갖고 있다. 이 자료에서 다음에서 설명하는 대상이 무엇인지 찾아보고 짝표에서 대상을 설명하는 방식을 이해하면 좋을 것이다.

▶ A 기관이 밭으로 분류한 대상지 중 B 기관이 혼합림으로 분류한 대상지

➥ '밭' 행과 '혼합림' 열이 교차하는 지점＝30개소

▶ B 기관이 침엽수림으로 분류한 대상지 중 A 기관이 다른 세부분류로 분류한 대상지

➥ 30개소＋20개소＋125개소＋120개소＝295개소

또는 5,525개소－5,230개소＝295개소

▶ 두 기관이 모두 산림지역으로 분류한 대상지

➥ 5,230개소＋370개소＋750개소＋125개소＋3,680개소＋250개소
＋120개소＋420개소＋4,160개소＝15,105개소

▶ 두 기관이 모두 농업지역으로 분류한 대상지 중 두 기관이 서로 다른 세부분류로 분류한 대상지

➥ 25개소＋50개소＝75개소

(9) 빈출 차트: 꺾은선 차트

꺾은선 그래프는 시계열 자료에서 시기에 따른 변화 추이를 시각적으로 나타낸 자료이다. 보통 해당하는 자료값의 수치를 제시해 주지만, 자료값의 수치를 이용하지 않고 높이·기울기 등 기하학적 정보만으로도 대소비교, 증감 추이, 증감량 비교 등이 가능하다.

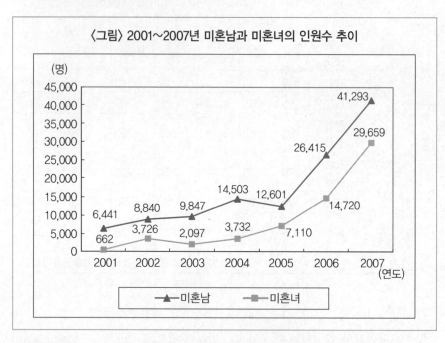

〈그림〉 2001~2007년 미혼남과 미혼녀의 인원수 추이

위 그래프에서는 각 연도마다 수치가 주어져 있지만 수치를 이용하지 않고, 그래프상에서 다음과 같은 내용을 쉽게 파악할 수 있다.

▶ 미혼남과 미혼녀의 인원수

주어진 기간동안 매년 미혼남이 미혼녀보다 많음을 높이로 확인할 수 있다.

▶ 전년 대비 증감

미혼남은 2005년을 제외하고 주어진 기간 동안 전년 대비 인원수가 증가했음을 그래프를 통해 알 수 있다. 마찬가지로 미혼녀는 2003년을 제외하고 전년 대비 인원수가 증가했음을 바로 알 수 있다.

▶ 전년 대비 증감폭

2005년 대비 2006년 미혼녀의 증감량은 2006년 대비 2007년 미혼녀 증감량보다 작다는 것을 기울기를 통해 바로 알 수 있다.

※ 꺾은선 그래프에서 기울기의 크기는 증가율과 다르다. 꺾은선 그래프에서 기울기로 비교할 수 있는 것은 증가율이 아니라 증가량임을 주의해야 한다.

(10) 빈출 차트: 막대 차트

막대그래프는 항목에 해당하는 자료값을 막대의 길이로 나타내어 대소 관계 등을 쉽게 비교할 수 있다. 차트 중에서도 가장 빈출되는 차트 형식으로 종류도 다양하다. 꺾은선 그래프와 마찬가지로 높이 등의 시각적 정보를 활용하여 자료값을 이용하지 않고도 대상을 비교할 수 있다.

그리고, 꺾은선 그래프와 동시에 표현하여 더 다양한 정보를 제시할 수 있다.

1) 다양한 형태의 막대그래프의 예시

① 세로형 막대그래프: 단일 자료

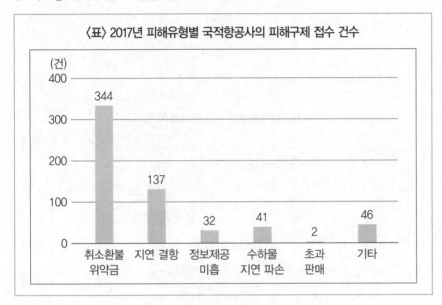

② 세로형 막대그래프: 복합 자료

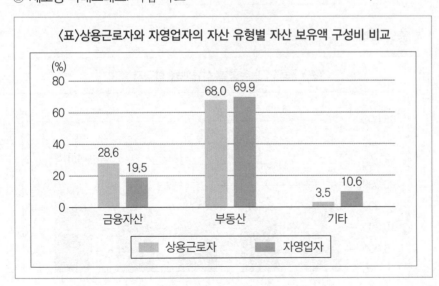

③ 가로형 막대그래프: 자료값이 모두 양수인 자료

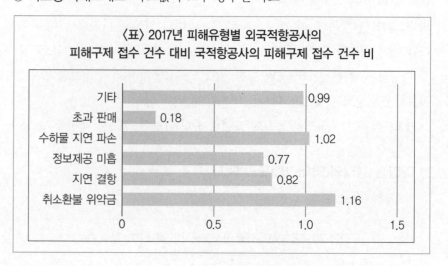

〈표〉 2017년 피해유형별 외국적항공사의
피해구제 접수 건수 대비 국적항공사의 피해구제 접수 건수 비

④ 가로형 막대그래프: 자료값이 음수를 포함

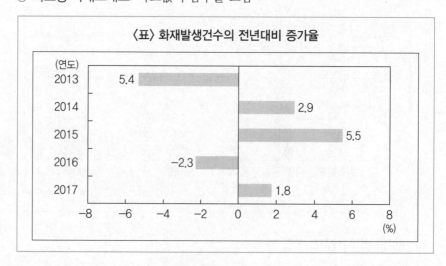

〈표〉 화재발생건수의 전년대비 증가율

⑤ 층별 그래프: 실수자료

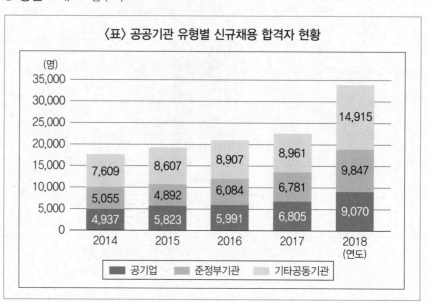

〈표〉 공공기관 유형별 신규채용 합격자 현황

⑥ 층별 그래프: 비율자료

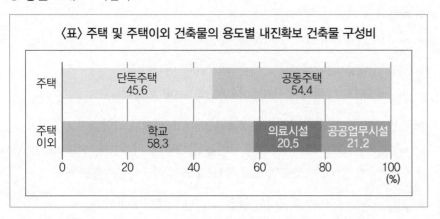

〈표〉 주택 및 주택이외 건축물의 용도별 내진확보 건축물 구성비

2) 꺾은선 · 막대 혼합차트의 해석

세로축 항목의 단위가 2개이므로 자료가 어떤 단위에 해당하는지 구별해야 한다. 단위의 구별은 자료의 이름이나 자료값의 대략적 크기를 보고 알 수 있다.

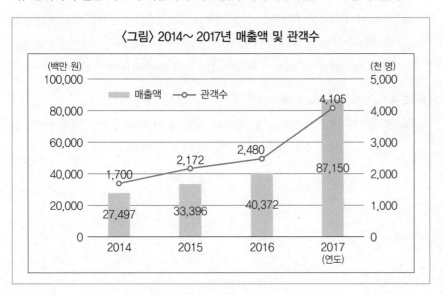

〈그림〉 2014~ 2017년 매출액 및 관객수

위 자료는 매출액은 막대그래프로, 관객수는 꺾은선 그래프로 표현하고 있다. 이때 자료의 단위를 다음과 같이 구별할 수 있다.

① 자료의 명칭과 단위로 확인

매출액은 금액이므로 단위가 (백만원)으로 왼쪽 눈금에 해당하고, 관객수는 사람이므로 (명)이 단위이므로 오른쪽 눈금에 해당한다.

② 자료의 자료값으로 확인

2017년 매출액 자료값이 87,150으로 왼쪽의 단위와 세로 높이가 대응되기 때문에 매출액의 단위는 (백만원)이다.

◐ 위 그래프에서 시각적 해석이 가능한 표현

▶ 매출액은 매년 증가한다.
　➥ 막대그래프의 높이가 계속 높아지고 있다.

▶ 2017년 매출액은 2016년도 매출액의 두 배 이상이다.
　➥ 2017년도 막대의 길이가 2016년도의 두 배 이상이다.

▶ 전년 대비 관객 수의 증가량은 2015년이 2016년보다 크다.
　➥ 꺾은선 그래프의 기울기의 크기는 증가량에 비례한다. 2014~2015년의 기울기가 2015~2016년의 기울기보다 크기 때문에 증가량도 더 크다.

▶ 2014년과 2015년의 매출액의 합은 2017년 매출액보다 작다.
　➥ 눈금으로 판단해 보면 2014년과 2015년 눈금의 합은 3개 정도인데 2017년은 4개가 넘는다. 따라서 2014년과 2015년 매출액의 합은 2017년보다 작다.

▶ 조사기간 동안 매출액 평균은 40,000(백막원)보다 크다.
　➥ 2016년 40,000(백만원)을 기준(가평균)으로 2017년도 막대에서 40,000(백만 원) 윗부분을 잘라서 2014년과 2015년에 나누어 붙여도 남는다. 따라서 조사기간 동안 매출액 평균은 40,000(백만원)보다 크다.

▶ 조사기간 동안 관객수 대비 매출액은 2017년에 가장 크다.
　➥ 관객수의 세로 높이 대비한 매출액 세로 높이 비율이 2017년에 가장 크기 때문에 2017년에 관객수 대비 매출액이 가장 크다.

(11) 빈출 차트: 분산 차트

분산형 차트는 가장 다양한 시각적 정보를 활용할 수 있는 차트이다. 분산형 차트에서는 다음과 같은 시각적 정보를 자료해석에 사용할 수 있다.

분산형 차트에서 이용할 수 있는 시각적 정보	가로항목의 크기(가로축의 위치)
	세로항목의 크기(세로축의 위치)
	가로항목과 세로항목의 비율(기울기)
	가로항목과 세로항목의 차이
	가로항목과 세로항목의 합
	가로항목과 세항목의 곱

1) 분산차트의 시각적 해석

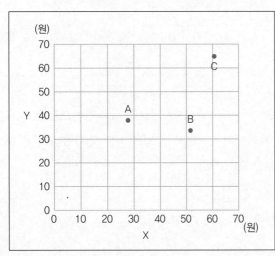

〈그림〉대상 A, B, C의 X, Y값의 분포

X 값의 크기	가로축의 위치	C > B > A
Y 값의 크기	세로축의 위치	C > A > B
X와 Y의 곱	원점과 해당 자료 위치를 이은 선을 대각선으로 하는 사각형 넓이	C > B > A
X 대비 Y의 비율	원점과 해당 자료 위치를 이은 선의 기울기	A > C > B
Y 대비 X의 비율	원점과 해당 자료 위치를 이은 선의 기울기의 역수	B > C > A
X 와 Y의 합	y=-x 직선에서 멀수록 커짐	C > B > A
X 와 Y의 차이	y=x 직선에서 멀수록 커짐	B > A > C

2) 분산차트에서 시각적 해석이 가능한 표현

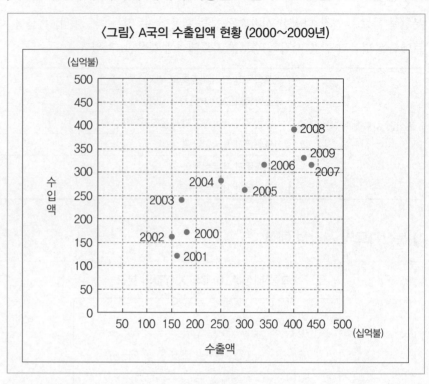

〈그림〉 A국의 수출입액 현황 (2000~2009년)

위 자료는 가로축이 수출액이고, 세로축이 수입액으로 2001~2009년 동안의 자료이다. 이 자료에서 수출액과 수입액 사이에 다음과 같은 해석을 차트를 이용하여 손쉽게 할 수 있다.

▶ 수출액이 가장 큰 연도
  가장 오른편에 위치한 2007년이다.

▶ 수입액이 가장 큰 연도
  가장 위편에 위치한 2008년이다.

▶ 수출액과 수입액의 곱
  원점과 이은 선을 대간으로 한 사각형의 넓이가 가장 큰 2008년이다.

▶ 수출액 대비 수입액이 가장 큰 연도
  원점과 이은 기울기가 가장 큰 2003년이다.

▶ 수입액 대비 수출액이 가장 작은 연도
  원점과 이은 기울기가 가장 큰 2003년이다.

▶ 수출액과 수입액의 합이 가장 큰 연도
  $y = -x$ 직선에서 가장 멀리 있는 2008년이다.

▶ 수출액과 수입액의 차이
  $y = x$ 직선에서 가장 멀리 있는 2007년이다.

3) 분산차트에서 특정 기준선으로 나누어진 영역의 해석

분산차트에서 특정 기준선을 통해 영역이 나누어진 경우 각 영역에 해당하는 표현을 이해해야 한다.

〈그림〉 글로벌 리스크의 분류와 영향도 및 발생가능성 지수

위 자료에서 가로축은 발생가능성 지수의 평균값, 세로축은 영향도의 평균값을 기준으로 경계가 나누어져 있다. 나누어진 영역에 위치하는 자료는 다음과 같이 표현할 수 있다.

▶ '발생가능성 지수와 영향도가 모두 전체 평균 이상인 글로벌 리스크'

➡ 영역 1에 위치한 자료이다.

▶ '발생가능성 지수 또는 영향도가 전체 평균을 넘는 글로벌 리스크'

➡ 영역 1, 2, 4에 위치한 자료이다.

▶ '발생가능성 지수와 영향도 중 한 가지만 전체 평균을 넘는 글로벌 리스크'

➡ 영역 2, 4에 위치한 자료이다.

(12) 빈출 차트: 원형차트

원형차트는 전체를 이루는 세부항목들의 비율을 나타낸다. 이때 차트의 넓이와 해당 자료가 전체에서 차지하는 비중이 일치한다. 따라서 전체에서 해당 자료가 차지하는 비중을 가장 직관적으로 잘 표현한 차트이다.

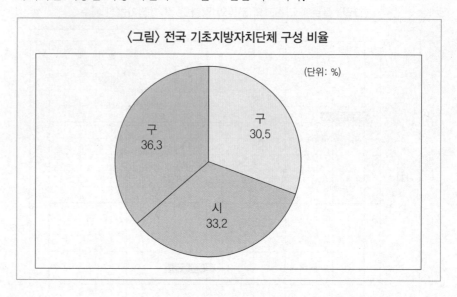

〈그림〉 전국 기초지방자치단체 구성 비율

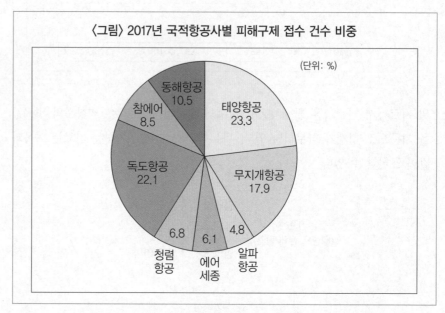

〈그림〉 2017년 국적항공사별 피해구제 접수 건수 비중

※ 하나의 원형차트 내에서는 비율 자료의 기준값이 같기 때문에 각 항목의 실숫값의 대소관계는 비율자료만으로 비교 가능하다.

(13) 기타 차트

위에서 살펴본 차트 이외에는 출제 빈도가 그리 높지 않다. 따라서 실전에서 처음 접하는 차트의 경우 특성을 정확하게 파악하는 것이 쉽지 않을 수 있다. 하지만 차트의 목적은 기본적으로 수치 자료를 시각적으로 이해하기 쉽게 작성한 것이라는 것을 이해하면 차트의 특성을 충분히 파악할 수 있을 것이다.

따라서 생소한 차트를 접했을 때 수치자료가 시각적 정보인 위치, 길이, 넓이, 크기 등과 어떠한 방식으로 연결되어 있는지 파악하는데 초점을 맞춰야 할 것이다.

1) 방사형차트

전체적인 항목 사이의 균형을 직관적으로 이해할 수 있으며 두 가지 이상의 내용을 동시에 표현하여 비교하는 것이 가능하다.
방사형 차트에서는 일반적으로 중심에서 멀어질수록 자료값이 크다.

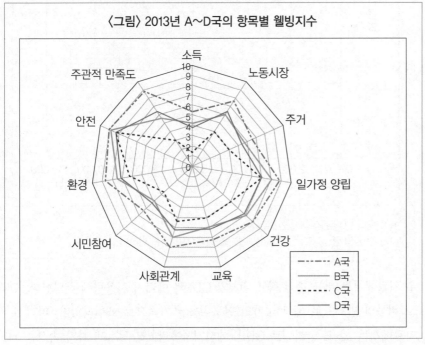

위 자료에서는 A, B, C, D 국가의 11가지 항목에 대한 웰빙지수를 하나의 방사형 차트에서 모두 표현하고 있다.

▶ 특정 항목 웰빙 지수의 국가별 비교
   ⇒ '소득'항목의 웰빙지수는 중심에서 가장 멀리 있는 순서대로
      「A국 > B국 > D국 > C국」이다.

▶ 한 국가의 항목별 웰빙지수 비교
   ⇒ A국의 웰빙지수는 중심에서 가장 멀리 있는 '안전'이 가장 높고 가장 가까운 '소득'이 가장 낮다.

2) 버블차트

버블 크기를 통해 자료의 속성을 표현한다. 기존의 차트 자료에 추가적인 속성을 표현할 수 있다.

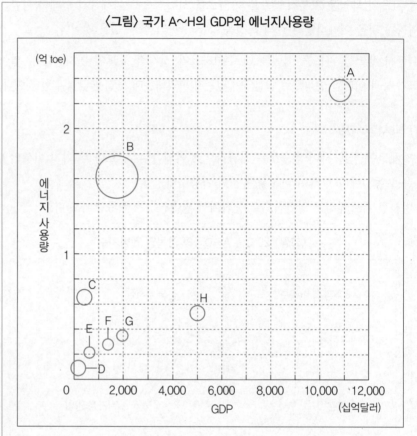

〈그림〉 국가 A~H의 GDP와 에너지사용량

※ 1) 원의 면적은 각 국가 인구수에 정비례함
   2) 각 원의 중심좌표는 각 국가의 GDP와 에너지사용량을 나타냄

위 자료에서는 버블 중심 좌표 위치가 GDP와 에너지 사용량에 해당한다. 그리고 버블의 면적으로 해당 국가의 인구수를 추가적으로 표현하였다. 따라서 위자료에서는 A~H 국가별로 GDP, 에너지사용량, 인구수 세 가지 속성을 계산하고 비교할 수 있다.

▶ 인구수의 국가별 비교
  버블(원)의 면적이 가장 넓은 B국가의 인구수가 가장 많다.

2 자료값

자료값은 자료사이에 관계를 기준으로 독립관계, 공통관계, 배타적 관계로 분류할 수 있다.

그리고 자료값이 실제 항목의 실숫값을 의미하는지 여부에 따라 실수자료 상대자료로 구별 가능하다.

기준	분류
자료사이의 관계	독립관계
	공통관계
	배타적 관계
자료값의 성질	실수
	상대자료

(1) 자료사이의 관계

자료값이 다른 자료값 사이에 어떠한 관계가 있는지는 항목의 구성, 항목의 이름, 단위, 자료값 수치, 각주 등 자료의 전체적인 내용을 통해서 파악할 수 있다.

다음은 여러 상황에 따른 자료값 사이 관계의 예시이다.

1) 독립관계

① 자료의 성질 자체가 다른 경우

〈표〉 A 기업의 응시자와 신입연봉

(단위: 명, 만원)

응시자	신입연봉
31	2,300

위 자료의 경우 응시자와 연봉은 자료의 성질상 서로 특별한 연관관계가 없다.

② 자료 사이에 관련성을 알 수 없는 경우

〈표〉 A 기업과 B 기업 응시자

(단위: 명)

기업	A 기업	B 기업
응시자	31	23

위 자료에서 A 기업 응시자와 B 기업 응시자는 자료의 성질은 같은 종류이다. 하지만 제시된 자료만으로는 두 기업에 동시에 지원한 응시자가 있는지는 알 수 없다.

2) 공통관계

〈표〉A 기업과 B 기업 응시자

(단위: 명)

기업	A 기업	B 기업	전체
지원자	31	23	40

위 자료에서는 A 기업과 B 기업에 응시한 전체 인원이 40명인데, 각각 응시자의 합은 54명이다. 따라서 두 기업에 동시한 응시자가 14명이므로 두 자료값 사이에는 공통되는 자료가 있음을 알 수 있다.

3) 배타적 관계

① 항목의 명칭으로 판단

〈표〉A 기업 응시자

(단위: 명)

남성	여성
31	23

위 자료에서는 남성이면서 여성인 응시자는 존재할 수 없기 때문에 항목의 이름을 통해서 자료 사이에 공통되는 자료가 없음을 알 수 있다. 그리고 A기업 전체 응시자는 남성과 여성 응시자의 합인 54명이라는 것도 알 수 있다.

② 〈각주〉와 수의 구성으로 판단

〈표〉A 기업과 B 기업 응시자

(단위: 명)

기업	A 기업	B 기업	전체
남성	31	23	54

※ A기업과 B 기업에 동시에 응시한 인원은 없음

위 자료에서는 A기업과 B 기업에 응시한 지원자 수의 합이 전체 응시자인 54명과 같다. 만약 동시에 응시한 인원이 있다면 전체 응시자가 더 적어야 하기 때문에 두 자료 사이에는 중첩 자료가 없다는 것을 알 수 있다.
또한 〈각주〉에서 이 관계를 명확하게 한정해 주는 경우도 있다.

4) 공통관계와 배타적 관계의 예시

〈표〉 조선시대 과거 급제자

(단위: 명)

왕 대	전체 급제자	출신신분이 낮은 급제자		
			본관이 없는 자	3품 이상 오른 자
태조·정종	101	40	28	13
태종	266	133	75	33
세종	463	155	99	40
문종·단종	179	62	35	16
세조	309	94	53	23
예종·성종	478	106	71	33
연산군	251	43	21	13
중종	900	188	39	69
인종·명종	470	93	10	26
선조	1,112	186	11	40

※ 급제자는 1회만 급제한 것으로 가정함

▶ 두 개 이상의 '왕 대'에 급제한 급제자의 존재

   ➡ 〈각주〉에서 서로 다른 '왕 대'에 중첩되는 자료가 없다는 것을 명확히 한 정하고 있다.

   ※ 만약 1명의 급제자가 2회 이상 급제한 것이 가능하다면 자료의 해석이 훨씬 복잡해진다. 따라서 자료의 해석을 위해 여러 가지 경우를 따져보아야 할 것이다. 위 자료에서는 〈각주〉에서 그러한 상황을 배제해서 자료의 범위를 분명하게 한정하고 있다.

위와 같이 자료의 범위를 한정하는 〈각주〉가 왜 주어져 있는지 생각해 본다면, 반대로 공통되는 자료가 있는 〈표〉 등을 이해하는 데 도움이 될 것이다.

▶ '본관이 없는 자'와 '3품 이상 오른자'의 관계

   ➡ 항목의 명칭만으로는 두 관계가 서로 배타적인 경우인지 명확하게 이해 되지 않을 수도 있다. 그런데 '태조·정종'의 자료를 보면 '본관이 없는 자' 와 '3품 이상 오른 자'의 합이 41명으로 상위 계층 항목인 '출신신분이 낮 은 급제자' 40명보다 많다. 따라서 두 자료는 배타적 관계가 아닌 공통 되는 자료가 있다는 것을 알 수 있다.

(2) 상대자료

해당 항목이 실제 갖는 값이 아니라 다른 대상과 비교한 상대적인 크기를 상대 자료라고 한다. 자주 다루어지는 상대자료는 비율자료, 지수자료, 'A 당 B' 형식의 자료이다. 그리고 상대자료에서 해당항목에 대한 비교의 기준이 되는 대상을 상대자료의 기준값이라고 한다.

상대자료에서는 상대자료의 기준값이 주어진 경우에는 해당되는 실숫값을 계산할 수 있고, 기준값을 알 수 없을 경우에는 해당되는 실숫값을 알 수 없다. 따라서 상대자료가 주어질 경우 지문에서 묻고 있는 대상이 상대자료인지 상대자료에 대응하는 실숫값인지 여부를 반드시 파악해야 한다. 그리고 지문의 정오 판단을 위해서 상대자료의 기준값이 제시되었는지 파악하는 것이 가장 중요하다.

상대자료 체크사항	선택지 지문에서 묻는 대상이 상대자료인지 상대자료에 대응하는 실수자료인지 여부
	기준값의 제시 여부

1) 상대자료의 기준값

① 자료내에서 상대자료의 기준값의 제시

상대료의 기준값이 주어지는 경우에 문항 내에서 발문, 각주, 항목 등에서 다양한 형태로 주어지기 때문에 기준값이 제시되어 있는지 여부를 반드시 검토해야 한다.

상대자료의 기준이 주어지는 경우	발문
	각주
	다른 자료

② 상대자료에 따른 기준값

비율자료	100%에 해당하는 값
지수자료	특정시점이나 특정대상에 해당하는 값으로 보통 100에 해당하는 값
A 당 B	A에 해당하는 값

③ 상대자료의 기준값이 주어지지 않은 경우 실수화

상대자료의 기준값이 주어지지 않은 경우 문자를 사용하여 실수화하면 대소관계를 판단하는데 도움이 된다.

비율자료	100%에 해당하는 값을 100a, 100b… 로 설정
지수자료	특정시점이나 특정대상에 해당하는 기준값을 100a, 100b… 설정

2) 상대자료와 상대자료에 대응하는 실숫값의 대소 판단

① 기준값이 주어지지 않은 경우

〈표〉A 시험 성별 합격률

(단위: %)

성별	남성	여성
합격률	23%	35%

다음과 같이 각 비율의 기준값을 설정하면 쉽게 판단 가능하다.

〈표〉A 시험 성별 합격률

(단위: %)

성별	남성	여성
합격률	23% ⇒ 23a	35% ⇒ 35b
전체	100a	100b

▶ 남성합격률 vs 여성합격률

➡ 23% < 35%

상대자료 자료값을 직접 비교하는 것으로 여성이 더 크다.

▶ 남성 합격자 수

➡ 23a

기준값을 알 수 없으므로 남성 합격자 비율 23%에 대응하는 실숫값인 남성 합격자 수를 알 수 없다.

▶ 남성 합격자 수 vs 여성 합격자 수

➡ 23a vs 35b

각 비율값의 기준값이 다르기 때문에, 실숫값도 알 수 없고 대소관계의 비교도 불가능하다.

② 기준값이 직접 주어진 경우

〈표〉A 시험 성별 합격률

(단위: %)

성별	남성	여성
합격률	23%	35%

※ 남성 지원자는 200명, 여성 지원자는 100명임

▶ 남성 합격자 수, 여성 합격자 수

➡ 남성 합격자 수=200명×23%=46명, 여성 합격자 수=100명×35%=35명

각각 비율에 해당하는 기준값이 주어져 있으므로 계산이 가능하다.

▶ 남성 합격자 수 vs 여성 합격자 수

➡ 200명×23% vs 100명×35%

기준값이 주어져 있으므로 각각의 상대자료에 대응하는 실숫값은 계산할 수 있고 대소관계도 알 수 있다. 따라서 남성 합격자 수가 더 많다.

③ 기준값의 비례가 주어진 경우

〈표〉 A 시험 성별 합격률

(단위: %)

성별	남성	여성
합격률	23%	35%

※ 남성 지원자와 여성 지원자의 비는 2 : 1임

다음과 같이 각 비율의 기준값을 설정하면 쉽게 판단 가능하다.

〈표〉 A 시험 성별 합격률

(단위: %)

성별	남성	여성
합격률	23% ⇒ 46a	35% ⇒ 35a
전체	200a	100a

▶ 남성 합격자 수, 여성 합격자 수

➥ 남성 합격자 수=200a×23%=46a, 여성 합격자 수=100a×35%=35a

정확한 남성 합격자 수와 여성 합격자 수는 알 수 없다.

▶ 남성 합격자 수 vs 여성 합격자 수

➥ 46a vs 35a

a의 값에 관계없이 남성 합격자 수가 여성 합격자 수보다 많다.

④ 기준값의 비례를 자료에서 계산할 수 있는 경우

〈표〉 A 시험 성별 합격률

(단위: %)

성별	남성	여성	전체
합격률	23%	35%	27%

남성 지원자를 x명, 여성 지원자 수를 y명이라고 하면 다음과 같은 수식이 성립한다.

$$\Rightarrow \frac{x \times 23\% + y \times 35\%}{x+y} = 27\% \Rightarrow x = 2y \Rightarrow x : y = 2 : 1$$

이 식을 정리하면 $x = 2y$ 이므로 $x : y = 2 : 1$이다.

※ 이 비례 관계는 가중평균의 원리를 이용하면 더 빠르게 파악할 수 있다.
  (CHAPTER 4 가중평균을 활용할 수 있는 상황 이해하기 참고)

따라서 남성 지원자 수를 200a, 여성 지원자 수를 100a라고 가정할 수 있으며, 위의 비례가 주어진 상황과 같은 방식으로 판단이 가능하다.

(3) 상대자료: 비율자료

비율자료는 보통 $\left\lceil\dfrac{\text{해당자료의 자료값}}{\text{비교대상 기준값}}\times100\right\rfloor$으로 백분율(%)로 표현한다.

비율자료 기준값은 분모에 해당하는 대상으로 100%의 대응하는 값이다. 그런데 주어진 자료에서 여러 비율자료의 기준값이 같은 경우도 있고 다른 경우도 있기 때문에 기준값의 동일 여부를 확인하는 것이 매우 중요하다.

1) 기준값과 비율자료의 관계 이해하기

① 기준값이 전체 인원인 경우

〈표〉 성별 사과의 선호도

(단위: %)

	좋아함	좋아하지 않음	합계
남성	22	18	40
여성	45	15	60
합계	67	33	100

	좋아함	좋아하지 않음	합계
남성	22a	18a	40a
여성	45a	15a	60a
합계	67a	33a	100a

위 자료에서는 모든 비율 자료의 기준값이 동일하다. 따라서 비율 자료의 대소관계가 실숫값의 대소관계와 일치한다.

② 기준값이 각각 남성·여성 인원인 경우

〈표〉 성별 사과의 선호도

(단위: %)

	좋아함	좋아하지 않음	합계
남성	55	45	100
여성	75	25	100

	좋아함	좋아하지 않음	합계
남성	55a	45b	100a
여성	75b	25b	100b

위 자료에서는 주어진 비율의 기준값이 서로 다른 경우가 있다. 남성 비율은 기준값이 남성 인원 전체이고, 여성 비율의 기준값은 여성 인원 전체이다.

이 경우에는 a, b의 값을 알 수 없기 때문에 단순하게 비율값 만으로 대소관계를 판단하면 안 된다.

2) 기준값이 주어지지 않은 비율자료

〈표〉 수도권 지역의 난방연료별 사용 가구수 비율
(단위 : %)

종류	서울	인천	경기남부	경기북부
도시가스	84.5	91.8	33.5	66.1
LPG	0.1	0.1	0.4	3.2
등유	2.4	0.4	0.8	3.0
열병합	12.6	7.4	64.3	27.1
기타	0.4	0.3	1.0	0.6

위 자료에서는 지역별로 난방연료의 백분율 합이 100%이다. 따라서 백분율 자료의 기준값은 해당 지역 난방연로 사용 가구수 전체이다. 하지만 비율 자료의 기준값이 주어져 있지 않다. 이 비율의 값을 문자를 사용하여 실수화하면 다음과 같다.

〈표〉 수도권 지역의 난방연료별 사용 가구수 비율
(단위 : %)

종류	서울	인천	경기남부	경기북부
도시가스	84.5a	91.8b	33.5c	66.1d
LPG	0.1a	0.1b	0.4c	3.2d
등유	2.4a	0.4b	0.8c	3.0d
열병합	12.6a	7.4b	64.3c	27.1d
기타	0.4a	0.3b	1.0c	0.6d

▶ '서울에서 난방연료로 등유를 사용하는 가구 수'

　　　　　　　　　vs '서울에서 열병합을 사용하는 가구수의 대소관계'

➡ 2.4a < 12.6a

a의 값에 관계없이 대소관계를 판단할 수 있다.

▶ '서울에서 도시가스가 난방연료인 가구 수'

　　　　　　　　　vs '인천에서 난방연료가 도시가스인 가구 수'

➡ 84.5a vs 91.8b

a, b의 값에 따라 대소 관계가 달라지므로 판단할 수 없다.

3) 기준값이 주어진 비율자료

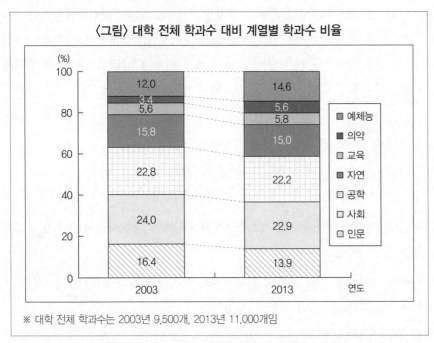

〈그림〉 대학 전체 학과수 대비 계열별 학과수 비율

※ 대학 전체 학과수는 2003년 9,500개, 2013년 11,000개임

주어진 자료에서 2003년 비율값에 대한 기준값은 9,500개, 2013년 비율값에 대한 기준값은 11,000개이므로 각각 비율에 대응하는 실숫값을 모두 계산할 수 있다.

단, 같은 기준값이 같은 비율자료의 경우에는 실수값을 계산하지 않고 비율자료만으로 대소관계의 비교가 가능하다.

▶ 2013 공학 학과수 vs 2013년 사회 학과수

➡ 11,000개×22.2% vs 11,000개×22.9%

⇒ 22.2% < 22.9%

4) 기준값의 비례를 알 수 있는 비율자료

〈표〉 A 시 초등학생과 중학생의 6개 식품 섭취율

(단위: %)

식품	섭취 주기	초등학교			중학교		
		남학생	여학생	전체	남학생	여학생	전체
라면	주 1회 이상	77.6	71.8	74.7	89.0	89.0	89.0
탄산음료	주 1회 이상	76.6	71.6	74.1	86.0	79.5	82.1
햄버거	주 1회 이상	64.4	58.2	61.3	73.5	70.5	71.7
우유	매일	56.7	50.9	53.8	36.0	27.5	30.9
과일	매일	36.1	38.9	37.5	28.0	30.0	29.2
채소	매일	30.4	33.2	31.8	28.5	29.0	28.8

※ 1) 섭취율(%) = $\dfrac{\text{섭취한다고 응답한 학생 수}}{\text{응답 학생 수}}$ ×100

2) 초등학생, 중학생 각각 2,000명을 대상으로 조사하였으며, 전체 조사 대상자는 6개 식품에 대해 모두 응답하였음

주어진 자료에서는 초중등 학교별 남학생 수, 여학생 수, 전체 학생수가 기준 값이다. 그리고 〈각주〉를 보면 초등학생, 중학생 수는 2,000명이라고 주어져 있어 '전체' 항목의 비율에 대한 기준값이 주어져 있다. 하지만 '남학생', '여학생' 항목에 대한 기준값은 주어져 있지 않기 때문에 '남학생', '여학생' 항목에 대한 실수자료값을 알 수 없다고 생각할 수 있다.

그런데 초등학교 남학생과 여학생 수를 각각 $100x$, $100y$라고 하고 '채소'에 대한 비율을 활용하면 다음과 같은 관계식을 얻을 수 있다.

$$\Rightarrow \frac{30.4x + 33.2y}{100x + 100y} = 0.318 \Rightarrow x = y$$

이 식을 정리하면 $x = y$가 되므로 초등학교 남학생과 여학생 인원수가 같다는 것을 알 수 있다.

따라서 조사대상 응답 초등학생 남학생과 여학생은 각각 1,000명이므로 모든 비율값에 대한 실숫값을 구할 수 있다.

※ 남학생과 여학생 인원수의 비례관계는 가중평균으로 파악할 수도 있다.

(4) 상대자료: 지수자료

지수자료는 기준대상의 값을 100이라고 했을 때 비교하려는 대상의 상대적인 수치를 나타낸 것이다. 즉, 「지수 $= \dfrac{\text{비교대상의 값}}{\text{기준대상의 값}} \times 100$」이고 단위 없이 수치만으로 표현한다.

지수자료에서는 기준대상이 특정 시기 또는 특정 대상이 되므로 기준대상이 시기인지 대상인지 구별하는 것이 필요하다.

지수자료의 기준 대상	특정 시기
	특정 대상

지수자료에서 기준 대상의 값을 100이라고 할 경우, 비교하는 해당 항목의 지수값이 100보다 크면 기준 대상보다 크고 100보다 작으면 기준대상보다 작다.

1) 지수의 기준대상에 따른 해석

지수의 기준값이 주어진 경우 지수자료에 대응하는 실숫값을 계산하고 비교할 수 있다. 하지만 지수의 기준값이 주어지지 않은 경우에는 실숫값을 계산할 수 없고, 기준값에 따라 비교할 수 있는 대상이 달라진다.

① 기준값이 특정 시기인 경우

〈표〉 국가별 물가지수

(2019년 = 100)

연도＼국가	한국	미국	중국
2019	100	100	100
2020	98	102	87
2021	102	103	88

2019년 한국 미국 중국의 물가를 각각 100a, 100b, 100c 라고 실숫값으로 변경하면 명확하게 판단할 수 있다.

〈표〉 국가별 물가지수

(2019년 = 100)

연도＼국가	한국	미국	중국
2019	100a	100b	100c
2020	98a	102b	87c
2021	102a	103b	88c

▶ 2019년 한국 물가 vs 2020년 한국 물가

➥ 100a vs 98a $\Rightarrow$ 100 vs 98

a 값에 관계없이 2019년 한국 물가가 더 크다.

▶ 2019년 한국 물가 vs 2019년 미국 물가

➥ 100a vs 100b

a, b 각각의 값에 따라 대소가 달라진다.

▶ '2020년 한국 물가 대비 중국 물가 비율'

　　　　　 vs '2021년 한국 물가 대비 중국 물가 비율'

➥ $\dfrac{87c}{98a}$ vs $\dfrac{88c}{102a}$ $\Rightarrow$ $\dfrac{100}{100}$ vs $\dfrac{88}{102}$

a, c의 값은 비교할 두 자료에 공통으로 포함되는 인수이므로 값에 상관없이 대소관계를 판단할 수 있다.

▶ '2020년 대비 2021년 한국 물가 증가율'

　　　　　 vs '2020년 대비 2021년 미국 물가 증가율'

➥ $\dfrac{102a-98a}{98a}$ vs $\dfrac{103b-102b}{102b}$ $\Rightarrow$ $\dfrac{4}{98}$ vs $\dfrac{1}{102}$

증가율의 계산식에서 a, b가 분자, 분모에서 약분되므로 증가율 계산이 가능하고 대소관계도 비교 가능하다.

② 기준값이 특정 대상인 경우

〈표〉 국가별 물가지수
(한국 = 100)

연도 \ 국가	한국	미국	중국
2019	100	98	99
2020	100	101	102
2021	100	98	102

2019년, 2020년, 2021년 물가를 각각 100a, 100b, 100c 라고 실숫값으로 변경하면 명확하게 판단할 수 있다.

〈표〉 국가별 물가지수

연도 \ 국가	한국	미국	중국
2019	100a	98a	99a
2020	100b	101b	102b
2021	100c	98c	102c

▶ 2019년 한국 물가 vs 2020년 한국 물가

 ➡ 100a vs 100b

a, b의 값에 따라 대소관계가 달라지므로 비교할 수 없다.

▶ 2019년 한국 물가 vs 2019년 중국 물가

 ➡ 100a vs 99a ⇒ 100 vs 99

a는 공통이므로 a값에 관계없이 2019년 한국 물가가 더 크다.

▶ '2019년 미국 물가 대비 중국 물가의 비율'

 vs '2020년 미국 물가 대비 중국 물가 비율'

 ➡ $\dfrac{99a}{98a}$ vs $\dfrac{102b}{101b}$ ⇒ $\dfrac{99}{98}$ vs $\dfrac{102}{101}$

a, b 값에 관계없이 대소비교가 가능하다.

▶ '2019년 대비 2020년 미국 물가의 증가율'

 vs '2019년 대비 2020년 중국 물가의 증가율'

 ➡ $\dfrac{101b-98a}{98a}$ vs $\dfrac{102b-99a}{99a}$ ⇒ $\dfrac{101b}{98a}-1$ vs $\dfrac{102b}{99a}-1$

 ⇒ $\dfrac{101b}{98a}$ vs $\dfrac{102b}{99a}$ ⇒ $\dfrac{101}{98}$ vs $\dfrac{102}{99}$

$\dfrac{b}{a}$ 는 공통인수이므로 대소관계의 비교가 가능하다.

2) 기준값이 주어진 지수자료의 예시: 특정 대상이 기준값

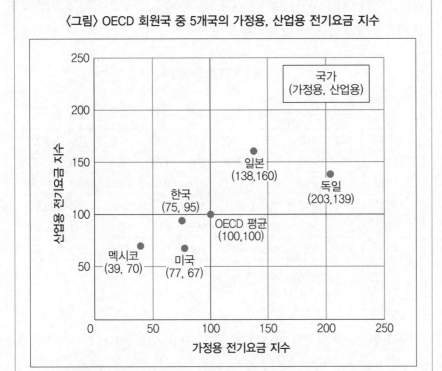

〈그림〉 OECD 회원국 중 5개국의 가정용, 산업용 전기요금 지수

※ 1) OECD 각 국가의 전기요금은 100 kWh당 평균 금액($)임.

   2) 가정용(산업용) 전기요금 지수 $= \dfrac{\text{해당 국가의 가정용(산업용) 전기요금}}{\text{OECD 평균 가정용(산업용) 전기요금}} \times 100$

   3) 2018년 한국의 가정용, 산업용 전기요금은 100 kWh당 각각 $120, $95임.

위 자료에서는 한국의 가정용 전기요금 지수인 75에 해당하는 실수값이 100kWh당 120$, 산업용 전기요금 지수인 95에 해당하는 실수값이 100kWh당 95$로 주어져 있다. 따라서 다른 수치의 지수자료에 대응하는 실숫값을 모두 계산할 수 있다.

비례관계를 활용하면 가정용 전기요금의 경우 지수 100에 해당하는 실수값이 150$이고, 산업용 전기요금의 지수 100에 해당하는 실수값은 100$이다.

따라서 주어진 자료에서 모든 지수값에 대응하는 실수값을 계산할 수 있고, 대소관계 비교도 가능하다.

▶ 미국의 가정용 전기요금

➾ 한국 가정용 전기요금 지수 : 한국 가정용 전기 요금

　　　　　　　=미국 가정용 전기요금 지수 : 미국 가정용 전기 요금

➾ 75 : 120$=77: 미국 가정용 전기요금

　⇒ 미국 가정용 전기요금$=\dfrac{77}{75}\times 120\$$

3) 기준값이 주어지지 않은 지수자료의 예시: 특정 시기가 기준값

같은 지역의 다른 시기에 대한 실수자료는 비교할 수 있으나, 같은 시기의 다른 항목에 대한 실수자료를 비교할 수 없다.

〈표 〉 지역별 인구지수

지역\연도	한성	경기	충청	전라	경상	강원	황해	평안	함경
1648	100	100	100	100	100	100	100	100	100
1753	181	793	535	276	391	724	982	868	722
1789	197	793	499	283	374	615	1,033	888	1,009
1837	213	812	486	253	353	589	995	584	1,000
1864	211	832	505	251	358	615	1,033	598	1,009
1904	200	831	445	216	261	559	695	557	1,087

※ 인구지수 $= \dfrac{\text{해당연도 해당지역 인구}}{\text{1648년 해당지역 인구}} \times 100$

위 자료에서는 각 지역의 1648년 시기 인구수가 기준값이다. 따라서 기준값을 문자로 설정하면 다음과 같다.

지역\연도	한성	경기	충청	전라	경상	강원	황해	평안	함경
1648	100a	100b	100c	100d	100e	100f	100g	100h	100i

▶ 한성의 1648년 인구수 vs 한성의 1753년 인구수

  (같은 지역 다른 시기)

  ➥ 100a vs 181a

  a의 값에 관계없이 지수값이 더 큰 1753년 한성의 인구수가 더 많다.

▶ 1904년의 한성 인구수 vs 1904년 경기 인구수

  (다른 지역의 같은 연도 인구 대소)

  ➥ 200a vs 831b

  a, b의 값에 따라 결과가 달라지므로 대소관계를 비교할 수 없다.

▶ 1648년 한성 인구수 vs 1753년 경기의 인구수

  (다른 지역의 다른 연도 인구 대소)

  ➥ 100a vs 793b

  a, b의 값에 따라 결과가 달라지므로 대소관계를 비교할 수 없다.

4) 기준값이 주어지지 않은 지수자료의 예시: 특정 대상이 기준값

같은 시기의 다른 항목에 대한 실수자료를 비교할 수 있으나, 같은 지역의 다른 시기에 대한 실수자료는 비교할 수 없다.

〈표 1〉 일제강점기 8개 도시의 물가 비교지수

기간＼도시	경성	대구	목포	부산	신의주	원산	청진	평양
1910~1914년	1.04	0.99	0.99	0.95	0.95	1.05	1.06	0.97
1915~1919년	0.98	1.03	0.99	0.96	0.98	1.03	1.03	1.00
1920~1924년	1.03	1.01	1.01	1.03	0.96	0.99	1.05	0.92

※ 기간별 각 도시의 물가 비교지수는 해당 기간 8개 도시 평균 물가 대비 각 도시 물가의 비율임

위 자료에서는 같은 기간에서의 8개 도시 평균 물가(특정 대상)이 기준값이다.
위 자료에서는 각 기간의 평균 물가를 문자를 사용하여 표현하면 다음과 같다.

기간＼물가	8개 도시평균물가
1910~1914년	a
1915~1919년	b
1920~1924년	c

▶ 경성의 '1910~1914년' 물가 vs 경성의 '1915~1919년'의 물가
  (같은 지역 다른 기간의 물가 대소)
  ➥ 1.04a vs 0.98b
  a, b의 값에 따라 결과가 달라지므로 대소관계를 비교할 수 없다.

▶ '1910~1914년' 경성 물가 vs '1910~1914년' 대구 물가
  (다른 지역 같은 기간의 인구 대소)
  ➥ 1.04a vs 0.99a
  a의 값에 관계없이 대소관계를 판단할 수 있다.

▶ '1910~1914년' 경성의 물가 vs '1920~1924년' 대구 물가
  (다른 지역 다른 기간의 인구 대소)
  ➥ 1.04a vs 1.01c
  a, c의 값에 따라 결과가 달라지므로 대소관계를 비교할 수 없다.

(5) 상대자료: A 당 B

「A당 B는 C이다」를 식으로 표현하면 「$C = \dfrac{B}{A}$」라고 정리할 수 있다. 그리고

「A N개당 B는 C이다」를 식으로 표현하면 「$C = \dfrac{B}{A} \times N$」라고 정리할 수 있다.

따라서 'A당 B'에 해당하는 값만으로 실숫값의 대소관계를 알 수 없으며 기준값 A의 제시 여부에 따라 대소관계의 판단 가능성이 달라진다.

1) 'A 당 B' 자료의 항목 사이의 연산관계

'A 당 B' 형식의 자료가 주어지면 대부분 'A 당 B' 자료의 항목들 사이의 연산이 다루어진다. 따라서 연산관계를 정확하게 정리할 필요가 있다.

① 「'A 당 B' = C」의 연산관계: 예시) 단위면적당 생산량

$C = \dfrac{B}{A}$	단위면적당 생산량 $= \dfrac{\text{생산량}}{\text{전체면적}}$
$B = A \times C$	생산량 = 전체면적 × 단위면적당 생산량
$A = \dfrac{B}{C}$	전체면적 $= \dfrac{\text{생산량}}{\text{단위면적당 생산량}}$

② 「'A N개당 B' = C」의 연산관계: 예시) 인구 10만명당 환자수

$C = \dfrac{B}{A} \times N$	인구 10만명당 환자수 $= \dfrac{\text{환자수}}{\text{인구}} \times 10\text{만}$
$B = \dfrac{A \times C}{N}$	환자수 $= \dfrac{\text{인구} \times \text{인구 10만명당 환자수}}{10\text{만}}$
$A = \dfrac{B}{C} \times N$	인구 $= \dfrac{\text{환자수} \times 10\text{만}}{\text{인구 10만명당 환자수}}$

※ 위 식을 실전에서 정리할 때 'A 당 B' 항목의 이름을 '당' 정도로 축약해서 정리하는 것이 편리할 것이다.

$$\text{단위면적당 생산량} = \dfrac{\text{생산량}}{\text{전체면적}} \Rightarrow \text{'당'} = \dfrac{\text{생산량}}{\text{전체면적}}$$

$$\Rightarrow \text{생산량} = \text{전체면적} \times \text{'당'}$$

$$\Rightarrow \text{전체면적} = \dfrac{\text{생산량}}{\text{'당'}}$$

2) 'A 당 B' 자료에서 주어진 자료에 따른 해석

① 'A 당 B'와 B의 값이 주어진 경우

<표> A, B 지역의 인구 10만명당 환자수

구분　　　　　지역	A지역	B지역
인구 10만명당 환자수	5명	4명
환자 수	200명	100명

▶ A 지역 인구 $= \dfrac{200명}{5명} \times 10만명 = 400만명$

▶ B 지역 인구 $= \dfrac{100명}{4명} \times 10만명 = 250만명$

② 'A 당 B'와 A의 값이 주어진 경우

<표> A, B 지역의 인구 10만명당 환자수

구분　　　　　지역	A지역	B지역
인구 10만명당 환자수	5명	4명
인구	400만명	250만명

▶ A 지역 환자수 $= \dfrac{400만명 \times 5명}{10만명} = 200명$

▶ B 지역 환자수 $= \dfrac{250만명 \times 4명}{10만명} = 100명$

③ 'A 당 B'의 자료만 주어진 경우

<표> A, B 지역의 인구 10만명당 환자수

구분　　　　　지역	A지역	B지역
인구 10만명당 환자수	5명	4명

▶ A 지역 환자수 vs B 지역 환자수
　➥ 기준값인 인구수를 알 수 없기 때문에 환자수도 알 수 없고 대소비교도 불가능하다.

▶ A 지역 인구수 vs B 지역 인구수
　➥ 각 지역의 인구수를 알 수 없고 대소비교도 불가능하다.

3) 'A 당 B' 자료의 연산관계 활용

〈표〉 OO 시 교육여건 현황

교육여건 / 학교급	전체 학교수 (A)	학교당 학급수 (B)	학급당 주간 수업시수(시간) (C)	학급당 학생수 (D)	학급당 교원수 (E)	교원당 학생수 (F)
초등학교	150	30	28	32	1.3	25
중학교	70	36	34	35	1.8	19
고등학교	60	33	35	32	2.1	15

주어진 자료의 항목을 연산관계로 정리하면 다음과 같다.

▶ 학교당학급수 $= \dfrac{\text{학급수}}{\text{학교수}}$

▶ 학급당주간수업시수 $= \dfrac{\text{주간수업시수}}{\text{학급수}}$

▶ 학교당학생수 $= \dfrac{\text{학생수}}{\text{학교수}}$

▶ 학급당교원수 $= \dfrac{\text{교원수}}{\text{학급수}}$

▶ 교원당 학급수 $= \dfrac{\text{학급수}}{\text{교원수}}$

주어진 항목의 관계를 통해서 다음 대상들을 계산할 수 있다.

▶ 학급수 $=$ 학교수 $\times \dfrac{\text{학급수}}{\text{학교수}} = A \times B$

▶ 주간수업시수 $=$ 학교수 $\times \dfrac{\text{학급수}}{\text{학교수}} \times \dfrac{\text{주간수업시수}}{\text{학교수}} = A \times B \times C$

▶ 학생수 $=$ 학교수 $\times \dfrac{\text{학급수}}{\text{학교수}} \times \dfrac{\text{학생수}}{\text{학급수}} = A \times B \times D$

▶ 교원수 $=$ 학교수 $\times \dfrac{\text{학급수}}{\text{학교수}} \times \dfrac{\text{교원수}}{\text{학급수}} = A \times B \times E$

※ 위 자료에서 A~F는 원래 없는 표기이다. 위와 같이 항목의 연산이 복잡하게 구성된 경우 항목을 적당하게 치환하여 표현하는 것이 수식을 정리할 때 효율적이다.

4) 'A N개당 B' 자료의 연산관계 활용

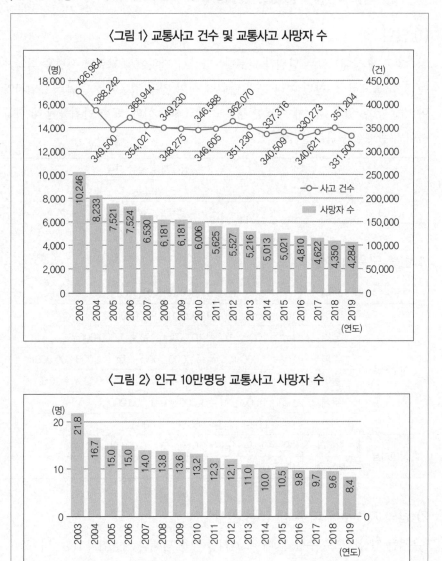

〈그림 1〉 교통사고 건수 및 교통사고 사망자 수

〈그림 2〉 인구 10만명당 교통사고 사망자 수

〈그림 2〉의 자료에서 제시된 자료의 연산관계는 다음과 같다.

▶ 인구 10만명당사망자수 $= \dfrac{\text{교통사고사망자수}}{\text{인구}} \times 10\text{만}$

그리고 자료에서 '교통사고 사망자 수', '인구 10만명당 사망자 수'는 주어져 있으므로 '인구'를 계산하기 위해서는 연산관계를 다음과 같이 변형하여 활용해야 한다.

▶ 인구 $= \dfrac{\text{교통사고 사망자수} \times 10\text{만}}{\text{인구 10만명당 사망자수}}$

③ 단위, 각주, 정보, 조건

(1) 단위

실수자료와 상대자료는 단위가 다르다. 따라서 단위에서 자료의 성질을 파악하는 것이 필요하다. 한편 여러 가지 단위가 섞여 있는 경우에는 단위를 통일시켜야 비교할 수 있기 때문에 이러한 경우도 체크해야 한다. 또한 단위를 통해 항목사이의 관계식을 유추할 수도 있다.

단위 체크사항	상대자료, 실수자료
	단위의 환산
	항목의 관계 유추

1) 빈출 단위의 환산

단위	단위	단위환산
실수자료	길이	1cm = 10mm, 1m = 100cm, 1km = 1,000m
	넓이	1cm² = 100mm², 1m² = 10,000cm², 1km² = 1,000,000m²
	부피	1cm³ = 1,000mm³, 1m³ = 1,000,000cm³, 1km³ = 1,000,000,000m³
	들이	1mℓ = 1cm³, 1dℓ = 100cm³ = 100mℓ, 1ℓ = 1,000cm³ = 10dℓ
	무게	1kg = 1,000g, 1t = 1,000kg = 1,000,000g
	시간	1분 = 60초, 1시간 = 60분 = 3,600초
상대자료	할푼리	1푼 = 0.1할, 1리 = 0.01할, 모 = 0.001할
	백분율	1% = 0.01

2) 십의 자릿수에 따른 셈 단위 환산

우리는 일상적으로 수를 셀 때 네 자리를 기준 단위를 사용한다. (만, 억, 조) 하지만 일반적인 통계자료는 세 자리를 기준으로 수를 표시한다. 따라서 자료에서 큰 수를 다룰 때 수 셈 단위가 혼동될 수 있기 때문에 단위를 빠르게 환산할 수 있어야 한다.

1	일
10	십
100	백
1,000	천
10,000	만
1,000,000	백만
100,000,000	억
1,000,000,000	십억
1,000,000,000,000	조

> ☑️ 실전에서 큰 수를 다룰 때 자릿수를 정확하게 다루어야 하는 경우가 많지는 않다. 왜냐하면 계산 결과의 수 배열만 살펴보아도 결과를 얻을 수 있는 경우가 대부분이기 때문이다.
> 예를 들어 선택지에서 계산 결과가 7,000 이상인지를 묻고 있는데 계산 결과가 '75....' 로 시작한다면 7,000 이상일 가능성이 크다. 문제에서 7,000 이상인지를 묻는다면 어느 정도 유사한 계산 결과에 대해서 묻고 있을 가능성이 크기 때문에 자릿수를 따지지 않고 수의 배열만으로 결과를 판단하는 것이 유효하다.

(2) 각주

각주는 자료의 의미를 보충해주거나, 자료의 범위 등을 한정해서 상황을 더 명확하게 만들어 준다. 그리고 항목 사이의 관계를 도출하는 수식을 제시하기도 한다.

보통은 각주에서 다루어지는 내용은 선택지에서 반드시 물어보게 되어 있기 때문에 반드시 꼼꼼하게 체크해야 한다.

각주의 기능	자료 범위의 한정
	자료의 의미 보충
	수식 제시

(3) 보고서, 조건, 정보

〈보고서〉와 〈보도자료〉는 본문 자료로 주어지는 경우도 있고 선택지의 지문처럼 주어지는 경우도 있다. 〈보고서〉는 계산 뿐 아니라 독해에 대한 부분도 중요하며 본 책의 〈CHAPTER 5. 유형별연습〉을 참고하면 더 자세한 이해가 가능하다.

〈조건〉, 〈정보〉 등은 〈각주〉와 비슷한 역할을 한다. 본문에 주어진 자료에 대한 계산식을 제시하기도 하고, 선택지 지문을 해결하기 위한 기준을 제시하기도 한다.

◉ 〈보고서〉, 〈보도자료〉, 〈대화〉, 〈조건〉, 〈정보〉 등의 예시

┤ 보고서 ├

2019년 생활안전 통계에 따르면 전국 473개소의 안전체험관이 운영 중인 것으로 확인되었다. 전국 안전체험관을 규모별로 살펴보면, 대형이 32개소, 중형이 7개소, 소형이 434개소였다. 이 중 대형 안전체험관은 서울이 가장 많고 경북, 충남이 그 뒤를 이었다.

전국 안전사고 사망자 수는 2015년 이후 매년 감소하다가 2018년에는 증가하였다. 교통사고 사망자 수는 2015년 이후 매년 줄어들었고, 특히 2018년에 전년 대비 11.2 % 감소하였다.

2019년 분야별 지역안전지수 1등급 지역을 살펴보면 교통사고 분야는 서울, 경기, 화재 분야는 광주, 생활안전 분야는 경기, 부산으로 나타났다.

문화체육관광부	**보도자료**	사람이 있는 문화
보도일시	배포 즉시 보도해 주시기 바랍니다.	

배포일시	2020. 2. XX.	담당부서	▢▢▢▢국
담당과장	○○○ (044-203-○○○○)	담당자	사무관 △△△ (044-203-○○○○)

2018년 국내 광고산업 성장세 지속

○ 문화체육관광부는 국내 광고사업체의 현황과 동향을 조사한 '2019년 광고산업 조사(2018년 기준)' 결과를 발표했다.

○ 이번 조사 결과에 따르면 2018년 기준 광고산업 규모는 17조 2,119억 원(광고사업체 취급액* 기준)으로, 전년 대비 4.5 % 이상 증가했고, 광고사업체당 취급액 역시 증가했다.

┤ 대화 ├

갑: 감염병 확산에 대응하기 위한 회의를 시작합시다. 오늘은 대전, 세종, 충북, 충남의 4월 4일 기준 자가격리자 및 모니터링 요원 현황을 보기로 했는데, 각 지자체의 상황이 어떤가요?

을: 4개 지자체 중 세종을 제외한 3개 지자체에서 4월 4일 기준 자가격리자가 전일 기준 자가격리자보다 늘어났습니다.

갑: 모니터링 요원의 업무 부담과 관련된 통계 자료도 있나요?

을: 4월 4일 기준으로 대전, 세종, 충북은 모니터링 요원 대비 자가격리자의 비율이 1.8 이상입니다.

갑: 지자체에 모니터링 요원을 추가로 배치해야 할 것 같습니다. 자가격리자 중 외국인이 차지하는 비중이 4개 지자체 가운데 대전이 가장 높으니, 외국어 구사가 가능한 모니터링 요원을 대전에 우선 배치하는 방향으로 검토해 봅시다.

┤ 조건 ├

○ '연강수량'이 세계평균의 2배 이상인 국가는 일본과 뉴질랜드이다.

○ '연강수량'이 세계평균보다 많은 국가 중 '1인당 이용가능한 연수자원총량'이 가장 적은 국가는 대한민국이다.

○ '1인당 연강수총량'이 세계평균의 5배 이상인 국가를 '연강수량'이 많은 국가부터 나열하면 뉴질랜드, 캐나다, 호주이다.

○ '1인당 이용가능한 연수자원총량'이 영국보다 적은 국가 중 '1인당 연강수총량'이 세계평균의 25% 이상인 국가는 중국이다.

○ '1인당 이용가능한 연수자원총량'이 6번째로 많은 국가는 프랑스이다.

○ 월간 출근 교통비=﹛출근 1회당 대중교통요금−(기본 마일리지+추가 마일리지)

$$\times \left(\frac{\text{마일리지 적용거리}}{800} \right) ﹜\times \text{월간 출근 횟수}$$

○ 기본 마일리지는 출근 1회당 대중교통요금에 따라 다음과 같이 지급함

출근 1회당 대중교통요금	2천 원 이하	2천 원 초과 3천 원 이하	3천 원 초과
추가 마일리지 (원)	250	350	450

○ 추가 마일리지는 저소득층에만 다음과 같이 지급함

출근 1회당 대중교통요금	2천 원 이하	2천 원 초과 3천 원 이하	3천 원 초과
추가 마일리지 (원)	100	150	200

○ 마일리지 적용거리(m)는 출근 1회당 도보·자전거로 이동한 거리의 합이며 최대 800m까지만 인정함

| 정보 |

○ 재정자립도가 E보다 높은 지역은 A, C, F임
○ 시가화 면적 비율이 가장 낮은 지역은 주택노후화율이 가장 높은 지역임
○ 10만명당 문화시설수가 가장 적은 지역은 10만명당 체육시설수가 네 번째로 많은 지역임
○ 주택보급률이 도로포장률보다 낮은 지역은 B, C, D, F임

| 규칙 |

단계 1: 각 도시의 설계적설하중을 50% 증가시킨다.
단계 2: '월평균 지상 10m 기온'이 영하인 달이 3개 이상인 도시만 단계 1에 의해 산출된 값을 40% 증가시킨다.
단계 3: 설계기본풍속이 40m/s 이상인 도시만 단계 1~2를 거쳐 산출된 값을 20% 감소시킨다.
단계 4: 단계 1~3을 거쳐 산출된 값을 수정된 설계적설하중으로 한다.
단, $1.0kN/m^2$ 미만인 경우 $1.0kN/m^2$으로 한다.

강필
PSAT
자료해석 기본서

CHAPTER

03

선택지 해석

선택지 해석

자료해석 선택지는 지문형, 수치제시형, 대상제시형으로 구분할 수 있다. 지문형은 보기로 주어진 3~4개의 지문 중 취합하는 유형과 5지선다형이 있다. 수치제시형은 주로 계산형 문제에서 선택지가 수치로 주어지는 유형이고, 대상제시형은 매칭형 문제와 같이 선택지에서 특정대상을 제시하는 유형이다.

실제 시험에서는 지문형과 5지선다형이 대부분이다. 지문형과 5지선다형은 각 지문의 정오를 판단해야 하는데, 지문의 유형에 따른 특징을 이해하면 난이도가 쉬운 지문을 취사 선택하여 먼저 해결하는 전략을 통해 모든 지문을 해결하지 않고서도 최종정답을 결정할 수 있다. 따라서 지문의 유형과 특성에 따른 난이도를 예측하는 것이 필요하다.

◉ 선택지의 형식적 분류와 체크사항

	지문형 (5지선다, 보기지문)	• 우선순위 지문 파악 • 주 자료를 벗어난 대상 확인(알 수 없는 자료) • 〈보기〉 지문의 경우 취합형 선택지 구성 확인
선택지	수치제시	• 특정 자릿수 활용 가능 확인 • 단위 확인 • 연산 결과가 특정 수의 배수 등이 되는 특징 확인
	대상제시	• 선택지에 제시된 대상을 통한 경우의 수 줄이기

1 지문의 분류

◉ 지문의 분류

본서에서는 지문을 분류하는 큰 기준은 지문에서 묻고 있는 대상을 주어진 자료에서 직접 계산하여 판단 가능한지, 아니면 직접 계산할 수는 없지만 간접적 판단 가능한지 여부로 나눈다. 그리고 또 다른 큰 기준으로 지문 해결에 계산이 중점인지 아니면 이해가 중점인지 여부로 나누고 있다.

물론 모든 지문들이 이 기준에 의하여 명확하게 분류되는 것은 아니다. 하지만 상당수의 지문들은 본서의 분류기준에 부합하며, 그 기준을 이해하면 실전에서 좀 더 빠르게 지문의 특성을 이해하고 접근할 수 있을 것이다.

분류	요약	내용	분류 코드	난이도
직접 계산	단순읽기	• 자료에 주어진 값의 단순 대소, 개수, 증감 경향 파악	A	하
	단순연산	• 각주에 주어진 식 또는 비율, 증가율 등 연산을 의미하는 포함하는 명칭을 이용	B	중
	응용연산	• 복수의 식이나 조건 등을 정리하여 계산	C	중~상
간접 비교	단순읽기	• 지문에서 묻고 있는 대상이 자료에 직접 주어져 있지 않지만, 자료에 주어진 값과 대소관계가 일치	DA	하
	연산비교	• 주어지지 않은 자료와 관계없이 연산 결과의 대소 관계를 판단 가능	DB DC	중~상
	범위비교	• 대상의 범위를 추론하여 비교 판단 가능	DD	중~상
이해 중심	용어이해	• 주 자료의 이해와 해석이 핵심이 되는 유형 • 복잡한 구조나 새로운 형식의 자료가 주어진 경우 • 본문 또는 지문의 표현이나 어휘에 해석이 필요한 경우 • 각주, 조건, 정보 등의 해석이 핵심이 되는 경우	E	중~상
	구조이해			
	관계이해			
	조건이해			
판단 불가	알수없음	• 제시된 자료만으로 대상의 직접계산, 간접판단이 불가능	F	중~상

(1) 단순읽기

본문 자료에 주어진 값의 단순 대소, 증감 파악 등을 묻는 유형이다. 지문 해결에서 가장 우선으로 처리해야 한다. 특히 보기로 주어지는 취합형의 경우 이와 같은 지문을 먼저 처리하여 선택지 경우의 수를 줄이는 것이 매우 중요할 것이다.

1) 제시된 자료값 자체의 대소판단

단순히 주어진 자료값 사이의 대소관계를 판단하는 유형이다. 지문에서 묻고 있는 대상을 빠르고 정확하게 찾는 것이 중요하다.

〈표〉 지역별 도시재생사업비
(단위: 억 원)

지역	사업비
서울	160
부산	240
대구	200
인천	80
광주	160
대전	160
울산	120
세종	0
경기	360
강원	420
충북	300
충남	320
전북	280
전남	320
경북	320
경남	440
제주	120
전체	( )

Q. 부산보다 사업비가 많은 지역은 8개이다.

위 문제에서 부산의 사업비는 240억원으로 자료에 제시되어 있다. 따라서 제시된 사업비가 240억원보다 큰 지역만 찾으면 된다.

▶ 사업비가 240억보다 큰 지역

  ➤ 경기, 강원, 충북, 충남, 전북, 전남, 경북, 경남 8개 지역이므로 옳은 지문이다.

2) 제시된 자료값의 최대·최소 판단

제시된 자료 중 가장 큰 값 또는 가장 작은 값을 찾는 유형이다.

〈표〉 신입사원의 직무역량 중요도

(단위: 점)

직무역량 \ 산업분야	신소재	게임	미디어	식품
의사소통능력	4.34	4.17	4.42	4.21
수리능력	4.46	4.06	3.94	3.92
문제해결능력	4.58	4.52	4.45	4.50
자기개발능력	4.15	4.26	4.14	3.98
자원관리능력	4.09	3.97	3.93	3.91
대인관계능력	4.35	4.00	4.27	4.20
정보능력	4.33	4.09	4.27	4.07
기술능력	4.07	4.24	3.68	4.00
조직이해능력	3.97	3.78	3.88	3.88
직업윤리	4.44	4.66	4.59	4.39

※ 중요도는 5점 만점임

Q. 각 산업분야에서 중요도가 가장 낮은 직무역량은 '조직이해능력'이다.

위 자료에서 각 산업분야에서 주어진 중요도 자료값이 가장 낮은 값을 찾아보면 된다.

신소재, 게임, 식품 분야에서는 '조직이해능력'에서는 중요도 자료값이 가장 낮지만 미디어 분야에서는 '기술능력' 가장 낮다.

따라서 지문은 옳지 않다.

3) 제시된 자료값의 증감판단

시계열 자료에서 주어지는 지문 유형으로 주어진 기간 동안 자료값의 변화 패턴을 묻는다. 시기별로 자료값의 대소관계를 파악하여 증감을 판단하면 된다.

〈표〉 사용처별 사고건수

(단위: 건)

사용처 \ 연도	2015	2016	2017	2018	2019
주택	48	50	39	42	47
차량	4	5	4	5	6

Q. '주택'과 '차량'의 연도별 사고건수 증감방향은 같다.

위 자료에서 '주택'과 '차량'의 연도별 사고건수 증감방향은 주어진 자료의 연별로 주택과 차량 자료값의 대소관계를 읽어서 바로 파악해서 판단할 수 있다.

▶ 2016년부터 주택의 증감 방향: 증, 감, 증, 증

▶ 2016년부터 차량의 증감 방향: 증, 감, 증, 증

증감방향이 같으므로 지문은 옳다.

(2) 단순연산

주어진 자료값을 단순연산하여 얻은 결과에 관하여 묻는 유형이다. 연산관계는 '비율·증가율'과 같이 연산의미를 담고 있는 명칭이 주어지는 경우, 각주·조건 등으로 항목사이의 관계식을 제시하는 경우, 자료의 구조로부터 연산이 정의되는 경우 등이 있다.

단순연산은 비교적 난도가 낮지만, 어림산만으로 판단하기 힘들 경우나, 비교해야하는 대상이 다수인 경우에는 생각보다 시간이 많이 소요될 수 있다. 하지만 이러한 유형은 지문 해결을 위한 아이디어는 어렵지 않기 때문에 효율적인 계산법을 익히면 더 빠르고 정확하게 계산할 수 있다. 따라서 자료해석 초보자의 경우 집중공략해야 하는 유형이다.

1) 지문에서 연산을 의미하는 표현을 포함하는 경우: 비율, 비중

비율, 비중, 차이, 증가율 등 지문에서 직접 연산을 의미하는 표현을 사용하여 주어진 자료 사이의 연산을 정의하는 유형이다.

〈표〉 멸종위기종 지정 현황

(단위: 종)

분류＼지정	멸종위기종	멸종위기Ⅰ급	멸종위기Ⅱ급
조류	63	14	49
양서·파충류	8	2	6

※ 멸종위기종은 멸종위기Ⅰ급과 멸종위기Ⅱ급으로 구분함.

Q. 멸종위기종 중 멸종위기Ⅱ급의 비율은 '조류'가 '양서·파충류'보다 높다.

지문에서 「'멸종위기종 중 멸종위기 Ⅱ급의 비율' $= \dfrac{\text{멸종위기종} \cap \text{멸종위기Ⅱ급}}{\text{멸종위기종}}$」를 의미한다.

이때 주어진 자료의 구조상 '멸종위기 Ⅱ급'은 전부 멸종위기종에 포함되는 관계이므로 결국 「$\dfrac{\text{멸종위기Ⅱ급}}{\text{멸종위기종}}$」을 계산하면된다.

▶ '조류' vs '양서·파충류'

$\dfrac{49}{63}$ vs $\dfrac{6}{8}$ $\Rightarrow$ $\dfrac{49}{63} < \dfrac{48}{64}$

따라지 지문은 옳지 않다.

2) 지문에서 연산을 의미하는 표현을 포함하는 경우: 증가율

〈표〉 원인별 사고건수

(단위: 건)

원인＼연도	2015	2016	2017	2018	2019
공급자 취급부주의	23	16	22	26	29
시설미비	18	20	11	23	24

Q. 2015년 대비 2019년 사고건수의 증가율은 '공급자 취급부주의'가 '시설미비'보다 작다.

지문에서 「'2015년 대비 2019년 사고건수의 증가율'=

$$\frac{2019년 \ 사고건수 - 2015년 \ 사고건수}{2015년 \ 사고건수}$$ 」를 의미한다.

▶ '공급자 취급부주의' vs '시설미비'

→ $\dfrac{29건 - 23건}{23건}$ vs $\dfrac{24건 - 18건}{18건}$

→ $\dfrac{6건}{23건}$ vs $\dfrac{6건}{18건}$ ⇒ 30% 미만 < 33.3%

따라서 지문은 옳다.

3) 연산을 의미하는 항목: 비율

자료의 항목에서 '비율', '구성비', '합계', 'A 당 B' 등의 항목이 있는 경우 해당 항목은 다른 항목사이의 연산관계를 의미한다.

〈표〉 지역별 고령인구 및 고령인구 비율 전망

(단위: 천 명, %)

지역＼연도＼구분	2025		2035		2045	
	고령인구	고령인구 비율	고령인구	고령인구 비율	고령인구	고령인구 비율
충북	357	21.6	529	31.4	646	39.1
전남	475	27.4	630	37.1	740	45.3

Q. 2045년 충북 인구는 전남 인구보다 많다.

자료의 항목 중 「고령인구비율 = $\dfrac{고령인구}{전체인구}$ 」를 의미한다. 따라서 지문에서 물어보고 있는 해당 지역의 인구는 주어진 자료를 이용하여 다음과 같이 계산할 수 있다.

$$\ulcorner 전체인구 = 고령인구 \times \frac{전체인구}{고령인구} = 고령인구 \div \frac{고령인구}{전체인구} = \frac{고령인구}{고령인구비율} \lrcorner$$

▶ 충북 vs 전남

$$\frac{646천명}{39.1\%} \quad vs \quad \frac{740천명}{45.3\%} \Rightarrow \frac{646}{391} > \frac{740}{453}$$

따라서 지문은 옳지 않다.

4) 연산을 의미하는 항목: 비중

〈표〉 '갑'국의 사회간접자본(SOC) 투자규모

(단위: 조 원, %)

구분 \ 연도	2013	2014	2015	2016	2017
SOC 투자규모	20.5	25.4	25.1	24.4	23.1
총지출 대비 SOC 투자규모 비중	7.8	8.4	8.6	7.9	6.9

Q. 2017년 총지출은 300조 원 이상이다.

자료의 항목에서 「'총지출 대비 SOC투자규모비중' $= \dfrac{SOC투자규모}{총지출}$」의 항목사이의 연산을 의미한다.

따라서 「총지출 $= \dfrac{SOC투자규모}{총지출\ 대비\ SOC투자규모비중}$」이며 계산과정은 다음과 같다.

▶ 2017년 총지출 vs 300조원

$$\frac{23.1조원}{6.9\%} \quad vs \quad 300조원$$

23.1조원 vs 300조원 × 6.9%

⇒ 23.1조원 > 약 21조원 미만

따라서 지문은 옳다.

5) 연산을 의미하는 항목: 계, 합계, 평균

〈표〉 수면제별 숙면시간

(단위: 시간)

수면제＼환자	갑	을	병	정	무	평균
A	5.0	4.0	6.0	5.0	5.0	5.0
B	4.0	4.0	5.0	5.0	6.0	4.8
C	6.0	5.0	4.0	7.0	( )	5.6
D	6.0	4.0	5.0	5.0	6.0	( )

Q. 환자 '을'과 환자 '무'의 숙면시간 차이는 수면제 C가 수면제 B보다 크다.

환자 '을'의 숙면시간은 자료에 직접 제시되어 있으며, 수면제 B의 경우 4.0시간, 수면제 C의 경우 6.0시간이다.

환자 '을'의 숙면시간은 수면제 B의 경우 6.0시간으로 주어져 있으나 수면제 C의 경우 평균 숙면 시간은 제시되어 있지 않다. 하지만 수면제 C의 평균 숙면시간은 5.6시간이므로 환자 '무'의 숙면시간을 계산할 수 있다.

▶ 환자 '무'의 수면제 C의 숙면시간

$$\frac{6.0+5.0+4.0+7.0+환자\ '무'의\ 숙면시간}{5}=5.6시간$$

　⇒ 환자 '무'의 숙면시간=6.0시간

※ 위 계산은 합을 이용하거나 편차를 이용하는 것이 좀 더 효율적이다.

▶ 수면제 B의 환자 '을'과 환자 '무' 숙면 시간 차이

　6.0시간−4.0시간=2.0시간

▶ 수면제 C의 환자 '을'과 환자 '무' 숙면 시간 차이

　6.0시간−5.0시간=1.0시간

따라서 수면제 C가 수면제 B보다 작기 때문에 지문은 옳지 않다.

6) 〈각주〉에서 항목사이의 연산식이 주어지는 경우: 직접대입

각주의 연산식은 대부분은 주어진 항목과 주어진 본 자료의 항목 이외에 새로운 명칭과의 관계가 식으로 주어진다. 이때 각주에만 포함하는 명칭은 지문에서 반드시 물어보기 때문에 자료를 스캔하면서 지문에서 물어볼 것을 예측해야 한다.

〈표〉 '갑'국의 전력수급현황
(단위: 만 kW)

구분 시기	2018년 2월	2019년 8월
최대전력수요	7,879	8,518
전력공급능력	8,793	9,240

※ 공급예비력 = 전력공급능력 − 최대전력수요

Q. 공급예비력은 2018년 2월이 2019년 8월보다 작다.

주어진 자료에 '공급예비력'이 직접 주어져 있지 않다. 하지만 각주에서 '공급예비력'을 계산할 수 있는 식이 주어져 있다. 이러한 경우 반드시 '공급예비력'에 관하여 판단하는 지문이 있으며, '공급예비력'은 주어진 자료의 값을 대입하여 계산할 수 있다.

각주의 식에 직접대입하여 지문에서 묻고 있는 시기의 공급예비력을 계산하여 비교하면 다음과 같다.

▶ 2018년 2월 vs 2019년 8월

   ➟ 「8,793만kW − 7,897만kW」 vs 「9,240만kW − 8,518만kW」

      ⇒ 9… > 7…

따라서 지문은 옳지 않다.

7) 〈각주〉에서 항목사이의 연산식이 주어지는 경우: 단순변형 1

각주에 주어진 식의 형태를 이항 등 단순 변형하는 것이 필요한 경우가 있다.

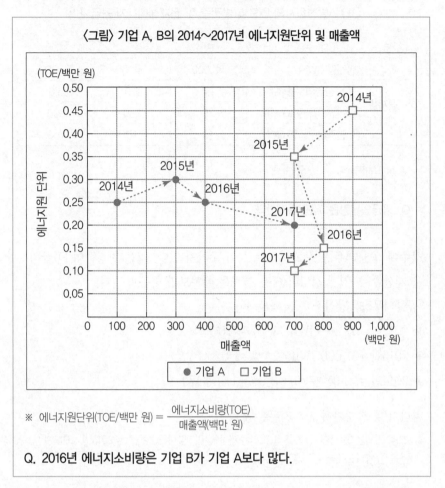

〈그림〉 기업 A, B의 2014~2017년 에너지원단위 및 매출액

※ 에너지원단위(TOE/백만 원) = $\dfrac{\text{에너지소비량(TOE)}}{\text{매출액(백만 원)}}$

Q. 2016년 에너지소비량은 기업 B가 기업 A보다 많다.

본문에 직접 주어져 있지 않지만 각주에서 '에너지소비량'을 포함하는 식이 주어져 있다. 따라서 각주의 식을 변형하여 '에너지소비량'을 계산할 수 있다.

「에너지소비량(TOE) = 에너지단위(TOE/백만 원) × 매출액(백만 원)」

▶ 2016년 기업 B vs 2016년 기업 A

  ➡ 0.15(TOE/백만 원)×800(백만 원) vs 0.25(TOE/백만 원)×400(백만 원)
     ⇒ 120 > 100

따라서 지문은 옳다.

8) 〈각주〉에서 항목사이의 연산식이 주어지는 경우: 단순변형 2

〈표〉 A발전회사의 연도별 발전량 및 신재생에너지 공급 현황

구분	연도	2012	2013	2014
발전량(GWh)		55,000	51,000	52,000
신재생에너지	공급의무율(%)	1.4	2.0	3.0
	자체공급량(GWh)	75	380	690
	인증서구입량(GWh)	15	70	160

※ 공급의무율(%) $= \dfrac{공급의무량}{발전량} \times 100$

Q. 공급의무량은 매년 증가한다.

각주에 '공급의무량'을 포함하는 식이 주어져 있다. 식을 변형하여 '공급의무량'을 계산할 수 있게 정리한 다음 결과를 살펴보면 다음과 같다.

「공급의무량＝발전량×공급의무율」

▶ 2012년＝55,000GWh×1.4%＝770GWh

▶ 2013년＝51,000GWh×2.0%＝1,020GWh

▶ 2014년＝52,000GWh×3.0%＝1,560GWh

따라서 매년 증가하므로 지문은 옳다.

※ 최종 결과는 연산한 결과를 비교하는게 아니라, 각각 2012년 vs 2013년, 2013년 vs 2014년을 곱셈비교해서 판단할 수도 있다.

(3) 응용연산

복수의 식이나 관계를 정리한 다음 지문의 요구사항을 계산할 수 있는 유형이다. 주로 각주, 항목, 조건 등으로 주어진 여러 가지 식을 연립하여 지문에서 묻고 있는 내용을 구할 수 있는 항목사이의 관계식을 유도하여 결과를 판단할 수 있다.

1) 지문의 연산표현과 항목의 연산표현 사이의 연관관계 정리

지문에서 묻고 있는 대상이 자료에 제시되어 있지는 않지만, 지문의 연산표현과 항목의 연산표현 사이의 관계를 정리해보면, 결국 제시된 자료값 사이의 연산으로 최종 정리되는 유형이다.

〈표〉 1992년 각 동일 분기 대비 제조업의 노동시간, 산출, 인건비의 비율

(단위: %)

연도	분기	노동시간 비율	노동시간당 산출 비율	노동시간당 인건비 비율	1인당 인건비 비율
2006	1	85.3	172.4	170.7	99.0
	2	85.4	172.6	169.5	98.2
	3	84.8	174.5	170.3	97.6
	4	84.0	175.4	174.6	98.3
2007	1	83.5	177.0	176.9	100.0
	2	83.7	178.7	176.4	98.7
	3	83.7	180.6	176.4	97.6
	4	82.8	182.5	179.7	98.5

Q. 2007년 3분기의 노동시간당 인건비는 2006년 동기에 비해 6.1% 증가하였다.

지문에서 묻고 있는 내용을 수식으로 정리하면 다음과 같다.

$$\frac{2007년\ 3분기\ 노동시간당\ 인건비 - 2006년\ 3분기\ 노동시간당\ 인건비}{2006년\ 3분기\ 노동시간당\ 인건비}$$

그런데 제시된 자료에는 '노동시간당 인건비'는 주어져 있지 않다. 하지만 자료에 주어진 '노동시간당 인건비 비율' 항목은 $\frac{해당연도\ 해당분기\ 노동시간당\ 인건비}{1992년\ 해당분기\ 노동시간당\ 인건비}$ 를 의미하므로 다음과 같은 관계를 정리할 수 있다.

▶ $$\frac{2007년\ 3분기\ 노동시간당\ 인건비 - 2006년\ 3분기\ 노동시간당\ 인건비}{2006년\ 3분기\ 노동시간당\ 인건비}$$

$$\dfrac{\dfrac{2007\text{년 3분기 노동시간당 인건비}}{1992\text{년 3분기 노동시간당 인건비}} - \dfrac{2006\text{년 3분기 노동시간당 인건비}}{1992\text{년 3분기 노동시간당 인건비}}}{\dfrac{2006\text{년 3분기 노동시간당 인건비}}{1992\text{년 3분기 노동시간당 인건비}}}$$

$$\Rightarrow \dfrac{2007\text{년 3분기 노동시간당 인건비 비율} - 2006\text{년 3분기 노동시간당 인건비 비율}}{2006\text{년 3분기 노동시간당 인건비 비율}}$$

$$\Rightarrow \dfrac{176.4\% - 170.3\%}{170.3\%} = \text{약 } 3.6\%$$

2007년 3분기의 노동시간당 인건비는 2006년 동기에 비해 약 3.6% 증가하였으므로 지문은 옳지 않다.

결국 지문에서 물어보고 있는 대상(노동시간당 인건비)이 자료에 직접 주어져 있지는 않지만 그 대상에 대응하는 비율값(노동시간당 인건비 비율)의 기준값이 2006년과 2007년이 서로 같아서 자료에 제시된 비율값으로 '노동시간당 인건비'의 증가율을 계산할 수 있는 상황인 것이다.

실전에서는 위 관계를 충분히 이해하여 바로 주어진 값을 활용해서 계산해야 할 것이다.

※ 위 지문에서 묻고 있는 6.1%에 대해서 살펴보면 176.4%와 170.3%의 산술적 차이이다. 이 차이는 6.1%p로 표현해야 옳을 것이다.

2) 두 개 이상의 〈각주〉의 식, 관계 정리 1

지문에서 묻고 있는 대상이 자료에 제시되어 있지는 않지만, 두 개 이상의 각주의 식을 정리하면 결국 제시된 자료값 사이의 연산으로 최종 정리되는 유형이다.

〈표〉 A발전회사의 연도별 발전량 및 신재생에너지 공급 현황

구분		2012	2013	2014
발전량(GWh)		55,000	51,000	52,000
신재생 에너지	공급의무율(%)	1.4	2.0	3.0
	자체공급량(GWh)	75	380	690
	인증서구입량(GWh)	15	70	160

※ 1) 공급의무율(%) = $\dfrac{\text{공급의무량}}{\text{발전량}} \times 100$

   2) 이행량(GWh) = 자체공급량 + 인증서구입량

Q. 공급의무량과 이행량의 차이는 매년 증가한다.

지문에서 공급의무량과 이행량의 차이를 묻고 있으나 하나의 식만으로는 계산할 수 없다.

따라서 지문에서 묻고 있는 내용을 식으로 정리하면 다음과 같다.

「'공급의무량 − 이행량' = 발전량 × 공급의무율 − (자체공급량 + 인증서구입량)」

▶ 2012년 = 55,000GWh × 1.4% − (75GWh + 15GWh)
     = 770GWh − 100GWh = 670GWh

▶ 2013년 = 51,000GWh × 2.0% − (380GWh + 70GWh)
     = 1,020GWh − 450GWh = 570GWh

▶ 2014년 = 52,000GWh × 3.0% − (690GWh + 160GWh)
     = 1,560GWh − 850GWh = 710GWh

따라서 매년 증가하므로 지문은 옳다.

3) 두 개 이상의 〈각주〉의 식, 관계 정리 2

〈표〉 지목별 토지수용 면적, 면적당 지가 및 보상 배율

(단위: m², 만 원/m²)

지목	면적	면적당 지가	보상 배율	
			감정가 기준	실거래가 기준
전	50	150	1.8	3.2
공장	100	150	1.6	4.8

※ 1) 총보상비는 모든 지목별 보상비의 합임
　　2) 보상비 = 용지 구입비 + 지장물 보상비
　　3) 용지 구입비 = 면적 × 면적당 지가 × 보상 배율
　　4) 지장물 보상비는 해당 지목 용지 구입비의 20 %임

Q. '공장'의 감정가 기준 보상비와 '전'의 실거래가 기준 보상비는 같다.

자료에 '보상비'가 주어져 있지 않기 때문에 각주에서 주어진 식을 정리하여 '보상비'를 계산할 수 있는 관계식을 만들 수 있다.

보상비 = 용지구입비 + 용지구입비 × 20%

　　　 = 용지구입비 × 120%

　　　 = 면적 × 면적당지가 × 보상배율 × 1.2

▶ '공장' 감정가 기준 보상비 = $100\text{m}^2 \times 150$만원 $\times 1.6$(만원/m^2) $\times 1.2$

▶ '전' 실거래가 기준 보상비 = $50\text{m}^2 \times 150$만원 $\times 3.2$(만원/m^2) $\times 1.2$

　　　　　　　　　　　　 = $50\text{m}^2 \times 150$만원 $\times$ '1.6(만원/m^2) $\times 2$' $\times 1.2$

　　　　　　　　　　　　 = '$50\text{m}^2 \times 2$' $\times 150$만원 $\times 1.6$(만원/m^2) $\times 1.2$

　　　　　　　　　　　　 = $100\text{m}^2 \times 150$만원 $\times 1.6$(만원/m^2) $\times 1.2$

두 결과가 같으므로 지문은 옳다.

(4) 간접비교: 단순비교

제시된 자료만으로는 지문에서 묻고 있는 대상의 값을 계산할 수 없지만, 두 대상의 대소를 비교하는 경우 간접적으로 비교할 수 있는 경우가 있다. 가장 자주 빈출되는 경우로는 상대자료에 대응하는 실숫값을 모르지만, 상대자료를 이용하여 실숫값을 비교할 수 있는 경우가 이에 해당한다. 또한 지문에서 묻고 있는 자료의 값을 정확하게 알 수는 없지만 자료의 범위를 구할 수 있고 그 범위내에서 대소 판단이 가능한 경우 등이 있다.

이러한 유형의 지문은 알 수 없는 지문이라고 오해할 수 있기 때문에, 함정 선택지로 출제될 가능성이 높다.

1) 상대자료를 이용한 간접비교 1

지문에서 묻고 있는 대상은 실수자료이지만 상대자료의 대소관계와 실수자료의 대소관계가 일치하는 경우에 자료에 제시된 상대자료만으로 대소관계를 판단할 수 있다. 대표적으로는 기준값이 같은 상대자료는 상대자료만으로 대응하는 실숫값의 대소 판단이 가능하다.

〈표〉 2013년 A시 '가' ~ '다' 지역의 아파트실거래가격지수			
월＼지역	가	나	다
1	100.0	100.0	100.0
2	101.1	101.6	99.9
3	101.9	103.2	100.0
4	102.6	104.5	99.8
5	103.0	105.5	99.6
6	103.8	106.1	100.6
7	104.0	106.6	100.4
8	105.1	108.3	101.3
9	106.3	110.7	101.9
10	110.0	116.9	102.4
11	113.7	123.2	103.0
12	114.8	126.3	102.6

※ N월 아파트실거래가격지수 $= \dfrac{\text{해당 지역의 N월 아파트 실거래 가격}}{\text{해당 지역의 1월 아파트 실거래 가격}} \times 100$

Q. 2013년 7~12월 동안 아파트 실거래 가격이 각 지역에서 매월 상승하였다.

주어진 자료는 각 지역의 1월 아파트 실거래 가격 지수를 100으로 두고 있기 때문에 1월 아파트 가격이 지수자료의 기준값이다. 하지만 기준값이 주어져 있지 않기 때문에 각 지수에 대응하는 실수자료, 즉 '아파트 실거래 가격'은 알 수 없다.

하지만, 다음과 같이 설정하면 모든 지수에 대한 아파트 실거래 가격을 표현할 수 있다.

▶ 지수자료의 기준값을 실숫값으로 가정

월＼지역	가	나	다
1	100a	100b	100c

'가'지역의 경우 7월부터 아파트 가격은 104.0a, 105.1a, 106.3a, 110.0a, 113.7a, 114.8a이므로 a의 값에 관계없이 그 값이 커지고 있다. 따라서 매월 상승함을 알 수 있다.

같은 방식으로 살펴보면 '다' 지역에서 11월은 103.0c, 12월은 102.6c 이므로 c의 값에 관계없이 12월에는 값이 작다. 결국 아파트실거래가격 지수자료만으로 실수자료에 해당하는 '아파트실거래가격'의 대소를 판단할 수 있다.

따라서 '다'지역의 경우 12월에 '아파트실거래가격'이 감소하였기 때문에 지문은 옳지 않다.

2) 상대자료를 이용한 간접비교 2

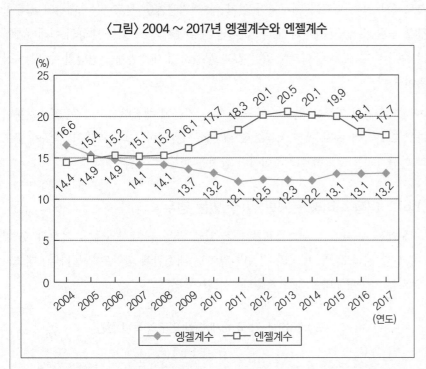

〈그림〉 2004 ~ 2017년 엥겔계수와 엔젤계수

※ 1) 엥겔계수(%) = $\dfrac{\text{식료품비}}{\text{가계지출액}} \times 100$

2) 엔젤계수(%) = $\dfrac{\text{18세 미만 자녀에 대한 보육·교육비}}{\text{가계지출액}} \times 100$

3) 보육·교육비에는 식료품비가 포함되지 않음

Q. 2006년 이후 매년 18세 미만 자녀에 대한 보육·교육비는 식료품비를 초과한다.

지문에서 '보육·교육비'와 '식료품비' 대소를 묻고 있으나 주어진 자료에는 해당 값이 주어져 있지 않다.

하지만 엥겔계수와 엔젤계수의 기준값인 2004년의 가계지출액을 100a로 가정하면 판단하기가 쉽다.

ex) 2017년 '식료품비'는 13.2a이고, '보육·교육비'는 17.2a

▶ '식료품비' vs '보육교육비'

   ➥ '엥겔계수'×a vs '엔젤계수'×a

     ⇒ '엥겔계수' vs '엔젤계수'」로 비교 가능

       ⇒ 엔젤계수가 엥겔계수보다 크면 '보육·교육비'가 '식료품비'를 초과

〈그림〉에서 2006년 이후에 매년 엔젤계수가 엥겔계수보다 항상 크기 때문에 '보육·교육비'가 '식료품비'를 초과함을 알 수 있다.

따라서 지문은 옳다.

(5) 간접비교: 연산비교

자료에서 일부 자료가 제시되어 있지 않아 지문에서 묻고 있는 대상의 정확한 값을 구할 수 없는 경우가 있다. 하지만 지문에서 묻고 있는 대상의 비례관계를 알 수 있거나 또는 주어지지 않은 값과 무관하게 대소관계를 판단할 수 있는 상황이 있다.

이러한 유형의 지문은 비교적 난도가 높은 지문에 해당하며, 알 수 없는 지문이라고 판단하여 옳지 않은 지문으로 생각할 가능성이 크다. 따라서 자료의 구조와 연산관계를 정확히 이해하여야만 함정을 피할 수 있다.

1) 비교 대상의 비례 관계를 알 수 있는 경우

지문에서 두 대상의 대소관계를 묻고 있을 경우 두 대상의 값을 계산할 수 없다고 할 지라도, 두 대상의 비례만 알아도 대소관계 파악은 가능하다. 대표적으로는 가중평균의 원리가 적용되는 상황이다.

〈표〉 2019년 '갑'국 13세 이상 인구의 독서 현황

(단위: 권, %)

구분		1인당 연간 독서권수	독서인구 1인당 연간 독서권수	독서인구 비율
성별	남자	10.4	18.9	55.0
	여자	8.1	14.2	57.0

Q1. 독서인구 1인당 연간 독서권수가 16.8권이라면, 13세 이상 독서 인구는 남자가 여자보다 많다.

Q2. 독서인구 1인당 연간 독서권수가 16.8권이라면, 13세 이상 인구는 남자가 여자보다 많다.

Q1

자료에 13세 이상 남자독서인구와 여자독서인구는 주어져 있지 않다. 하지만 다음과 같은 관계를 통해 13세 이상 남자독서인구와 여자독서인구의 비례를 알 수 있다.

13세 이상 남자 독서인구를 a, 여자 독서인구를 b라고 하면 독서인구 1인당 연간 독서권수가 16.8권이므로, 총 독서권수가 같음을 이용하면 다음과 같다.

▶ '독서인구 1인당 연간 독서권수' $= \dfrac{독서권수}{독서인구}$

➥ 독서권수 = 독서인구 × '독서인구1인당연간독서권수'

▶ 13세 이상 남자 독서권수 + 13세 이상 여자 독서권수 = 총 독서권수

➥ $18.9a + 14.2b = 16.8(a+b) \Rightarrow 2.1a = 2.6b \Rightarrow a:b = 26:21$

따라서 13세 이상 남자 독서인구가 여자 독서인구보다 많음을 알 수 있다.

따라서 지문은 옳다.

> ☑ 참고로 이 관계는 가중평균이론을 적용하여 좀 더 빠르게 계산할 수 있다.(어떠한
> 상황에서 가중평균의 원리가 적용되는 지는 본서 chapter 4를 참고)

Q2.

위 결과를 이용하여 남자 독서인구를 26k, 여자 독서인구를 21k라고 하면 다음과 같이 13세 이상 인구를 비교할 수 있다.

▶ 독서인구 비율 $= \dfrac{독서인구}{인구} \Rightarrow 인구 = \dfrac{독서인구}{독서인구비율}$

▶ 13세 이상 남자 인구 vs 13세 이상 여자 인구 $\Rightarrow \dfrac{26k}{55\%} > \dfrac{21k}{57\%}$

따라서 지문은 옳다.

위의 경우 지문에서 묻고 있는 대상을 직접적으로 계산이 불가능하다. 하지만 주어진 상황을 이용하면 항목 사이의 연산을 통해 묻고 있는 대상의 비례를 알 수 있고, 결국 대소관계의 파악이 가능하다.

2) 주어지지 않은 값에 상관없이 대소판단 가능한 경우

지문에서 묻고 있는 요소들이 제시되지 않은 자료로 인하여 정확한 실숫값을 계산할 수 없는 경우 대소관계를 무조건 알 수 없는 것은 아니다. 제시되지 않은 값을 가정하고 표현해보면 제시되지 않은 값에 관계없이 대소관계의 판단이 가능한 경우가 있다는 것을 이해해야 한다.

<표 1> 연도별 친환경 농작물 생산방법별 재배면적

(단위: 천 ha)

생산방법＼연도	2016	2017	2018	2019
유기농	9	11	13	17
무농약	14	37	42	69
저농약	30	58	119	119

※ 친환경 농작물 생산방법은 유기농, 무농약, 저농약으로 구성됨

<표 2> 2019년 친환경 농작물별 생산량의 생산방법별 구성비

(단위: %)

생산방법＼친환경 농작물	곡류	과실류	채소류
유기농	11	27	18
무농약	17	67	28
저농약	72	6	54
합계	100	100	100

※ 친환경 농작물은 곡류, 과실류, 채소류로 구성됨

Q. 2019년 친환경 농작물 생산방법별 재배면적당 생산량은 '유기농'이 '저농약'보다 많다.

지문에서 묻고 있는 「생산방법별 재배면적당 생산량$=\dfrac{\text{생산방법별 생산량}}{\text{생산방법별 재배면적}}$」이다.

그런데 주어진 자료에서 생산방법별 재배면적은 〈표 1〉에 주어져 있는 반면 생산방법별 생산량은 농작물별 구성비만 주어져 있어 값을 알 수 없다. 따라서 〈표 2〉의 기준값을 가정하고 지문에서 묻고 있는 대상을 표현하여 판단하면 다음과 같다.

▶ 〈표 2〉에서 곡류, 과실류, 채소류 비율에 대한 기준값을 각각 100a, 100b, 100c라고 가정하면 비율값을 다음과 같이 실숫값으로 표현 가능하다.

생산방법＼친환경 농작물	곡류	과실류	채소류
유기농	11a	27b	18c
무농약	17a	67b	28c
저농약	72a	6b	54c
합계	100a	100b	100c

그리고 생산방법별 생산량은 다음과 같다.

▶ 유기농＝11a＋27b＋18c
▶ 무농약＝17a＋67b＋28c
▶ 저농약＝72a＋6b＋54c

이제 '유기농'과 '저농약'의 재배면적당 생산량을 비교하면 다음과 같다.

▶ 유기농 vs 저농약 $\Rightarrow \dfrac{11a+27b+18c}{17천ha}$ vs $\dfrac{72a+6b+54c}{119천ha}$

$\Rightarrow \dfrac{11a+27b+18c}{17}$ vs $\dfrac{72a+6b+54c}{17 \times 7}$

$\Rightarrow \dfrac{11a+27b+18c}{1}$ vs $\dfrac{72a+6b+54c}{7}$

$\Rightarrow (11a+27b+18c) \times 7$ vs $72a+6b+54c$

$\Rightarrow 77a+189b+126c > 72a+6b+54c$

최종 결과를 보면 77a > 72a, 189b > 6b, 126c > 54c 이므로 a, b, c의 값에 관계없이 항상 유기농이 저농약보다 많다.

따라서 친환경 농작물 구성비의 기준값이 주어져 있지 않아서 지문에서 묻고 있는 대상의 실제 값을 알 수 없지만, 주어지지 않은 값과 관계없이 대소관계 의 판단이 가능하다.

(6) 간접비교: 범위 추론

지문에서 다루고 있는 대상의 값을 알 수 없지만 자료의 구조, 조건 등에 의해서 자료의 범위나 가능한 여러가지 경우를 알 수 있는 유형이다. 따라서 그 범위나 경우 따라 대소관계의 판단은 가능하다.

1) 집합관계를 이용한 자료의 공통 범위

기준이 다른 두 집합 사이의 공통범위는 최대값과 최솟값을 구할 수 있다. 따라서 그 범위에 따라 지문의 정오 판단이 가능할 수 있다. 대표적 유형은 최소교집합 원리가 적용되는 유형이다.

〈표〉 임진왜란 전기·후기 전투 횟수

(단위: 회)

구분	시기	전기		후기		합계
		1592년	1593년	1597년	1598년	
전체 전투		70	17	10	8	105
공격 주체	조선측 공격	43	15	2	8	68
	일본측 공격	27	2	8	0	37
전투 결과	조선측 승리	40	14	5	6	65
	일본측 승리	30	3	5	2	40
조선의 전투인력 구성	관군 단독전	19	8	5	6	38
	의병 단독전	9	1	0	0	10
	관군·의병 연합전	42	8	5	2	57

Q. 1598년에는 관군 단독전 중 조선측 승리인 경우가 있다.

위 자료에서 1598년 '관군 단독전 중 조선측 승리'는 '관군 단독전' '조선측 승리'의 공통범위를 말한다. 하지만 자료에는 그 수치가 주어져 있지 않다. 따라서 두 기준 사이의 공통값을 알 수 없지만 집합관계에 의하여 공통값의 범위는 추론할 수 있고, 그 범위에 따라 대소관계를 판단할 수 있다.

1598년 '관군 단독전'과 '조선측 승리'의 상황은 다음과 같다.

▶ 1598년 '관군 단독전'의 합계는 6회

▶ 1598년 '조선측 승리'의 합계는 6회

▶ '관군 단독전'+'조선측 승리'=「6회+6회=12회」

▶ 1598년에는 관군 단독전 중 조선측 승리

   ➥ 1598년 전체 전투 횟수가 8회이므로, 「12회−8회=4회」이고, 1598년 '관군 단독전 중 조선측 승리'는 4회 이상이다. 따라서 지문은 옳다.

2) 순위표에서 범위의 추론 1

순위표는 특정 항목을 기준으로 순위 내의 대상만 제시된다. 따라서 순위밖의 자료들은 마지막 순위의 자료값보다 작을 수 밖에 없다. 따라서 자료에 주어지지 않은 대상의 자료값이 제한되기 때문에 그 범위에 따라 지문의 참·거짓이 결정될 수 있다.

〈표〉 A국 농축수산물 생산액 상위 10개 품목

(단위 : 억원)

순위 \ 구분 \ 연도	2012 품목	2012 생산액	2013 품목	2013 생산액	2014 품목	2014 생산액
1	쌀	105,046	쌀	85,368	쌀	86,800
2	돼지	23,720	돼지	37,586	돼지	54,734
3	소	18,788	소	31,479	소	38,054
4	우유	13,517	우유	15,513	닭	20,229
5	고추	10,439	닭	11,132	우유	17,384
6	닭	8,208	달걀	10,853	달걀	13,590
7	달걀	6,512	수박	8,920	오리	12,323
8	감귤	6,336	고추	8,606	고추	9,913
9	수박	5,598	감귤	8,108	인삼	9,412
10	마늘	5,324	오리	6,490	감귤	9,065
농축수산물전체		319,678		350,889		413,643

Q. 오리 생산액은 매년 증가하였다.

위 자료에서 2012년 오리생산액은 주어져 있지 않다. 하지만 위 자료는 생산액이 높은 순서대로 정리한 순위자료이므로 2012년 오리의 생산액은 10위인 마늘의 생산액 5,324억원 미만임을 알 수 있다.

따라서 연도별 오리 생산액은 2012년의 경우 5,324억원 미만, 2013년 6,490억원, 2014년 12,323억원이므로 매년 증가하고 있음을 추론할 수 있다.

3) 순위표에서 범위의 추론 2

〈표〉 점유율 상위 스마트폰 기반 웹 브라우저

(단위: %)

조사시기 웹 브라우저 종류	2013년			2014년
	10월	11월	12월	
사파리	55.88	55.61	54.82	54.97
안드로이드 기본 브라우저	23.45	25.22	25.43	23.49
크롬	6.85	8.33	9.70	10.87
오페라	6.91	4.81	4.15	4.51
인터넷 익스플로러	1.30	1.56	1.58	1.63
상위 5종 전체	94.39	95.53	95.68	95.47

※ 무응답자는 없으며, 응답자는 1종의 웹 브라우저만을 이용한 것으로 응답함

Q. 2013년 10월 전체 설문조사 대상 스마트폰 기반 웹 브라우저는 10종 이상이다.

위 자료는 스마트폰 기반 웹 브라우저의 점유율이 높은 순서대로 5종의 자료만 제시하고 있다. 따라서 전체 설문조사 대상 브라우저 종류가 몇 종인지 직접 주어져 있지 않은 상황이다.

그런데 2013년 10월 5위인 '인터넷 익스플로러'의 점유율이 1.30%이므로 6위 이하의 점유율은 1.30% 미만임을 추론할 수 있다.

한편 상위 5종 전체 점유율은 94.39%이므로 6위 이하의 점유율 합은 5.61%이다. 만약 6위 이하의 브라우저의 점유율이 가장 높다고 가정할 경우 $\lceil \dfrac{5.61\%}{1.3\%} = 4.31 \rfloor$이므로 6위 이하 브라우저 수는 최소 5개라는 것을 알 수 있다.

결국 상위 5종과 6위 이하 브라우저 합은 총 10종 이상임을 추론할 수 있다.

4) 순위표에서 범위의 추론 3

〈표〉 경지 면적, 논 면적, 밭 면적 상위 5개 시·군

(단위: ha)

구분	순위	시·군	면적
경지 면적	1	해남군	35,369
	2	제주시	31,585
	3	서귀포시	31,271
	4	김제시	28,501
	5	서산시	27,285
논 면적	1	김제시	23,415
	2	해남군	23,042
	3	서산시	21,730
	4	당진시	21,726
	5	익산시	19,067
밭 면적	1	제주시	31,577
	2	서귀포시	31,246
	3	안동시	13,231
	4	해남군	12,327
	5	상주시	11,047

※ 1) 경지 면적＝논 면적＋밭 면적
　 2) 순위는 면적이 큰 시·군부터 순서대로 부여함.

Q. 상주시의 논 면적은 익산시 논 면적의 90% 이하이다.

익산시 논 면적은 19,067ha로 주어져 있지만, 상주시의 논 면적은 자료에 주어져 있지 않다. 하지만 각주의 관계와 순위를 이용하면 상주시 논 면적의 범위를 추론할 수 있다.

「논 면적＝경지 면적－논 면적」

▶ 상주시 논 면적

➡ 우선 논 면적 5위인 익산시보다 낮아야 하므로 19,067ha이다.

➡ 상주시 논 면적＝상주시 경지 면적-상주시 밭 면적

　　　　　＝27,285ha미만(서산시 미만)－11,047ha＝16,233ha 미만

➡ 결국 상주시 논 면적은 위의 두 범위의 공통 범위인 16,233ha 미만이다.

▶ 익산시 논 면적 대비 상주시 논 면적의 비율 vs 90%

➡ $\dfrac{\text{상주시 논 면적}}{\text{익산시 논 면적}}$ vs 90%

　⇒ $\dfrac{16,233ha\text{미만}}{19,067ha}$ vs 90%

　⇒ 약 85% 미만 ＜ 90%

따라서 지문의 내용은 옳다.

5) 여러가지 경우의 수가 가능

지문에서 묻고 있는 대상의 값이 여러가지 경우가 가능할 수 있다. 가능한 여러가지 경우에 대해서 모두 참이 될 수도 있으나, 한 가지 경우라도 반례가 있으면 거짓일 수 있기 때문에 가능한 경우를 빠짐없이 모두 잘 정리하는 것이 중요하다.

〈표〉'갑' ~ '무'의 중간고사 3개 과목 점수

(단위: 점)

과목 \ 성별	갑 남	을 여	병 ( )	정 여	무 남
국어	90	85	60	95	75
영어	90	85	100	65	100
수학	75	70	85	100	100

Q. '갑' ~ '무'의 성별 수학 평균 점수는 남학생이 여학생보다 높다.

위 문제에서 '병'의 성별이 주어져 있지 않아 남학생과 여학생 평균 점수를 알 수 없다.

하지만 '병'은 남학생 또는 여학생 중의 하나이므로 두 가지 경우를 모두 살펴보고 판단할 수 있다.

▶ '병'이 남학생인 경우

 ↪ 남학생 수학 평균 점수 vs 여학생 수학 평균 점수

$$\Rightarrow \frac{75점 + 85점 + 100점}{3} = 86.6점 \; > \; \frac{70점 + 100점}{2} = 85점$$

▶ '병'이 여학생인 경우

 ↪ 남학생 수학 평균 점수 vs 여학생 수학 평균 점수

$$\Rightarrow \frac{75점 + 100점}{2} = 85.5점 \; > \; \frac{70점 + 85점 + 100점}{3} = 85점$$

어떠한 경우라도 수학 평균점수는 남학생이 여학생보다 높기 때문에 지문은 옳다.

(7) 이해중심

1) 지문, 자료의 언어적 이해가 필요

지문이나 자료의 표현, 정의 등을 이해해야만 주어진 자료의 값을 어떻게 활용할지 판단할 수 있는 유형이다.

〈표〉 선수 A ~ D의 10 km 마라톤 대회 구간별 기록

구간 \ 선수	A	B	C	D
0 ~ 1km	5분 24초	5분 44초	6분 40초	6분 15초
1 ~ 2km	5분 06초	5분 42초	5분 27초	6분 19초
2 ~ 3km	5분 03초	5분 50초	5분 18초	6분 00초
3 ~ 4km	5분 00초	6분 18초	5분 15초	5분 54초
4 ~ 5km	4분 57초	6분 14초	5분 24초	5분 35초
5 ~ 6km	5분 10초	6분 03초	5분 03초	5분 27초
6 ~ 7km	5분 25초	5분 48초	5분 14초	6분 03초
7 ~ 8km	5분 18초	5분 39초	5분 29초	5분 24초
8 ~ 9km	5분 10초	5분 33초	5분 26초	5분 11초
9 ~ 10km	5분 19초	5분 03초	5분 36초	5분 15초
계	51분 52초	( )	54분 52초	57분 23초

※ 1) A ~ D는 출발점에서 동시에 출발하여 휴식 없이 완주함
　 2) A ~ D는 각 구간 내에서 일정한 속도로 달림

Q. 3 ~ 4 km 구간에서 B는 C에게 추월당한다.

위 지문을 해결하기 위해서는 우선 지문에서 '추월당한다'는 의미를 자료와 연계하여 어떻게 해석해야 할지에 대한 이해가 필요하다.

'추월' 여부를 해석하려면 특정 지점에 어떤 선수가 먼저 도착했는지 자료를 통해서 계산해야 한다. 그리고 특정 지점에 어떤 선수가 먼저 도착했는지 판단하려면 특정 지점까지의 구간별 기록을 더해서 계산할 수 있다.

예를 들어 A선수의 0~1km의 자료값은 5분 24초인데, 이 의미는 A 선수가 0~1km까지 달리는 동안 5분 24초의 시간이 소요되었음을 의미한다. 따라서 특정 구간 까지 소요된 시간을 구하려면 각 구간별 소요시간을 합하여 계산해야 한다는 것을 이해해야 한다.

▶ 3km 지점까지 걸린 시간
　➡ B 선수: 17분 16초
　➡ C 선수: 17분 25초
따라서 3km 지점에서는 B 선수가 먼저 도착했다.

▶ 4km 지점까지 걸린 시간

   ⇒ B선수: 23분 30초

   ⇒ C선수: 22분 49초

따라서 4km 지점에서는 C 선수가 B 선수보다 먼저 도착했다.

그러므로 3~4km 사이에서 B 선수는 C 선수에게 추월당했음을 알 수 있다.

위 문제의 지문은 '추월' 여부를 판단하기 위해서 자료값을 어떻게 활용해야 하는지 이해가 필요하다. 각 지점에서 누가 먼저 도착했는지를 기준으로 판단할 수 있다는 점을 먼저 이해해야 해결할 수 있다.

2) 복수 자료 사이 관계 이해

두 개 이상의 자료가 단순배열된 것이 아니라, 자료값 사이에 연관관계가 있을
경우 그 관계를 이해하는 것이 핵심이 되는 유형이다.

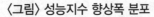

〈표〉 업그레이드 전·후 성능지수별 대수

(단위: 대)

구분 \ 성능지수	65	79	85	100
업그레이드 전	80	5	0	15
업그레이드 후	0	60	5	35

※ 성능지수는 네 가지 값(65, 79, 85, 100)만 존재하고, 그 값이 클수록 성능지수가 향상됨을
　의미함

〈그림〉 성능지수 향상폭 분포

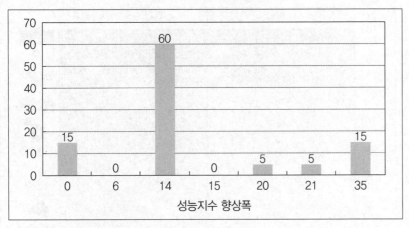

성능지수 향상폭

※ 1) 업그레이드를 통한 성능 감소는 없음.
　2) 성능지수 향상폭 = 업그레이드 후 성능지수 – 업그레이드 전 성능지수

**Q. 업그레이드 전 성능지수가 79이었던 모든 기계가 업그레이드 후 성능지수 100
이 된 것은 아니다.**

〈표〉의 자료를 통해서는 업그레이드 전 기계가 업그레이드 후 각각 성능지수
별 업그레이드 대수는 알 수 없다. 예를 들면, 성능지수 79점인 기계는 업그레
이드 후 79점, 85점, 100점이 되었을 가능성이 있지만 각각 몇 대가 해당 점수
로 향상되었는지 알 수 없다.

그런데 〈그림〉과의 관계를 통해 해당 점수로 향상된 기계 대수를 알 수 있다.

성능지수 향상 전 79점의 가능한 향상폭은 0점, 6점, 21점이다. 그리고 향상폭
이 21점인 경우는 79점에서 100점으로 향상된 경우뿐이다. 〈그림〉에서 21점
으로 향상된 기계가 5대이고 업그레이드 전 79점 기계도 5대이므로 5대 모두
가 성능지수 100점으로 향상되었음을 알 수 있다.

따라서 지문의 내용은 옳다.

위 문제의 경우에는 두 자료의 항목 사이 관계와 항목 수치의 특수성을 이해해
야만 자료에 직접 주어지지 않은 세부적인 내용을 파악할 수 있다.

3) 시각적 자료의 이해

다소 생소한 〈그림〉자료가 주어지는 경우가 있다. 이 경우에는 〈그림〉에서 시각적 데이터가 무엇을 의미하는지를 이해해야만 지문을 해결할 수 있다. 한 세트의 자료해석 문제에서는 이처럼 특수한 〈그림〉 유형 문제가 1~2개 출제되는 편이다.

기본적으로는 길이나, 넓이 등이 특수한 의미를 갖는 수치로 해석되는 경우가 많다.

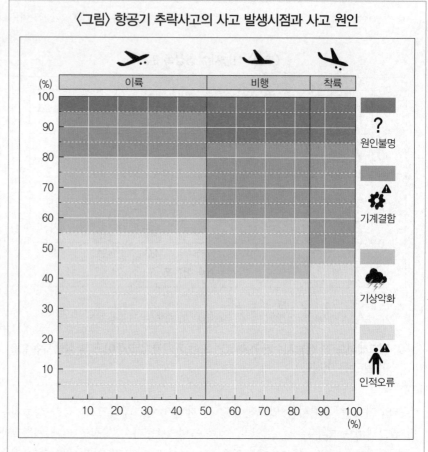

〈그림〉 항공기 추락사고의 사고 발생시점과 사고 원인

※ 사고 발생시점은 이륙, 비행, 착륙 중 하나이며, 사고 원인은 인적오류, 기상악화, 기계결함, 원인불명 중 하나임

Q. 이륙 중에 인적오류로 추락한 항공기 수는 착륙 중에 원인불명으로 추락한 항공기 수의 12배 이상이다.

위 자료에서 가로축은 사고 발생 시점, 세로축은 사고 원인을 제시하고 있다. 따라서 결국 가로축 한 눈금은 10%, 세로축 한 눈금은 5%의 값에 해당한다. 따라서 사각형 한 칸은 전체 사고 수 대비해서 0.5%에 해당하는 값이며 사각형의 개수로 사고 수를 비교할 수 있다.

▶ '이륙' 중 '인적오류'으로 추락한 항공기 수: 55칸

▶ '착륙' 중 '원인불명'으로 추락한 항공기 수: 4.5칸

▶ '이륙' 중 '인적오류'으로 추락한 항공기 수

                vs '착륙' 중 '원인불명'으로 추락한 항공기 수의 12배

     ➡ 55칸 vs 4.5칸×12 ⇒ 55칸 > 54칸

4) 자료의 조건 · 정보 등의 이해

지문의 해결을 위해서 각주, 조건, 정보 등 주 자료 이외에 주어진 내용의 해석이 중점이 되는 유형이다.

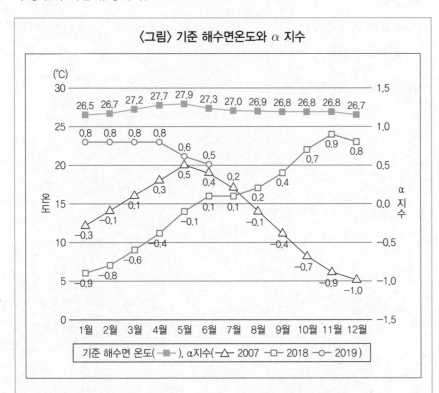

〈그림〉 기준 해수면온도와 α 지수

────┤ 정보 ├────

○ '기준 해수면온도'는 1985~2015년의 해당월 해수면온도의 평균임

○ '해수면온도 지표'는 해당월에 관측된 해수면온도에서 '기준 해수면온도'를 뺀 값임

○ α 지수는 전월, 해당월, 익월의 '해수면온도 지표'의 평균값임

○ 'E 현상'은 α 지수가 5개월 이상 계속 0.5 이상일 때, 0.5 이상인 첫 달부터 마지막 달까지 있었다고 판단함

○ 'L 현상'은 α 지수가 5개월 이상 계속 −0.5 이하일 때, −0.5 이하인 첫 달부터 마지막 달까지 있었다고 판단함

Q. 'E 현상'은 8개월간 있었고, 'L 현상'은 7개월간 있었다.

자료에는 'E'현상과 'L'현상이 있는 시기가 직접적으로 주어져 있지 않기 때문에 〈정보〉의 내용을 통하여 해당 시기를 해석해야 한다.

〈정보〉에 의하면 α 지수가 5개월 이상 0.5 이상일 때 해당 기간에 'E 현상'이 있다고 하고, α 지수가 5개월 이상 계속 -0.5 이하일 때 해당 기간은 'L 현상'이 있다고 판단할 수 있다.

▶ 'E 현상'
  ➥ 2018년 10월부터 2019년 6월까지 9개월 동안 α 지수 0.5 이상이므로 'E 현상' 있다.

▶ 'L 현상'
  ➥ 2017년 10월부터 2018년 3월까지 6개월 동안 α 지수 -0.5 이하이므로 'L현상' 있다.

따라서 지문은 옳다.

(8) 판단불가

자료에 제시되지 않은 자료에 관하여 묻거나, 간접적인 비교도 불가능한 유형이다. 주로 상대자료에 대응한 실숫값을 알 수 없거나, 주어지지 않은 시기나 대상에 관하여 묻는 경우, 제시되지 않은 자료의 값에 따라 지문의 판단이 달라지는 경우가 이에 해당한다. 빈출되는 상황은 아니지만 이러한 속임수 지문에 당하면, 다른 지문들 역시 알 수 없는 지문이 아닐까 하고 의심을 하게 된다. 그래서 여러 지문을 확인해야 하는 상황이 발생하므로 시험 시간과 정답률에 영향을 미친다.

1) 상대자료에 대응하는 실숫값

상대자료에 대응하는 실숫값은 상대자료의 기준값이 주어져 있지 않으면 알 수 없다. 하지만 상대자료와 명칭이 비슷하므로 상대자료만으로 판단하는 실수를 할 수 있기 때문에 주의해야 한다.

〈표〉 2008 ~ 2010년 유형별 최종에너지 소비량 비중

(단위: %)

연도 \ 유형	석탄		석유제품	도시가스	전력	기타
	무연탄	유연탄				
2008	2.7	11.6	53.3	10.8	18.2	3.4
2009	2.8	10.3	54.0	10.7	18.6	3.6
2010	2.9	11.5	51.9	10.9	19.1	3.7

Q. 2008 ~ 2010년 동안 전력 소비량은 매년 증가한다.

위 자료는 최종에너지 소비량 비중으로, 전체 죄종에너지 소비량이 주어져 있지 않기 때문에 각 비중에 대응하는 실숫값(즉 '소비량')을 계산할 수 없다.

위 상대자료에 대한 기준값은 각 연도의 전체 최종에너지일 것이다. 따라서 각각의 연도의 최종에너지 실숫값을 100a, 100b 100c라고 가정하면 다음과 같이 비중에 대한 실숫값을 표현할 수 있다.

▶ 2008~2010년 유형별 최종에너지 소비량

연도 \ 유형	석탄		석유제품	도시가스	전력	기타
	무연탄	유연탄				
2008	2.7a	11.6a	53.3a	10.8a	18.2a	3.4a
2009	2.8b	10.3b	54.0b	10.7b	18.6b	3.6b
2010	2.9c	11.5c	51.9c	10.9c	19.1c	3.7c

▶ 전력소비량: 18.2a → 18.6b → 19.1c

따라서 a, b, c의 값에 따라 전력소비량이 감소하는 경우도 가능하기 때문에 지문은 옳지 않다.

2) 자료에 제시되지 않은 시기와 대상

주어진 자료의 기간과 다른 기간이나 시기에 대해 묻는 경우 알 수 없다. 격년 자료와 같이 중간에 빠진 기간에 관하여 묻는 경우 등이 이에 해당한다.

〈표〉연도별 건설업 재해 현황

(단위: 명)

연도	근로자 수	재해자 수	사망자 수
2013	3,200,645	22,405	611
2014	3,087,131	22,845	621
2015	2,776,587	23,323	496
2016	2,586,832	( )	667
2017	3,249,687	23,723	486
2018	3,358,813	( )	493
2019	3,152,859	26,484	554

Q. 2020년 건설업 재해자 수가 전년 대비 10 % 증가한다면, 건설업 재해율은 전년 대비 0.1 %p 증가할 것이다.

지문에서 묻고 있는 「2020년 건설업재해율 $= \dfrac{2020년 \ 건설업 \ 재해자수}{2020년 \ 근로자수}$」이다.

따라서 2020년 건설업 재해율을 구하기 위한 요소를 계산하면 다음과 같다.

▶ 2020년 건설업 재해자 수

　➡ 26,484명 × 110%

▶ 2020년 근로자 수

　➡ 주어진 자료나 지문의 조건으로부터 2020년 근로자 수를 구할 수 없다.

결과로부터 '2020년 건설업 재해율'을 계산할 수 없기 때문에 2019년 대비 0.1%p 증가했는지 여부를 판단할 수 없다.

따라서 지문은 옳지 않다.

※ %p는 백분율의 산술적 차이를 의미한다.

3) 제시되지 않은 자료에 따라 달라지는 상황

제시되지 않은 자료가 지문의 판단에 영향을 줄 수 있다. 대표적으로는 제시되지 않은 자료가 제시된 자료의 순위에 영향을 줄 수 있는 경우이다.

〈표〉 2020년 오염물질 배출원별 배출량 현황

(단위: 톤, %)

오염물질 구분 배출원	PM_{10} 배출량	배출비중	$PM_{2.5}$ 배출량	배출비중	CO 배출량	배출비중	NO_x 배출량	배출비중	SO_x 배출량	배출비중	VOC 배출량	배출비중
선박	1,925	61.5	1,771	64.0	2,126	5.8	24,994	45.9	17,923	61.6	689	1.6
화물차	330	10.6	304	11.0	2,828	7.7	7,427	13.6	3	0.0	645	1.5
건설장비	253	8.1	233	8.4	2,278	6.2	4,915	9.0	2	0.0	649	1.5
비산업	163	5.2	104	3.8	2,501	6.8	6,047	11.1	8,984	30.9	200	0.5
RV	134	4.3	123	4.5	1,694	4.6	1,292	2.4	1	0.0	138	0.3
계	2,805	( )	2,535	( )	11,427	( )	44,675	( )	26,913	( )	2,321	( )

※ 1) PM_{10} 기준 배출량 상위 5개 오염물질 배출원을 선정하고, 6개 오염물질 배출량을 조사함.

2) 배출비중(%) = $\dfrac{\text{해당 배출원의 배출량}}{\text{전체 배출원의 배출량}} \times 100$

Q. NOx의 전체 배출원 중에서 '건설장비'는 네 번째로 큰 배출비중을 차지한다.

위의 자료는 PM_{10} 배출량이 많은 순서대로 상위 5개 배출원이 제시된 것이므로, 다른 오염물질은 배출량이 많은 배출원 순서대로 제시된 것이 아니다. 그런데 제시된 자료의 배출원만 보면 '건설장비'가 NOx 배출비중이 네 번째로 크다. 하지만 제시되지 않은 자료가 순위에 영향을 줄 수 있기 때문에 다음과 같이 조사해야 한다.

▶ 자료에 주어진 배출원의 NO_x 배출비중의 합

➡ 45.9%+13.6%+9%+11.1%+2.4%=82%

▶ 제시되지 않은 배출원의 NO_x 배출비중의 합

➡ 100%-82%=18%

NO_x는 배출량 순서대로 제시된 것이 아니므로 '건설장비'의 비중인 9.0%보다 높은 비중의 배출원이 있는 경우가 가능하므로 '건설장비'의 NO_x 배출비중 순위는 알 수 없다.

> ☑ 만약 주어진 5개의 비중이 91%보다 크다면, 남은 비중이 9% 미만이고 이 값은 '건설장비'보다 낮은 값이므로 나머지 배출원의 배출비중에 상관없이 '건설장비'가 네 번째로 클 것이다.

② 빈출되는 지문 표현

다음은 빈출되는 선택지 지문의 표현들이다. 지문에서 자주 빈출되는 표현들에 익숙해져야만 실수를 줄일 수 있다.

(1) 비교에 관한 표현

자료해석 선택지 중 계산 문항, 〈표〉-〈그림〉 전환 문항, 매칭형 문항 등을 제외하면 대부분 비교와 관련된 선택지들이다. 따라서 비교와 관련된 다양한 표현을 정확하게 이해하는 것이 중요하다. 혹시라도 실전에서 일부 표현에 대해 모호하게 느끼는 상황이 생긴다면 해당 문항뿐 아니라 시험 전체에 대해 심리적인 영향을 주게 된다. 그러므로 적어도 빈출 표현들에 대해서는 명확하게 의미를 파악하고 있어야 할 것이다.

1) 비교와 관련된 표현

최대	• ~이 가장 많다. • ~이 가장 높다. • ~이 가장 크다. • ~보다 큰 경우는 없다.
최소	• ~이 가장 적다. • ~이 가장 낮다. • ~이 가장 작다. • ~보다 작은 경우는 없다.
대소	• a는(가) b보다 적다. ⇒ a보다 b가 많다. • a는(가) b보다 작다. ⇒ a보다 b가 크다. • a는(가) b보다 길다. ⇒ a보다 b가 짧다.
순위	• ~은 ~번째이다. • 많은(적은) 순서대로, • 높은(낮은) 순서대로, • 큰(적은) 순서대로 • ~일수록 ~이다.
차이	• a와 b의 차이 = ǀa − bǀ

2) 범위와 관련된 표현

경계를 포함함	• ~ 이상(작지 않다), ~ 이하(크지 않다)
경계 포함하지 않음	• ~초과, ~미만, ~상회, ~하회
상한	• ~보다 작다. • ~ 미만이다. • ~ 이하이다. • ~보다 큰 경우는 없다.
하한	• ~보다 크다 • ~ 초과이다. • ~ 이상이다. • ~보다 작은 경우는 없다.

3) 비교의 대상에 따른 상황

특정수치와 비교	• ~ 합이 2만5000 이상이다 • ~ 증가율이 20% 이상이다
비교 대상이 두개인 경우	• a는 b보다 크다. • a는 b 이상이다.
비교대상이 여러개인 경우	• ~ 중에서 가장 큰 것은 a이다. • ~ 기간에 증가율이 가장 큰 연도는 b이다. • ~ 비중은 매년 30% 이상이다.

4) 주의해야할 표현: 최솟값, 최댓값, 이상, 이하

만약 a의 최솟값이 10이면, $a \geq 10$일 것이다. 그런데, $a \geq 10$인 경우에 a의 최솟값은 10일까? 결론은 그렇지 않다.

예를 들어 a가 실제로 갖는 값의 범위가 $20 \leq a \leq 30$인 경우, 'a는 10 이상이다'는 옳은 표현이다. 하지만 이 경우 a의 최솟값은 10이 아니라 20이기 때문에 'a는 10 이상이다'가 참이라고 해서 최솟값이 10이라고 할 수는 없다.

이처럼 부등식에 관한 표현과 최솟값에 대한 표현이 주어지면 오해하지 않도록 주의해야 한다.

남자	흡연자	전체
60명	70명	100명

전체 = 100명, 남자 = 60명, 흡연자는 70명

Q1. 남자 흡연자의 최솟값은 30명이다.
Q2. 남자 흡연자는 30명 이상이다.
Q3. 남자 흡연자의 최솟값은 20명이다.
Q4. 남자 흡연자는 20명 이상이다.
Q5. 남자 중 흡연자는 최소 20명이다.

제시된 자료는 기준이 다른 두 집합관계로 '남자 흡연자'는 최솟값이 30명, 최댓값이 60명이다. 이 결과에 따라 지문의 정오를 판단하면 다음과 같다.

Q1, Q2는 참이다.
Q3의 경우 최솟값은 30명이므로 거짓이다.
Q4의 경우 최솟값은 30명이고 어떤 경우라도 남자 흡연자는 20명 이상이므로 참이다. (이 지문의 경우 거짓이라고 혼동하는 경우가 많기 때문에 주의가 필요하다.)
Q5. 최솟값이 20명이라는 표현과 같은 의미이므로 거짓이다.

(2) 비율과 배율의 표현

가장 빈출되는 지문 내용은 비율과 배율의 판단이다. 특히 혼동할 수 있는 표현이 많기 때문에 비율과 배율에 대한 표현을 잘못 판단하면 치명적이다.

1) 비율과 배율의 표현

비율과 배율표현	~%이다.
	~배이다.
	~% 증가하였다.
%p	비율, 배율에 관한 표현이 아니라 백분율에 대한 산술적 차이임

- A기업의 2019년 매출액이 100이고 2020년 매출액이 110인 경우
  ⇒ 2020년 A기업의 매출액은 전년의 110%이다.
  ⇒ 2020년 A기업의 매출액은 2019년 매출액의 1.1배이다.
  ⇒ 2020년 A기업의 매출액은 2019년 대비 10% 증가하였다.

2) 비율과 배율의 기준에 대한 표현

기준대상과 비교대상의 수치는 같아도 다양한 방법으로 표현할 수 있다.

비율의 기준표현	~대한 ~의 비율
	~대비 ~의 비율
	~중 ~의 비율
	~ 당 ~

- $\dfrac{B}{A}$ 를 의미하는 여러 가지 표현
  ⇒ A에 대한 B의 비율(비중)
  ⇒ A 대비 B의 비율(비중)
  ⇒ A 당 B
  ⇒ A 중 B의 비중(B가 A에 포함되는 경우)

3) 주의해야할 표현: 증가율과 배율

100개에서 120개로 증가한 경우, '20% 증가하였다.', '120은 100 대비 120%이다.'라고 표현해야 옳다. 하지만 이 상황을 '120% 증가하였다' '120% 상승하였다'와 같이 옳지 않게 표현하는 경우가 많다. 아마 이러한 잘못된 표현은 '120%로 상승하였다'라는 의미로 사용할 의도인데 조사를 생략해서 표현함으로써 발생할 것이다.

이러한 상황은 특히 증가량이 100%를 넘어가는 경우 더욱 혼동된다. 100개에서 300개로 증가한 경우 '200% 증가하였다' '300은 100대비 300%이다.'와 같이 표현해야 한다. 하지만 '300% 증가하였다' '3배 증가하였다'와 같이 잘못 사용하는 경우가 많다.

실제 신문기사 등에도 이와 같은 잘못된 증가율 표현이 자주 쓰이기 때문에 자료해석 지문에서 이러한 표현을 접하면 주의를 기울여야 할 것이다.

4) 주의해야 할 표현: A 중 B의 비중, A 대비 B의 비중

A 중 B의 비중과 A 대비 B의 비중은 다음과 같은 A와 B의 포함 관계에 따라 다른 결과가 될 수 있기 때문에 주의가 필요하다.

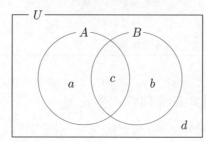

▶ A 중 B의 비중 $= \dfrac{n(A \cap B)}{n(A)} = \dfrac{c}{a+c}$

▶ A 대비 B의 비중 $= \dfrac{n(B)}{n(A)} = \dfrac{b+c}{a+c}$

(3) 시간과 시기에 관한 표현

자료해석에서 가장 출제빈도가 높은 자료가 시계열 자료이다. 시계열 자료는 일정한 시간의 흐름이나 간격을 두고 하나의 변수 또는 여러 개의 항목의 흐름을 보여주는 자료이다. 시계열 자료는 항목들은 시간의 흐름에 따라 비교 분석하는 것이 핵심이므로 시간과 관련된 표현을 명확하게 이해해야 한다.

1) 시계열 자료의 주의점

시기를 잘못 보고 실수하는 경우는 매우 빈번하게 일어나므로 항상 주의해야 할 것이다.

기간의 경우 보통 자료에서 주어진 시기 전체에 대해서 묻는 경우가 많기 때문에 간과하기 쉽다. 주어진 기간 중 일부에 대해서만 묻는 경우도 종종 있기 때문에 반드시 시작점과 끝점을 체크해야 한다. 그리고 기간에서 시작점과 끝점을 포함하는지 여부 역시 체크해야 한다.

한편 '매년', '항상'과 같은 표현은 물어보는 기간에 대해서 예외를 허용하지 않기 때문에 반례가 될 수 있는 값을 찾아보면 효율적인 판단이 가능하다.

시계열 자료 주의점	판단 대상 기간 확인
	기준시기 파악
	경향성 파악

2) 시계열 자료에서 비교에 대한 기준 표현

시기별로 대상을 비교하는 경우에 '전년대비' '전월대비' '전기대비' '전년동월대비'와 같이 비교 시기의 기준에 관한 표현들이 자주 사용된다.

2019년 5월	2019년 6월	2020년 5월	2020년 6월
a	b	c	d

위 자료에서 비교하려는 대상이 d인 경우 '전년동월대비'의 기준대상은 b이고 '전월대비'의 기준대상은 c이다.

(4) 증가와 감소에 관한 표현

증가와 감소에 관한 여러가지 표현들이 있다. 그런데 때로는 증가와 감소의 방향을 따져서 판단하는 경우도 있고, 그 크기만 따지는 경우도 있기 때문에 이러한 점들을 주의해야 할 것이다.

1) 증가와 감소 관련 빈출 표현

크기	증가(감소), 증가(감소)폭, 증감폭, 변화량
	~의 절댓값
비율	증가(감소)율, 증감율
	변화율

2) A → B로 변화한 경우에 대한 표현

증가폭(상승폭, 성장폭)	$B - A$ $(B > A)$
감소폭(감소량, 하락폭)	$A - B$ $(B < A)$
변화량(변화폭, 변동폭, 증감폭)	$\lvert B - A \rvert$
증가율(상승률)	$\dfrac{B - A}{A} \times 100$, $\left(\dfrac{B}{A} - 1\right) \times 100$
감소율(하락률)	$\dfrac{A - B}{A} \times 100$ $(A < B)$
~의 절댓값	$\lvert$ 해당 계산 결과 $\rvert$

3) 증가, 감소의 경향성

증가추세, 감소추세 등과 같은 변화의 표현들은 시계열 자료에서 종종 다루어진다. 특정 기간의 자료를 주고 '조사기간 동안 ~은 지속적으로 증가했다.' 등과 같은 표현이 대표적이다. 이때 경우에 따라서는 연속적으로 자료가 주어지는 것이 아니라 격년 단위 또는 특정 기간단위로 자료가 제시되기도 하기 때문에 경향성의 판단 지문에서는 이를 반드시 확인해야 한다.

증가추세	예외 인정(일반적으로 증가, 대체로 증가, 증가 추세)
지속적 증가	예외 인정하지 않음(계속, 연속, 매년, 꾸준히)

4) 주의해야할 표현: 증감률, 변화율

증가, 감소와 관련해서 빈출되는 표현 중 하나가 증감률과 변화율이다. 그런데 이 표현은 〈표〉에 주어질 경우에는 자료값에 +, − 부호가 표시된다. 그렇다면 증감률과 변화율은 대소관계를 비교할 때 부호를 고려해야 하는게 아닐까?

사실 이러한 내용에 대해서 정리된 명확한 기준은 없다. 특히 변화율의 경우 분야에 따라서 정의하는 방식이 다를 수 있기 때문에 대소 관계 판단의 기준을 획일적으로 정할 수 없다.

그러나 지금까지 기출된 지문을 분석해보면 증감률과 변화율의 대소판단은 부호를 고려하지 않고 그 크기(절댓값)로 판단한다고 해석할 수 있다. 결국 증가율은 부호를 고려해야 하고, 증감률과 변화율은 부호를 따지지 않고 절댓값으로 대소를 비교한다고 정리하면 될 것이다.

※ 대소를 비교할 때 부호의 고려 여부

부호를 고려	증가율, 증가량
부호를 고려하지 않고 크기만 비교	증감율, 변화율, 증감폭, 증감량
기타	감소량, 감소율은 감소한 경우만 사용하는 표현이므로 부호가 문제되지 않음

③ 수치제시형, 대상제시형

(1) 수치제시형

선택지가 수치로 제시되는 경우는 계산형 유형이 대부분이다. 결과가 선택지에 제시되기 때문에 선택지로부터 힌트를 얻는 것도 매우 중요하다. 선택지를 보고 결과가 어느 정도인지 추측해볼 수 있고, 연산을 완벽하게 마무리하지 않아도 연산의 일부 자리만 선택지와 비교해보고 정답을 고르면 좀 더 효율적으로 문제를 해결할 수 있을 것이다.

자세한 공략법과 예시는 본서의 CHAPTER 4.의 '수의 특징을 이용한 정답 고르기'에서 살펴보도록 하겠다.

(2) 대상제시형

선택지가 특정 대상으로 제시되는 경우로 매칭형 유형 문제가 대표적이다.

이 경우에는 선택지에 제시된 대상을 기준으로 상황을 줄이는 것이 문제 해결의 큰 힌트가 된다. 실제 계산을 해야하는 대상이 여러 개인데 선택지의 구성을 파악해보면 이러한 대상을 일부 제거할 수 있는 것이다. 따라서 이러한 방식으로 접근하면 의외로 간단하게 정답을 선택할 수 있는 경우가 많다.

자세한 공략법과 예시는 본서의 CHAPTER 5. 유형별 연습(매칭형)에서 볼 수 있다.

수치제시	• 일의 자리만 비교하여 정답 찾기 • 수의 배열이 같은 경우 자릿수만 판단하기 • 연산 결과가 특정 수의 배수 등이 되는 특징 확인
대상제시	• 선택지에 제시된 대상을 통한 계산과 경우의 수 줄이기

강필
PSAT
자료해석 기본서

CHAPTER

04

자료해석을 위한
수리 이론

자료해석을 위한 **수리 이론**

효율적인 계산 방법은 자료해석에서 가장 기본적으로 갖추어야 할 무기이다. 효율적인 계산 방법은 자료해석 실력이 아직 부족한 수험생이라면 합격권까지 이르는 지름길이 될 것이다. 그리고 자료해석에 어느 정도 자신 있는 수험생이라도 자신이 미쳐 사용해보지 않았던 요령이 있다면, 자신의 무기로 추가해서 자료해석을 자신의 주력과목으로 만들 수 있을 것이다.

여기에 정리된 효율적 계산 방법은 가장 사용 빈도가 높은 내용들을 선별한 것으로 계산에 대한 두려움과 답답함을 상당 부분 해결해 줄 것이다.

구분	세부 분류
어림산	덧셈, 뺄셈 어림산
	곱셈 어림산
	분수 어림산
	오차의 방향성 파악하기
대소비교	덧셈 비교
	곱셈 비교
	분수 비교
	여러가지 분수 비교 방법
	상황별 분수 비교 방법
기본 수리이론	통계
	경우의 수와 확률
	집합
	식의 표현 및 정리
효율적 계산 TIP	공통 인수 활용하기
	암기하면 도움 되는 수
	연산 단계 줄이기
	수의 특징을 이용한 정답 고르기
	반대상황 이용하기
	효율적으로 단위 처리하기
	가평균, 편차 이용하기
	덜어내고 채우기(메꾸기)
	누적 증가율의 어림산
	역 증가율의 어림산
	실수자료와 상대자료의 비례관계 이용하기
	선택지에 제시된 값 이용하기
	가중치를 정수비로 바꾸어 계산하기
	가중평균을 활용할 수 있는 상황 이해하기
	최소 교집합을 이용할 수 있는 상황 이해하기

① 어림산

자료해석 문제는 정확한 값을 계산하기보다는 대부분 대소관계만 파악하면 된
다. 그렇기 때문에 어느 정도 실제값과 유사한 값을 알아내어 비교하는 요령이
필요하다.

대략적으로 결과를 계산하는 것을 어림산이라고 하며, 짧은 시간 안에 문제를
해결해야 하는 만큼 어림산은 자료해석에서 매우 중요하다.

(1) 덧셈, 뺄셈 어림산

1) 덧셈

덧셈 뺄셈을 할 때는 앞자리부터 계산하여 대략적인 값을 파악한다. 앞자리부
터 계산하여 대소관계가 오차를 무시할 정도로 확실해질 때까지 자릿수를 확장
해나가며 계산하면 된다.

「12,592+24,515+92,312+4,056+87,561」 vs 210,000

- 1단계: 「12,000+24,000+92,000+4,000+87,000」 vs 210,000
  ⇒ 219,000 > 210,000

위 덧셈 계산에서 천 자리 이상만을 계산하여 비교하였다. 이때 좌변의 합은
219,000이고 오차를 고려하면 실제값은 더 커질 것이므로, 이 결과만으로도
210,000보다 크다는 것을 알 수 있다. 따라서 오차를 감안해도 좌변이 우변보
다 크다고 결론낼 수 있다.

「12,592+24,515+92,312+4,056+87,561」 vs 220,000

- 1단계: 「12,000+24,000+92,000+4,000+87,000」 vs 210,000
  ⇒ 219,000 vs 220,000 ⇒ ?
- 2단계: 219,000+(500+500+300+000+500) vs 220,000
  ⇒ 219,000+(1,800) > 220,000

위 계산에서는 1단계 결과만 보면 좌변이 우변보다 작다. 하지만 그 차이가 매우
작아서 오차를 감안하면 우변보다 커질 수 있는 상황이다. 따라서 2단계에서
버림을 했던 백의 자리를 추가해보았을 때 우변보다 커짐을 쉽게 알 수 있다.

2) 혼합 계산

덧셈, 뺄셈, 곱셈 등이 혼합된 계산에서도 일부 자리만 가지고 계산하여 대소 관계가 파악되는 경우가 많다.

「7,823,231 − 4,432,454 + 1,873,200」 vs 5,000,000

- 1단계: 「7,800,000 − 4,400,000 + 1,800,000」 vs 5,000,000
  ⇒ 5,200,000 > 5,000,000

위 계산에서 앞에서부터 두 자릿수만 유효하게 보고 어림산하였다. 그 결과 오차에 관계없이 좌변이 우변보다 크다고 결론낼 수 있다.

「7,823,231 − 4,432,454 + 1,873,200」 vs 5,000,000

- 1단계: 「7,800,000 − 4,400,000 + 1,800,000」 vs 5,000,000
  ⇒ 5,200,000 vs 5,250,000 ⇒ ?
- 2단계: 5,200,000 + (20,000 − 30,000 + 70,000) vs 5,250,000
  ⇒ 「5,200,000 + 60,000」 > 5,250,000

위 계산에서는 1단계의 결과만 보면 좌변이 우변보다 작다. 하지만 그 차이가 아주 작아서 오차를 고려하면 우변보다 커질 가능성이 있다. 따라서 2단계 계산에서는 '만' 자리를 계산한 결과를 1단계 연산에 추가해보니 우변보다 크다는 것을 알 수 있다.

(2) 곱셈 어림산

1) 일부자리를 활용한 계산

곱셈 역시 덧셈·뺄셈과 비슷한 방식으로 일부 자리만 유효하게 보고 계산하여 비교가 가능하다.

「4,852 × 8,211」 vs 38,000,000

- 「4,800 × 8,200」 vs 38,000,000
  ⇒ 39,360,000 > 38,000,000

좌변의 앞에서 두 자리만 유효하게 보고 계산한 결과가 이미 우변보다 크다. 따라서 계산하지 않은 나머지 부분에 관계없이 좌변이 더 크다.

물론 위의 연산도 오른쪽 계산 결과가 왼쪽보다 살짝 더 큰 경우라면 왼쪽에서 계산되지 않은 자릿수를 추가로 계산하여 판단할 수 있을 것이다.

2) 인수를 간단하게 변형한 계산

┌───┐
│　　　　　　「4,852×8,211」 vs 38,000,000　　　　　　　│
│   │
│ • 「5,000×8,000」 vs 38,000,000   │
│   ⇒ 40,000,000 > 38,000,000   │
└───┘

위 계산에서 4,852를 5,000으로 변형하고, 8,211을 8,000으로 변형하였다. 그 결과 계산은 간단하지만 실제 계산 결과보다 오차가 더 클지 작을지 판단하는 것이 쉽지 않다. 하지만 어림산한 계산 결과를 보면 우변과의 차이가 꽤 크기 때문에 오차를 감안해도 좌변이 더 크다고 판단 가능하다. 하지만 이렇게 인수를 변형하는 경우에는 우선 최종 결과의 오차가 크지 않도록 곱셈의 인수들을 변형시켜야 한다.

┌───┐
│ ☑ 곱셈에서 증가율과 감소율이 비슷한 정도로 한 인수를 증가시키고 다른 한 인수를 │
│ 감소시키면 실제값과 상당히 유사한 결과가 된다. 같은 비율만큼 증가시키고, 감소시켰 │
│ 을 때 결과가 실제 계산결과와 일치하는 것은 아니지만 증가시키거나 감소시킨 비율이 │
│ 크지 않다면 오차가 작아서 실제 계산결과와 상당히 유사하다. │
└───┘

다음을 통해서 오차 관계를 이해할 수 있을 것이다.

┌───┐
│ a×b의 연산에서 a를(1+x), b를 (1−y)배 한 경우의 변화 │
│ • $a(1+x) \times b(1-y) = ab(1+x-y-xy)$ │
│ 　　　　　　⇒ x=y 이면 $ab(1-xy)$ │
│ • 결과가 거의 원래값인 ab에 가까움 │
│   │
│ 위 계산에서 x, y가 0.1, 0.2 등 작은 값이라면 xy의 값은 상대적으로 매우 작기 때문에 │
│ 「x−y」의 값이 0이 된다면 원래의 값과 거의 유사한 결과를 얻을 수 있다. │
│   │
│ • 한 인수를 10% 증가, 나머지 인수를 10% 감소 │
│   ⇒ $a(1+0.1) \times b(1-0.1) = ab(1+0.1)(1-0.1)$ │
│ 　　　　　　　　　$= ab(1+0.1-0.1-0.01)$ │
│ 　　　　　　　　　$= 0.99ab$ │
│ • 한 인수를 5% 증가, 나머지 인수를 5% 감소 │
│   ⇒ $a(1+0.05) \times b(1-0.05) = ab(1+0.05-0.05-0.0025) = 0.9975ab$ │
└───┘

위의 예시 문제에서는 인수들의 변화를 보면 「4,852 → 5,000」으로 약 150(약 3%)정도 증가하였고 「8,211 → 8,000」으로 약 200(약 2.5%)정도 감소시켜 원래값과 차이가 그리 크지 않을 것이다.

(3) 분수 어림산

1) 10% 단위로 비율 범위 계산하기

자료해석 지문에서 가장 많은 계산은 분수 비교이다. 이때 가장 유용한 방법이 분수의 범위를 10% 단위로 어림산하여 비교하는 것이다. 그리고 10% 단위로 분수를 어림산하는 것은 자료해석 전반에 걸쳐서 핵심적으로 사용하는 중요한 계산법이다.

$$\frac{162}{913} \text{ vs } \frac{101}{471}$$

- $\overset{10\%}{\overbrace{\frac{91.3}{913}}} < \frac{162}{913} < \overset{10\% \times 2}{\overbrace{\frac{91.3 \times 2}{913}}} \Rightarrow 10\% < \frac{162}{913} < 20\%$

- $\overset{10\% \times 2}{\overbrace{\frac{47.1 \times 2}{471}}} < \frac{101}{471} < \overset{10\% \times 3}{\overbrace{\frac{47.1 \times 3}{471}}} \Rightarrow 20\% < \frac{101}{471} < 30\%$

  ➡ 좌변 < 우변

위 문제에서 $\frac{162}{913}$의 백분율 범위는 분모 913의 10%가 91.3이기 때문에 분자를 이 값과 비교해서 10% ~ 20% 사이의 값임을 알아낸 것이다. 같은 방법으로 $\frac{101}{471}$의 백분율 범위는 20% ~ 30% 사이이므로 두 분수 사이의 대소관계를 이 정도만으로도 판단할 수 있다.

2) 5% 단위로 비율 범위 계산하기

좀 더 정교한 백분율 범위를 계산하는 것이 필요할 때도 있다. 10% 단위 범위와 더불어, 1%, 5%, 50% 등은 비교적 빠르게 범위를 예측할 수 있다.

$$\frac{153}{284} \text{ vs } \frac{478}{807}$$

- 1단계: ➡ $\overset{50\%}{\overbrace{\frac{142}{284}}} < \frac{153}{284} < \frac{\overset{50\%}{\overbrace{142}} + \overset{10\%}{\overbrace{28.4}}}{284} \Rightarrow 50\% < \frac{153}{284} < 60\%$

  ➡ $\overset{50\%}{\overbrace{\frac{403.5}{807}}} < \frac{478}{807} < \frac{\overset{50\%}{\overbrace{403.5}} + \overset{10\%}{\overbrace{80.7}}}{807} \Rightarrow 50\% < \frac{101}{471} < 60\%$

- 2단계: $\Rightarrow$ $\dfrac{\overbrace{142}^{50\%}}{384} < \dfrac{153}{384} < \dfrac{\overbrace{142 + 19.2}^{50\%\ \ 5\%}}{384} \Rightarrow 50\% < \dfrac{153}{384} < 55\%$

$\Rightarrow$ $\dfrac{\overbrace{403.5}^{50\%} + \overbrace{40.35}^{5\%}}{807} < \dfrac{478}{807} < \dfrac{\overbrace{403.5}^{50\%} + \overbrace{80.7}^{10\%}}{807}$

$\Rightarrow 55\% < \dfrac{101}{471} < 60\%$

위 문제에서 1단계에서 두 분수를 10% 범위로 계산한 결과가 모두 50~60%이다. 따라서 더 정교하게 비교할 필요가 있고, 2단계에서는 5% 범위까지 좀 더 세밀하게 범위를 나누어서 대소관계를 비교하였다.

> ☑ 위 계산의 예시에서는 소수점 아래를 계산해 두었지만 실전에서는 보통 그 정도는 무시하고 계산해도 된다.

3) 주어진 분수와 유사한 특정 분수를 기준으로 범위 예측하기

$$\frac{99}{311} \text{ vs } \frac{201}{511}$$

- $\dfrac{99}{311} \Rightarrow$ 약 $\dfrac{100}{300} \Rightarrow$ 약 $\dfrac{1}{3} \Rightarrow$ 약 33.3%
- $\dfrac{201}{511} \Rightarrow$ 약 $\dfrac{200}{500} \Rightarrow$ 약 $\dfrac{2}{5} \Rightarrow$ 약 40%
  $\Rightarrow$ 좌변 < 우변

$\dfrac{99}{311}$ 은 $\dfrac{1}{3}$ 과 비슷하다는 점을 관찰하여 계산 결과가 33.3%와 가까울 것이라고 예측할 수 있다. 마찬가지로 $\dfrac{201}{511}$ 은 $\dfrac{2}{5}$ 와 아주 유사하다는 것을 이용해서 40%와 가까운 범위라는 것을 알 수 있다. 두 결과는 오차를 감안한다고 해도 대소관계를 알 수 있는 정도이다.

이렇듯 특정 분수들의 백분율 값을 알고 있으면 유사한 분수의 백분율 범위를 빨리 파악할 수 있다. 다음은 암기하면 도움이 되는 기준 분수들의 백분율 값이다.

$\dfrac{1}{2}$	$\dfrac{1}{3}$	$\dfrac{1}{4}$	$\dfrac{1}{5}$	$\dfrac{1}{6}$	$\dfrac{1}{7}$	$\dfrac{1}{8}$	$\dfrac{1}{9}$	$\dfrac{1}{10}$
50%	33.3%	25%	20%	16.7%	14.3%	12.5%	11.1%	10%

> ☑ 위 분수들의 결과를 확장하여 분자가 1이 아닌 경우도 확장하여 이용할 수 있다.예
> 를 들어 $\dfrac{211}{713}$ 이라는 분수는 $\dfrac{2}{7}$ 와 아주 가깝다. 따라서 $\dfrac{1}{7}$ 의 두 배인 28.6% 정도라
> 고 값을 예측할 수 있다.

4) 분모, 분자 변형하기

$$\dfrac{731}{909} \text{ vs } 80\%$$

- $\dfrac{731}{909} \Rightarrow \dfrac{731 \times 1.1}{909 \times 1.1} \Rightarrow \dfrac{731 + 73.1}{909 + 90.9} \Rightarrow \dfrac{약834}{약1,000} \Rightarrow 80\% \text{ 이상}$

  ➥ 좌변 > 우변

$\dfrac{731}{909}$ 의 분모인 909는 1,000과 아주 가깝다. 그리고 분모 909를 10% 정도 증
가시키면 1,000과 유사해진다. 분수의 값은 분자와 분모에 같은 수를 곱해도
크기가 같기 때문에 분자 731도 10% 가량 증가시키면 분수의 형태는 변했어도
값은 거의 같을 것이다. 따라서 분모를 10, 100, 1,000 등으로 변화 시키면 바
로 백분율 범위가 계산되기 때문에 분수의 범위를 쉽게 예측할 수 있다.

(4) 오차의 방향성 파악하기

실제 계산값이 어림산 결과보다 더 큰지 작은지를 이해하는 것은 매우 중요하다. 왜냐하면 어림산한 결과가 비교대상과 비슷하다고 해도 오차의 방향성을 이해하여 실제값의 범위를 예상하면 대소관계를 판단할 수 있기 때문이다.

> 「12,592 + 24,515 + 92,312 + 4,056 + 87,561」 vs 218,000
>
> • 「12,000 + 24,000 + 92,000 + 4,000 + 87,000」 vs 218,000
>   ➡ 219,000 > 218,000

이 계산에서 양의 값만 버렸기 때문에 실제 계산값은 어림산한 결과인 219,000보다 크다. 이 경우 비교 대상값이 218,000보다 실제값이 더 큰 것은 당연하기 때문에 추가적으로 계산할 필요 없이 바로 결론지을 수 있다. 따라서 어림산 결과의 오차의 방향성을 알고 있으면 비교 대상과 어림산한 결과가 비슷하다고 해도 바로 판단 가능한 경우들이 있다.

> • $\dfrac{99}{311} \Rightarrow$ 약 $\dfrac{100}{300} \Rightarrow$ 약 $\dfrac{1}{3} \Rightarrow$ 약 33.3%

이 계산에서 $\dfrac{99}{311}$ 의 실제값은 어림산한 결과인 33.3%보다 더 작다. 「$\dfrac{99}{311}$ vs $\dfrac{100}{300}$」를 보면 분모는 300보다 크고 분자는 100보다 작기 때문에 $\dfrac{100}{300}$ 보다 더 작은 값임을 알 수 있다. 그렇다면 만약 $\dfrac{99}{311}$ 와 비교하는 분수가 34%로 어림산한 결과와 비슷하다고 해도 $\dfrac{99}{311}$ 은 33.3%보다 작은 값이기 때문에 대소관계를 판단할 수 있다.

② 대소비교

(1) 덧셈 비교

주어진 자료의 값을 더한 결과를 비교해야 하는 경우가 많다. 이때 우선은 어림산을 이용하는 방법이 기본이다. 그런데 패턴이 비슷한 여러 값을 더할 때는 비슷한 값끼리 비교해보면 효율적인 판단이 가능하다.

어림산으로 비교하는 방식은 앞에서 살펴보았기 때문에 여기에서는 비슷한 여러 값을 더하는 경우의 예시만 보도록 하겠다.

1) 여러 값의 덧셈 비교 – 한 변이 모두 큰 경우

「213+2,313+13,312」 vs 「203+2,111+13,311」

- 213 > 203, 2,313 > 2,111, 13,312 > 13,311
  - ➥ 좌변−우변 > 0 ⇒ 좌변 > 우변

위 계산에서는 두 계산식을 구성하는 세 수가 좌변과 우변에서 순서대로 각각 자릿수와 크기가 비슷하다. 그런데 대응되는 각각의 수들을 보면 모두 좌변의 수가 우변보다 크다. 그렇기 때문에 직접 더해보지 않고서도 좌변의 합이 우변의 합보다 크다고 판단할 수 있다.

이러한 구성을 관찰하지 못하고 직접 계산한다면 시간이나 정확도에서 손해를 볼 수 있기 때문에 수의 구성을 반드시 확인해야 한다.

2) 여러 값의 덧셈 비교 – 대응하는 수의 차이 이용

「213+2,313+13,312」 vs 「211+2,111+13,413」

좌변	213	2,313	13,312
우변	211	2,111	13,413
좌변−우변	2	202	−101

➥ 좌변−우변=2+202+(−101) > 0 ⇒ 좌변 > 우변

이 경우에는 좌변의 값들이 각각 대응되는 우변의 값보다 항상 큰 경우가 아니다. 이때는 대응되는 수들의 차를 비교해서 대소관계를 판단할 수 있다.

(2) 곱셈 비교

기본적으로는 어림산 결과를 비교한다. 하지만 곱셈 인수들의 배율을 비교하여 판단하는 것도 자주 사용할 수 있는 효율적 방법이다.

1) 어림산 비교

① 일부자리 활용

123×356 vs 138×341

- 120×350 vs 130×340 ⇒ 42,000 < 44,200 ⇒ 좌변 < 우변
※ 참고: 123×356 = 43,788, 138×341 = 47,058

세 자리 곱셈보다는 두 자리 곱셈이 익숙하고 빠르기 때문에 각각의 인수들을 두 자리만 유효하게 보고 계산하였다. 이 경우 오차를 감안해도 우변의 결과가 크다고 판단할 수 있다.

☑ 위에서 123, 356, 138, 341은 모두 일의 자리를 버림으로 처리했다. 일반적으로 반올림을 실제 생활에서 많이 사용하지만 오차의 방향을 가늠하기에 쉽지 않다. 따라서 본서에서는 특별한 상황을 제외하고는 일반적으로 버림 방식으로 어림산을 하고 있다. 덧셈이나 곱셈에서 버림으로 어림산을 구하면 어림산한 결과는 실제값보다 살짝 작기 때문에 오차의 방향성을 파악하기가 용이하기 때문이다.

② 가까운 값으로 수치 단순화

113×531 vs 224×291

- 113×531 ⇒ 약 100×600 = 60,000
- 224×291 ⇒ 약 200×320 = 64,000
※ 참고 113×531 = 6,003 , 224×291 = 65,184

「113×531」에서 113의 10%는 11.3이다. 따라서 113을 100으로 변화시키는 동안 10%보다 조금 더 큰 값만큼 줄였다. 반면에 531의 10%는 53.1이므로 10%보다 조금 더 큰 값을 증가시킨 값이 600이다. 따라서 이렇게 변화시킨 결과로 계산하면 계산은 훨씬 간단하면서 실제와 상당히 유사한 결과를 갖는다.

같은 방식으로 224×291에서도 224는 약 10% 줄이고 291은 10%가량 늘린 값으로 계산하였다. 그 결과 오차를 감안해도 우변이 좌변보다 크다고 판단할 수 있다.

2) 인수 비교

① 한쪽 변의 인수들이 일방적으로 큰 경우

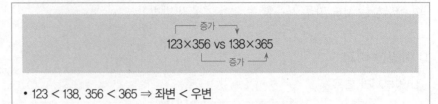

• 123 < 138, 356 < 365 ⇒ 좌변 < 우변

좌변과 우변에서 서로 비슷한 크기의 수를 비교해보면, 각각 우변의 인수들이 모두 좌변의 인수보다 크다. 따라서 곱해진 결과 역시 우변이 크다고 판단할 수 있다.

② 배율비교

좌변과 우변 중 한 변에 큰 인수들이 몰려있지 않은 상황이라면 인수들의 배율을 비교하는 것이 효율적이다.

```
            ┌── 1.1배 이상 ──┐
         123×356 vs 138×341
            └── 1.1배 미만 ──┘
```

• 123 → 138: 1.1배 이상 , 356 ← 341 : 1.1배 미만
  ➥ 좌변 < 우변

위 계산에서 좌변과 우변에서 서로 비슷한 크기로 대응 되는 인수들 중 각각 큰 인수들이 좌변과 우변에 따로 있다. 이 경우에는 계산을 해야만 대소판단을 할 수 있을 것이다. 하지만 각각 대응되는 수의 배율을 보면 우변에 더 큰 배율을 갖는 인수가 있기 때문에 우변이 좌변보다 크다고 판단할 수 있다.

☑ 곱셈의 배율을 이용한 비교방법의 원리는 다음과 같다. 두 수를 비교하는 경우 양변을 모두 같은 값으로 나누어도 대소관계는 바뀌지 않는다는 것을 활용하여 다음과 같은 정리가 가능하다.

$a \times b$ vs $c \times d$
• c는 a의 x배 ⇒ $c = ax$
• b는 d의 y배 ⇒ $b = dy$
• $a \times b$ vs $c \times d$ ⇒ $a \times dy$ vs $ax \times d$

$$\Rightarrow \frac{a \times dy}{ad} \text{ vs } \frac{ax \times d}{ad}$$

$$\Rightarrow y \text{ vs } x$$

• $a \times b$ vs $c \times d$ ⇒ y vs x

결국 좌변과 우변의 대소관계는 x, y의 대소관계와 일치한다.

---

(3) 분수 비교

분수의 크기를 비교할 때에는 어림산 비교, 곱셈비교, 차이비교, 배율비교, 역수비교 등의 다양한 방법이 활용된다. 각각의 방법을 알아보고 특정 상황에서 어떠한 방법이 유용할지 생각해보는 것이 필요하다.

참고

분수비교 순서	1. 계산없이 대소관계 파악할 수 있는지 판단 2. 수치를 비교하기 편하게 변형한다. 3. 어림산비교, 곱셈비교, 차이비교, 배율비교, 역수비교 등 적절한 방식을 활용하여 판단한다.

1) 대소관계를 바로 파악할 수 있는 분수

두 분수를 비교하여 좌변과 우변 분수의 분모·분자의 대소관계가 반대이면 계산없이 대소관계 파악이 가능하다. 하지만 좌변과 우변 사이의 분모·분자 각각 대소관계가 같으면 적절한 분수비교 방법을 활용하여 판단해야 한다.

$$\overset{\text{감소}}{\underset{\text{증가}}{\frac{145}{231} \;\text{vs}\; \frac{123}{256}}}$$

- 분자: 145 > 123, 분모: 231 < 256
  ➠ 좌변 > 우변

$$\overset{\text{동일}}{\underset{\text{증가}}{\frac{145}{231} \;\text{vs}\; \frac{145}{256}}}$$

- 분자: 145 = 145, 분모: 231 < 256
  ➠ 좌변 > 우변

$$\overset{\text{감소}}{\underset{\text{동일}}{\frac{145}{231} \;\text{vs}\; \frac{123}{231}}}$$

- 분자: 145 > 123, 분모: 231 = 231
  ➠ 좌변 > 우변

위에서 비교하는 분수들은 좌변과 우변 분수 사이의 분모·분자 대소관계가 반대이거나 분모·분자 중 하나의 값이 일치하는 경우이다. 이 경우에는 특별한 분수 비교방법을 사용하지 않아도 쉽게 대소관계를 알 수 있다.

2) 분수비교를 위한 수의 변형

① 자릿수가 큰 경우

한 분수의 분모·분자에 같은 값을 곱하거나 나누어도 분수의 크기는 바뀌지 않는다. 따라서 분모·분자의 값이 큰 경우에 적절하게 일정 자릿수만 유효하게 보고 판단하는 것이 효율적이다.

$$\frac{215,393}{438,485} \text{ vs } \frac{249,031}{496,112}$$

- 좌변: $\frac{215,000}{438,000} \Rightarrow \frac{215,000 \times 0.001}{438,000 \times 0.001} \Rightarrow \frac{215}{438}$

- 우변: $\frac{249,031}{496,112} \Rightarrow \frac{249,000 \times 0.001}{496,000 \times 0.001} \Rightarrow \frac{249}{496}$

- $\frac{215,393}{438,485}$ vs $\frac{249,031}{496,112} \Rightarrow \frac{215}{438}$ vs $\frac{249}{496}$

위 계산을 보면 좌변의 분모·분자가 모두 6자리이다. 따라서 분모·분자에 0.001을 동시에 곱하고 소수점 아래를 버린다면 분모·분자가 세자리인 분수로 변형할 수 있다.

우변 역시 같은 방식으로 변형한 후 비교하는 것이 효율적이다.

② 분모·분자의 자릿수 차이가 큰 경우

분모·분자의 자릿수 차이가 심한 경우에 계산이 쉽지 않다. 이때 비교하는 분수의 좌변 우변에 동시에 같은 숫자를 곱하거나 나누어도 좌변과 우변의 대소 관계는 바뀌지 않는 성질을 활용하여 비교하기 편한 형태로 변형하는 것이 좋다.

$$\frac{0.0162}{9,710} \text{ vs } \frac{0.0078}{4,840}$$

- $\frac{0.0162 \times 100,000}{9,710}$ vs $\frac{0.0078 \times 100,000}{4,840}$

  $\Rightarrow \frac{1,620}{9,710}$ vs $\frac{780}{4,840}$

  $\Rightarrow \frac{162}{971}$ vs $\frac{78}{484}$

③ 자릿수, 올림, 버림, 반올림의 이해

일반적으로 분자·분모는 세 자리 정도만 유효하게 계산하는 것이 적절하다. 분자·분모를 더 간단하게 두 자리만 유효하게 계산할 수 있지만 오차가 더 커질 수 있다. 그래서 보통은 세 자리를 유효하게 보고 판단하는 것이 대부분의 문제에서 오차를 신경 쓰지 않아도 될 정도로 적절한 타협점이다.

상황에 따른 실제값과 변형된 분수 사이의 값의 차이를 다음의 예시를 통해 이해할 수 있다.

$$\frac{106,413}{334,631} = 0.318$$

- 세 자리 남기기 ➡ 버림 $\quad \frac{106}{334} = 0.317$

  ➡ 반올림 $\quad \frac{106}{335} = 0.316$

- 두 자리 남기기 ➡ 버림 $\quad \frac{10}{33} = 0.303$

  ➡ 반올림 $\quad \frac{11}{33} = 0.333$

위 결과를 보면 실제값은 0.318이다. 우선 자릿수를 두 자리만 남기는 경우 버림의 경우나 반올림의 경우 모두 실제값과 오차가 꽤 크다. 하지만 세 자리를 남기는 경우에는 반올림이나 버림 모두 실제값과 유사하다.

☑ 분수를 비교할 때 두 분수의 분모 또는 분자의 값이 비슷할수록 대소관계를 판단하기가 쉬워진다.

$$\frac{143}{483} \text{ vs } \frac{36}{120}$$

- $\frac{143}{483}$ vs $\frac{36 \times 4}{120 \times 4}$ $\Rightarrow$ $\frac{143}{483}$ vs $\frac{144}{480}$

- $\frac{143}{483} < \frac{144}{480}$

위 분수비교에서 분모를 비슷하게 변형한 결과만으로 바로 대소관계 파악이 가능해졌다.

(4) 여러가지 분수 비교방법

분수 비교 방법	어림산 비교 • 10% 단위 범위 • 특정 기준 분수 활용 • 분모 100으로 변형
	곱셈 변형 비교
	배율 비교
	차이 비율 비교
	역수 비교

1) 어림산 비교

분수의 값을 대략적으로 어림산한 결과로 비교한다. 주로 10% 범위로 어림산한 결과를 비교한다.

$$\frac{117}{684} \text{ vs } \frac{73}{339}$$

- $\frac{117}{684}$ vs $\frac{73}{339}$ ⇒ 0.1~0.2 vs 0.2~0.3
  ➡ 좌변 < 우변

2) 곱셈 변형 비교

좌변과 우변에 같은 값을 곱해도 대소관계는 바뀌지 않기 때문에, 분수식을 곱셈식으로 변형하여 비교한다.

$$\frac{117}{684} \text{ vs } \frac{73}{339}$$

- $\frac{117}{684}$ vs $\frac{73}{339}$ ⇒ $\frac{117}{684} \times 684 \times 339$ vs $\frac{73}{339} \times 684 \times 339$
  ⇒ 117×339 vs 73×684 ⇒ 39,663 vs 49,932
  ➡ 좌변 < 우변

※ 곱셈 변형 비교는 비교 대상이 10%, 20%, 35% 등 특정 배율인 경우 사용하면 효율적이다.

3) 배율 비교

분모분자의 배율을 각각 비교하여 분자의 배율이 크면 분수값이 더 크고, 분모의 배율이 크면 분수값이 더 작다.

$$\underset{\text{2배 이상}}{\overset{\text{2배 미만}}{\frac{117}{684}}} \text{ vs } \frac{73}{339}$$

- 분자비교: 117 ← 73 ⟹ 2배 미만
- 분모비교: 684 ← 339 ⟹ 2배 이상
  ➥ 좌변 < 우변

위에서는 $\dfrac{117}{684}$ 은 $\dfrac{73}{339}$ 과 비교해서 분자와 분모가 각각 더 크다. 그리고 분자와 분모의 배율을 비교해보면 분자는 2배 미만이고 분모는 2배 이상이다. 따라서 분자의 배율이 분모의 배율보다 작기 때문에 $\dfrac{117}{684}$ 이 더 작은 분수값을 갖는다.

☑ 이러한 배율 비교 판단의 원리는 다음과 같다.

$$\underset{y\text{배}}{\overset{x\text{배}}{\frac{b}{a}}} \text{ vs } \frac{d}{c}$$

- 분자의 배율: $d = bx$
- 분모의 배율: $c = ay$
- $\dfrac{b}{a}$ vs $\dfrac{d}{c}$ ⟹ $\dfrac{b}{a}$ vs $\dfrac{bx}{cy}$ ⟹ 1 vs $\dfrac{x}{y}$

  ➔ $\dfrac{x}{y}$ 가 1보다 크면 ⟹ $1 < \dfrac{x}{y}$ ⟹ $\dfrac{b}{a} < \dfrac{d}{c}$

  ➔ $\dfrac{x}{y}$ 가 1보다 작으면 ⟹ $1 > \dfrac{x}{y}$ ⟹ $\dfrac{b}{a} > \dfrac{d}{c}$

4) 차이 비율 비교(차비법)

분자·분모가 한 변의 분수에서 모두 큰 경우, 각각의 분자·분모 차이의 비율로 대소관계를 판단할 수 있다. 상당히 작은 차이의 대소관계를 판단할 수도 있기 때문에 활용도가 높다.

$$\frac{117}{684} \text{ vs } \frac{73}{339}$$

- 분자 차이: $117 - 73 = 44$
- 분모 차이: $684 - 339 = 345$

$$\frac{117}{684} \text{ vs } \frac{73}{339} \Rightarrow \frac{73+\boxed{44}}{339+\boxed{345}} \text{ vs } \frac{73}{339}$$

$$\Rightarrow \frac{44}{345} \text{ vs } \frac{73}{339} \Rightarrow \frac{117}{684} < \frac{73}{339}$$

➡ 좌변 < 우변

☑ 차이 비율 비교에 대한 원리는 다음과 같이 기울기로 이해하는 것이 좋다. 하지만 이용하는 방법만 알면 되므로 반드시 원리를 알아야 되는 것은 아니다.

$$\frac{b}{a} \text{ vs } \frac{d}{c}, \ d = b+n, \ a = c+m$$

1) $\frac{b}{a} < \frac{d}{c}$ 인 경우

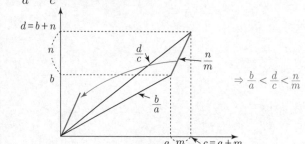

$$\Rightarrow \frac{b}{a} < \frac{d}{c} < \frac{n}{m}$$

➡ $\frac{b}{a} \text{ vs } \frac{d}{c} \Rightarrow \frac{b}{a} \text{ vs } \frac{a+n}{a+m} \Rightarrow \frac{b}{a} \text{ vs } \frac{n}{m}$

2) $\frac{b}{a} > \frac{d}{c}$ 인 경우

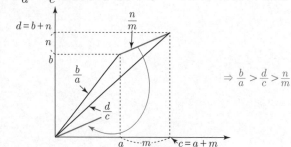

$$\Rightarrow \frac{b}{a} > \frac{d}{c} > \frac{n}{m}$$

➡ $\frac{b}{a} \text{ vs } \frac{d}{c} \Rightarrow \frac{b}{a} \text{ vs } \frac{a+n}{a+m} \Rightarrow \frac{b}{a} \text{ vs } \frac{n}{m}$

5) 역수 비교

역수로 판단했을 때 두 값의 대소가 뚜렷하게 구별되는 경우도 있다. 역수를 이용해서 대소관계를 판단할 경우 원래 분수들과 대소 관계가 반대임을 주의해야 한다.

$$\frac{117}{684} \text{ vs } \frac{73}{339}$$

- $\frac{117}{684}$ vs $\frac{73}{339}$ 와 $\frac{684}{117}$ vs $\frac{339}{73}$ 의 대소관계는 반대임

  ➡ $\frac{684}{117}$ vs $\frac{339}{73}$ $\Rightarrow 5 \sim 6$ vs $4 \sim 5$

    ➡ $\frac{684}{117} > \frac{339}{73} \Rightarrow \frac{117}{684} < \frac{73}{339}$

(5) 상황별 분수 비교 방법

분수 비교는 특정 상황마다 정해진 방법이 있는 것은 아니다. 수의 특성, 개인적인 계산 습관 등에 따라 효율적인 판단 방법이 다를 수 있다. 하지만 일반적으로는 다음과 같은 방법을 따르는 것이 무난하다.

1) 특정 백분율과 비교

① 10%, 5% 단위

보통 곱셈비교법으로 판단하는 것이 효율적이다. 왜냐하면 정해진 비율이 10%, 5% 등으로 간단한 경우 곱셈 연산이 간단하기 때문이다.

$$\frac{117}{684} \text{ vs } 20\%$$

- $\frac{117}{684}$ vs 20% $\Rightarrow 117$ vs $684 \times 20\%$ $\Rightarrow 117$ vs 약 136
  ➡ 좌변 < 우변

$$\frac{117}{684} \text{ vs } 15\%$$

- $\frac{117}{684}$ vs 15% $\Rightarrow 117$ vs $684 \times 15\%$ $\Rightarrow 117$ vs $\underset{10\%}{68.4} + \underset{5\%}{34.2}$

  $\Rightarrow 117 > 102.6$

  ➡ 좌변 > 우변

② 10%, 5% 단위가 아닌 백분율과 비교

10%, 5% 단위가 아닌 백분율과의 비교는 값의 차이가 적어서 어림산으로 판단이 힘든 경우가 많다. 따라서 이런 경우에는 백분율을 분수로 바꾼 후 비교하는 것이 편리하다. 이때 분모를 비교하려는 분수와 비슷한 크기로 변형하면 훨씬 비교하기가 편해진다. 그리고 분수로 바꾼 후에는 일반적인 분수비교법을 사용하면 된다.

$$\frac{117}{684} \text{ vs } 16\%$$

• $\frac{117}{684}$ vs 16% $\Rightarrow$ $\frac{117}{684}$ vs $\frac{16}{100}$ $\Rightarrow$ $\frac{117}{684}$ vs $\frac{112}{700}$

┌ 감소 ┐
└ 증가 ┘

➡ 좌변 > 우변 (우변이 분모가 더 크고 분자가 더 작음)

2) 두 분수의 비교

두 분수의 비교는 다음과 같은 순서로 판단하는 것이 좋다.

1. 대소관계를 바로 판단할 수 있는 경우인지 관찰한다.
   • 분모 · 분자 대소가 다른 경우
   • 두 값의 차이가 현격하게 달라서 바로 판단 가능

2. 1.의 상황이 아니면 두 값을 적절하게 변형한다.
   • 큰 수는 작게
   • 자릿수 맞추기
   • 분모의 크기 비슷하게

3. 적절한 분수 비교방법으로 비교한다.
   • 이 경우 일단 두 분수의 분자끼리, 분모끼리 차이를 구한 후에 배율비교법이나 차이비율비교법을 사용하는 것이 무난하다.

3) 여러 분수의 비교

여러 분수 중에 가장 큰 대상이나 가장 작은 대상을 묻는 경우 원칙적으로는 분수값을 다 계산해서 비교해야 한다. 따라서 한 지문을 해결하기 위해서 상당히 많은 계산이 필요하다. 하지만 이러한 지문의 경우에 대부분의 분수값은 현저하게 차이가 커서 바로 제외되고, 결국 2~3개의 분수를 비교해서 최종 판단이 가능하게 구성되어 있다. 대표적으로는 시계열 자료에서 여러 연도에 대한 증가율을 비교하여 가장 큰 연도를 구하는 경우가 여기에 해당한다.

<표> A회사 제품 판매량

월	1월	2월	3월	4월	5월	6월
판매량	231개	251개	273개	313개	355개	388개

└ 10% 미만 ┘└ 10% 미만 ┘└ 10% 이상 ┘└ 10% 이상 ┘└ 10% 미만 ┘

Q. 전월대비 판매량 증가율이 가장 높은 달은 4월이다.

⇒ 4월을 기준으로 설정
　 4월의 3월 대비 판매량 증가량은 40개이고, 전월대비 증가율은 10~15%이다.
⇒ 2월, 3월, 6월의 증가율은 10% 미만으로 쉽게 비교대상에서 제거 가능하다.
　 ⇒ 「4월 증가율 vs 5월 증가율」을 판단한다.

이처럼 여러 분수를 비교할 때에는 다음과 같은 순서로 판단하면 효율적이다.

1. 기준값 설정
   최대 또는 최소인지 묻는 대상의 대략적인 값을 어림산한다.

2. 최종 비교 대상 설정
   기준값보다 현저하게 차이가 나는 대상들을 제거하면 보통 비교해야 할 대상이 1~2개 정도 남는다.

3. 최종 대상을 분수비교법으로 판단
   남은 최종 대상을 상대로 적절한 분수비교법을 적용하여 판단한다.

☑ 분수 비교 전략
• 분수는 비교하는 두 분수의 분자나 분모가 비슷할 때 더 판단하기 쉽다.
• 배율비교법과 차이비율비교법을 기본 무기로 삼자.
• 연산단계를 줄일 수 있는 관계를 활용하자.
• 기본 무기에 경험을 쌓아 자기만의 계산 노하우를 익혀가자.

③ 기본 수리 이론

(1) 통계

1) 평균

$$평균(m) = \frac{x_1 + x_2 + x_3 + \cdots + x_n}{n(도수의 총합)}$$

2) 중앙값

자료를 크기순으로 배열했을 때 중앙에 있는 값이다. 자료가 짝수일 때는 정중앙값이 없으므로 정중앙의 가운데 두 변량의 평균으로 계산한다.

3) 최빈값

가장 도수가 많은 변량의 값이다. 최빈값은 두 개 이상일 수 있으며, 모든 변량의 도수가 같은 경우 최빈값은 없다.

4) 분산

$$분산(v) = \frac{(x_1 - m)^2 + (x_2 - m)^2 + \cdots + (x_n - m)^2}{n(도수의 총합)}$$

$$= \frac{x_1^2 + x_2^2 + x_3^2 + \cdots + x_n^2}{n(도수의 총합)} - m^2$$

제곱의 평균 − 평균의 제곱(제평−평제로 암기)

5) 표준편차

표준편차$(\sigma) = \sqrt{분산}$, 표준편차가 작은 경우 '자료가 고르다'고 한다.

6) 가평균

임시로 정한 평균

7) 가평균을 이용한 실제 평균 계산

$$평균(m) = 가평균 + \frac{(x_1 - 가평균) + (x_2 - 가평균) + \cdots + (x_n - 가평균)}{n}$$

☑ 분산의 직관적 이해

분산이나 표준편차는 평균에 모인 데이터들이 많은 정도를 나타낸다. 정확하게 계산해 보지 않아도 평균에 모여 있는 정도를 보고 분산의 크기를 파악 할 수 있다. 5,5,5,5,5,5 보다는 3,5,6,7,4,3의 분산이 크다.

[TIP]☞

자료해석 지문에서 평균을 계산하거나 비교해야 하는 경우, 합을 이용하거나, 가평균을 이용하거나, 실제 평균과의 편차의 합이 0이 된다는 것을 활용하는 것이 효율적이다.

(2) 경우의 수와 확률

1) 합의법칙

사건 A와 B가 동시에 일어나지 않을 때, 사건 A가 일어나는 경우의 수를 m가지, 사건 B가 일어나는 경우의 수가 n가지라고 하면, A or B의 사건이 일어나는 경우의 수는 $(m+n)$가지이다.

2) 곱의법칙

두 사건 A와 B가 A and B의 관계일 때 사건 A가 일어나는 경우의 수를 m, 사건 B가 일어나는 경우의 수가 n이라고 하면, A and B의 사건이 일어나는 경우의 수는 $(m \times n)$가지이다.

3) 계승

서로 다른 n개를 나열하는 경우의 수 $\Rightarrow n! = n \times (n-1) \times \cdots \times 2 \times 1$

4) 순열

서로 다른 n개에서 r개를 나열하는 경우의 수

$$_nP_r = \frac{n!}{(n-r)!}$$

5) 조합

서로 다른 n개에서 r개를 순서와 상관없이 선택하는 경우의 수

$$_nC_r = \frac{n!}{(n-r)!r!}$$

6) 확률

사건 A가 일어날 확률 $= \dfrac{\text{사건 } A \text{가 일어나는 경우의 수}}{\text{모든 경우의 수}} = P(A)$

7) 조건부 확률

$$P(A \mid B) = \frac{P(A \cap B)}{P(B)}$$
$$= \frac{c}{b+c}$$

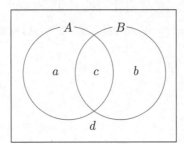

(3) 집합이론

1) 전체집합: U: a, b, c, d

다루고자 하는 대상 전체로 이루어진 집합

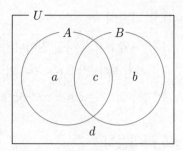

2) 합집합: $A \cup B$: a, b, c

2개 이상의 집합의 원소 전체로 된 집합

3) 교집합 : $A \cap B$: c

2개 이상의 집합에 동시에 속하는 원소 전체로 된 집합

4) 여집합 : A^c: b, d

전체집합에서 주어진 집합의 원소를 제외한 원소들의 집합

5) 차집합: $A - B$: a

두 집합 A, B에서, A에 속하고 B에는 속하지 않는 원소 전체로 된 집합

6) 집합의 원소의 수: $n(A)$

집합 A에 속하는 모든 원소의 수를 $n(A)$로 표현한다.

7) 집합 사이의 원소 수의 관계

① $n(A) \le n(U)$

② $n(A \cup B) = n(A) + n(B) - n(A \cap B)$

③ $n(A \cap B) = n(A) + n(B) - n(A \cup B)$

④ $n(A \cap B) \le n(A) \le n(A \cup B)$

8) 최소교집합

① 두 집합 사이 교집합의 최소 범위

$n(A \cap B) \ge n(A) + n(B) - n(U)$

② 세 집합 사이 교집합의 최소 범위

$n(A \cap B \cap C) \ge n(A) + n(B) + (C) - n(U) \times 2$

(4) 식의 표현 및 정리

1) 비율과 배율에 관한 표현 식

① a는 b의 r배 이다. : $a = r \times b$

② a는 b의 r% 이다. : $a = b \times \dfrac{r}{100}$

③ a의 r% 증가: $a(1 + \dfrac{r}{100})$

④ a의 r% 감소: $a(1 - \dfrac{r}{100})$

※ 증가율은 배율로 바꾸어 계산하는 습관이 필요하다.
   ex) 10% 증가 ⇒ 1.1배
       10% 감소 ⇒ 0.9배

2) 거리 속력 시간 관계

① 거리＝속력×시간

② 속력＝$\dfrac{거리}{시간}$

③ 시간＝$\dfrac{거리}{속력}$

3) 농도

① 소금물의 농도(%)＝$\dfrac{소금}{소금물} \times 100 = \dfrac{소금}{소금 + 물} \times 100$

② 소금의 양＝소금물×$\dfrac{소금물\ 농도(\%)}{100}$

4) 연립방정식

① 연립방정식은 문자와 식의 개수가 같아야 모든 문자를 구할 수 있다.
② 문자의 수보다 식이 부족한 경우 문자는 여러 값을 가질 수 있다.
이 경우 문자가 자연수・특정수를 배수 등의 특징이 있다면, 이를 고려하여 값을 결정할 수 있다.

4 효율적 계산 TIP

(1) 공통 인수 활용하기
수나 식을 정리할 때 공통인수를 활용하면 좀 더 효율적인 계산이 가능하다.

1) 공통인수를 이용한 수의 연산

- $25 \times 72 + 75 \times 14 = 25 \times 6 \times 12 + 75 \times 2 \times 7 = 150 \times (12 + 7) = 150 \times 19 = 2{,}850$
- $\dfrac{25}{2} - \dfrac{25}{3} = 25 \times (\dfrac{1}{2} - \dfrac{1}{3}) = 25 \times (\dfrac{1}{6}) = \dfrac{25}{6}$

2) 공통인수를 이용한 수의 비교

- 18×550 vs 25×384
  - $\Rightarrow 2 \times 9 \times 50 \times 11$ vs $25 \times 4 \times 96$
    - $\Rightarrow 100 \times 99$ vs 100×96
      - $\Rightarrow 99$ vs 96

3) 공통인수를 이용한 식의 정리

- 자산＝자본＋부채, 부채비율＝$\dfrac{부채}{자본}$
  - 자산＝자본＋부채비율×자본＝자본×(1＋부채비율)

✅ 배수판단법

배수판단법을 이용하면 인수를 빠르게 파악할 수 있다. 배수판단법을 통해 어떤 인수가 포함되어 있는지를 안다면 소인수분해를 하거나, 공통인수로 묶을 때 더 빠른 계산이 가능하다.

2의 배수	일의 자리가 0, 2, 4, 6, 8
5의 배수	일의 자리가 0, 5
4의 배수	십의 자리 이하의 수가 4의 배수
8의 배수	백의 자리 이하의 수가 8의 배수
3의 배수	각 자릿수의 합이 3의 배수
9의 배수	각 자릿수의 합이 9의 배수
6의 배수	2의 배수이고, 3의 배수
12의 배수	4의 배수이고, 3의 배수
18의 배수	2의 배수이고, 9의 배수
36의 배수	4의 배수이고, 9의 배수

(2) 암기하면 도움 되는 수

일부 자주 쓰이는 연산에 관한 값들을 암기하고 있으면 빠른 계산에 도움이 된다.

1) 제곱수

10^2	11^2	12^2	13^2	14^2	15^2	16^2	17^2	18^2	19^2
100	121	144	169	196	225	256	289	324	381

2) 거듭제곱

2^2	2^3	2^4	2^5	2^6	2^7	2^8	2^9	2^{10}
4	8	16	32	64	128	256	512	1024

3^2	3^3	3^4	3^5
9	27	81	243

5^2	5^3	5^4
25	125	625

3) 특정 분수값

$\frac{1}{2}$	$\frac{1}{3}$	$\frac{1}{4}$	$\frac{1}{5}$	$\frac{1}{6}$	$\frac{1}{7}$	$\frac{1}{8}$	$\frac{1}{9}$	$\frac{1}{10}$
50%	33.3%	25%	20%	16.7%	14.3%	12.5%	11.1%	10%

4) 특정 연산의 결과

- $1+2+3+4+5 = 15$
- $1+2+4+\cdots +8+9+10 = 55$
- $1+3+5+\cdots (2k-1) = k^2$

(3) 연산 단계 줄이기

1) 증가율 계산 단계 줄이기

증가율을 계산할 때는 해당 시기의 자료값에서 이전 시기의 자료값을 빼는 연산단계가 있다. 하지만 다음과 같이 차를 구하는 단계를 생략하고 분수 비교 가능하다.

1월	2월	3월
88개	173개	440개

- 1월 대비 2월 증가율 vs 2월 대비 3월 증가율

$$\dfrac{173-88}{88} \text{ vs } \dfrac{440-173}{173} \Rightarrow \dfrac{173}{88}-1 \text{ vs } \dfrac{440}{173}-1$$

$$\Rightarrow \dfrac{173}{88} \text{ vs } \dfrac{440}{173} \Rightarrow \text{1월 대비 2월 비율 vs 2월 대비 3월 비율}$$

- 1월대비 2월 증가율 vs 2월 대비 3월 증가율
  ⇒ 1월 대비 2월 비율 vs 2월 대비 3월 비율

※ 보통 증가율이 100%를 넘는 경우 사용하면 효율적이다.

2) 비율 계산 단계 줄이기 1

다음과 같이 일부 자료가 주어지지 않은 상황에서 주어지지 않은 값을 계산하지 않고 비율의 비교가 가능하다.

남자	여자	전체
88	113	( )

- 전체 대비 남자의 비율 vs 40%

$$\dfrac{\text{남자}}{\text{남자 + 여자}} \; vs \; 40\%$$

⇒ 남자 vs (남자+여자)×40%

⇒ 남자×(100%-40%) vs 여자×40%

$$\Rightarrow \dfrac{\text{남자}}{\text{여자}} \; vs \; \dfrac{40\%}{60\%}$$

위와 같이 수식으로 정리하는 것 보다 다음의 예시와 같이 상대적인 관계를 파악하여 직관적으로 이해하는 것이 실전에서 적용이 빠를 것이다.

남자	여자	전체
88	113	( )
40%	60%	100%
4k	6k	10k

이때 남자의 비율이 40%가 되는 상황이면 다음과 같은 비례관계가 성립한다.

▶ 「남자 : 여자 = 40% : 60%」 ⇒ 「$\dfrac{남자}{여자} = \dfrac{40\%}{60\%}$」이다.

그런데 전체 대비 남자 비율이 40% 보다 작다면 남자는 40% 미만 여자는 60% 초과가 되므로 「$\dfrac{남자}{여자} < \dfrac{40\%}{60\%} \Rightarrow \dfrac{남자}{여자} < \dfrac{2}{3}$」이다.

남자	여자	전체
88	113	( )
40% 보다 감소	60% 보다 증가	100% 변함 없음

반대로 전제 대비 남자 비율이 40% 보다 크다면 남자는 40% 초과 여자는 60% 미만이 되므로 「$\dfrac{남자}{여자} > \dfrac{40\%}{60\%} \Rightarrow \dfrac{남자}{여자} > \dfrac{2}{3}$」이다.

남자	여자	전체
88	113	( )
40% 보다 증가	60% 보다 감소	100% 변함 없음

결국 전체(남자와 여자의 합) 대비 남자의 비율은 전체의 값을 계산하지 않아도 여자 대비 남자의 비율로 바꾸어 계산하는 것이 효율적이다.

몇 가지 예를 정리해 보면 다음과 같다.

남자	여자	전체(c=a+b)
a	b	( )

➲ 전체 대비 남자의 비율이 10% 이상?

남자(a)	여자(b)	전체(c=a+b)
10%	90%	100%

➥ 여자 대비 남자의 비율이 $\dfrac{10\%}{90\%}$ 이상? ⇒ $\dfrac{a}{b} \geq \dfrac{1}{9}$

➥ 여자가 남자의 9배 이하? ⇒ $9a \geq b$

➲ 전체 대비 남자의 비율이 20% 이상?

남자(a)	여자(b)	전체(c=a+b)
20%	80%	100%

➥ 여자 대비 남자의 비율이 $\dfrac{20\%}{80\%}$ 이상? ⇒ $\dfrac{a}{b} \geq \dfrac{1}{4}$

➥ 여자가 남자의 4배 이하? ⇒ $4a \geq b$

⊃ 남자가 전체의 $\frac{1}{7}$ 이상?

남자(a)	여자(b)	전체(c=a+b)
k	6k	7k

➥ 남자가 여자의 $\frac{1}{6}$ 이상? ⇒ $\frac{a}{b} \geq \frac{1}{6}$

➥ 여자가 남자의 6배 이하? ⇒ $6a \geq b$

⊃ 전체가 남자의 3배 이상?

남자(a)	여자(b)	전체(c=a+b)
k	2k	3k

➥ 남자가 여자의 $\frac{1}{2}$ 이하? ⇒ $\frac{a}{b} \leq \frac{1}{2}$

➥ 여자가 남자의 2배 이상 ⇒ $2a \leq b$

3) 비율 계산 단계 줄이기 2

아래의 경우는 전체를 구성하는 일부 자료가 주어지지 않은 상황이다. 원리는 같기 때문에 같은 방식으로 계산을 간단하게 할 수 있다.

남자(a)	여자(b)	전체(c=a+b)
a	( )	c

⊃ 남자가 여자의 3배 이상?

남자(a)	여자(b)	전체(c=a+b)
3k	k	4k

➥ 남자는 전체의 $\frac{3}{4}$ 이상? ⇒ $\frac{a}{c} \geq \frac{3}{4}$

⊃ 남자가 여자의 25% 이상?

남자(a)	여자(b)	전체(c=a+b)
25%	100%	125%
k	4k	5k

➥ 남자는 전체의 $\frac{1}{5}$ 이상? ⇒ $\frac{a}{c} \geq \frac{1}{5}$

➥ 전체는 남자의 5배 이하? ⇒ $5a \geq c$

(4) 수의 특징을 이용한 정답 고르기

1) 계산식의 일부만 이용하여 선택지 고르기

선택지가 수로 주어진 경우에는 계산을 다 하지 않고 계산식의 수치 특성을 이용하여 선택지 정답을 고를 수 있다.

1,135+45,678+3,456+2,345+453+123+999

① 54,182 ② 54,185 ③ 54,189 ④ 54,203 ⑤ 54,211

- 일의 자리만을 더해보면 39
  ➤ 계산식의 일의 자리 9

위의 문제에서 주어진 계산의 일의 자리만 계산해보면 일의 자리가 9로 끝난다는 것을 알 수 있고, 3번 선택지를 정답으로 고를 수 있다.

2) 배수를 활용하여 선택지 고르기

123+232+101×54

① 5,809 ② 5,819 ③ 5,829 ④ 4,805 ⑤ 4,815

- 123+232+101×54
  ➤ 123은 3으로 나눈 나머지가 0
  ➤ 232는 3으로 나눈 나머지가 1
  ➤ 101×54는 3으로 나눈 나머지가 0
  ➤ 「123+232+101×54」은 3으로 나눈 나머지가 1

위에서 주어진 계산은 일의 자리가 9로 끝나야 한다. 해당되는 선택지가 3개인데, 이런 경우에는 10의 자리까지 계산해보거나, 특정수로 나눈 나머지가 일치하는 지로 선택지를 고를 수 있다. 주어진 계산을 3으로 나눈 나머지를 계산해보면 1이고, 남은 선택지 중에 3으로 나눈 나머지가 1인 선택지는 1번이다.

> ☑ 나머지를 판단할 때 앞에서 배수 판정법을 활용할 수 있다. 예를 들어 1,234,567은 5로 나누면 나머지가 2, 2로 나누면 나머지가 1이라는 것을 1의 자리만 보고 알 수 있다. 1,234,567을 3으로 나눈 나머지는, 자릿수의 합이 28이고 28을 3으로 나눈 나머지인 1과 같다.

(5) 반대상황 이용하기

반대되는 상황을 파악하는 것이 쉬운 경우가 있다. 이러한 상황을 발견하고 이용하면 시간을 단축할 수 있다.

다음 10개의 수를 큰 순서대로 나열할 때 9번째 수는?

5500 , 5414 , 3451 , 2490 , 6901 , 4392 , 9043 , 1421, 2740, 4991

➥ 큰 순서대로 9번째 ⇒ 작은 순서에서 2번째

위에서 주어진 자료가 10개이므로 큰 순서대로 9번째 수는 작은 순서에서 2번째에 해당한다. 따라서 작은 순서대로 살펴보면 2,490이 작은 순서에서 2번째이고 큰 순서대로 하면 9번째라는 것을 쉽게 알 수 있다.

(6) 효율적으로 단위 처리하기

1) 단위를 무시하고 수 배열만으로 판단

$$\frac{10{,}246\text{백억}}{21.8\text{천만}} \quad \text{vs } 45\text{만}$$

→ $\dfrac{10{,}246}{218} = $ 약 47···

일반적으로 자료해석에서 대소관계를 묻는 경우 단위 자체가 확연하게 다른 경우는 거의 없다. 어느 정도 비슷한 크기를 비교하는 경우가 대부분일 것이다. 따라서 단위를 크게 고려하지 않고 계산 결과가 어떤 수의 배열로 시작하는지만 가지고 대소관계를 판단할 수 있다.

위에서는 계산 결과가 '47······'로 시작하기 때문에 45만보다 크다고 판단해도 무난하다. 물론 가끔은 자릿수 자체가 확연하게 다른 수치의 대소관계를 묻는 경우도 있지만 흔하지는 않다.

2) 값이 큰 복잡한 단위를 처리하는 방법

$$\frac{10{,}246\text{백억}}{21.8\text{천만}}$$

① 47만   ② 47십만   ③ 47백만   ④ 47천만

- 백억 ⇒ 백: 0이 2개, 억:0이 8개
- 천만 ⇒ 천: 0이 3개, 만:0이 4개

→ $\dfrac{10{,}246}{21.8}$천 = 470천 = 47만

만, 천, 억, 백억 등 자릿수가 긴 수치에 대한 곱셈이나 나눗셈의 경우 단위를 처리하는 것이 쉽지 않다. 하지만 문자로 주어진 단위를 0의 개수가 몇 개인지로 인지해두면 비교적 간단하게 처리할 수 있다.

[TIP]

긴 자릿수를 처리하는 것이 능숙하지 않다면 자신만의 처리방법을 만들어 가는 것이 중요하다. 예를 들어 다음과 같은 방식으로 처리하는 것도 좋을 것이다.

- $\dfrac{534{,}312{,}131}{23{,}312 \times 1{,}213}$

→ $\dfrac{534\text{천천}}{23\text{천} \times 12\text{백}} \Rightarrow \dfrac{534\text{십}}{276} \Rightarrow$ 약 19

(7) 가평균, 편차 이용하기

1) 가평균을 이용한 평균 계산

크기가 비슷한 여러 수의 평균을 계산할 때에는 간단한 수를 가평균으로 설정하고 계산하는 것이 효율적이다.

「87, 92, 83, 98, 89」의 평균

• 가평균을 90으로 두고 평균을 계산하면

$$\rightarrow 90 + \frac{-3+2-7+8-1}{5} = 90 - 0.2 = 89.8$$

2) 편차를 활용한 대소 판단

「87, 92, 83, 98, 89」의 평균 vs 90

• 자료들과 90과의 편차

	87	92	83	98	89
변수 − 90	−3	+2	−7	+8	−1

• 편차의 합 = −1

 ➥ 「87, 92, 83, 98, 89」의 평균 < 90

A의 합 vs B의 합

A	56	842	83	98	19
B	55	838	84	98	22

• A−B

A	56	842	83	98	19
B	55	838	84	98	22
A−B	+1	+4	−1	0	−3

• 'A−B' 항목의 총합 = +1

 ➥ A의 합 > B의 합

(8) 덜어내고 채우기(메꾸기)

여러 자료값의 합을 계산할 때 유용하다.

1) 특정 값을 기준으로 메꾸기

크기가 유사한 여러 수를 더할 때는 기준값을 이용하여 큰 부분에서 작은 부분을 채우는 식으로 정리하면 효율적인 계산이 가능하다.

$$6+6+4+7+6+7+6+5+5+7$$

- 기준값을 6으로 설정

➡ 6+6+4+7+6+7+6+5+5+7
       6 6   6   6   6

➡ $6 \times 9 + 5 = 59$

2) 보수를 활용한 덧셈, 뺄셈

더해서 10, 100, '1,000' 등이 되는 두 수의 관계를 보수 관계라고 한다. 우리는 십진법에 익숙하기 때문에 10, 100, '1,000' 등을 기준으로 채우면 연산이 더 간단해진다.

- $2+5+8+12+13+99+27 = (2+8)+(5+12+13)+(99+1)+(27-1)$
$$= 10+30+100+26 = 166$$
- $94-29 = (94+1)-(29+1) = 95-30 = 65$

3) 그래프에서 덜어내고 채우기

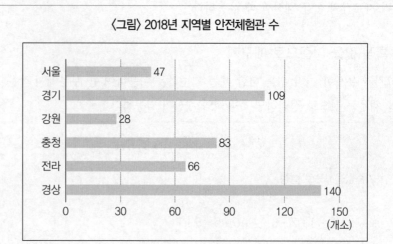

〈그림〉 2018년 지역별 안전체험관 수

Q. 2018년 지역별 안전체험관 수의 합 vs 420
- 지역이 6개이므로
  ➡ 2018년 지역별 안전체험관 수 평균 vs 70

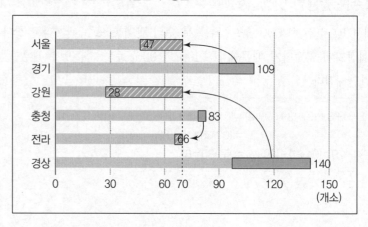

➡ 2018년 지역별 안전체험관 수 평균 > 70
➡ 2018년 지역별 안전체험관 수의 합 > 420

(9) 누적 증가율의 어림산

2번 이상 증가율을 적용하는 경우에는 계산이 복잡하다. 이때 상대적으로 작은 값을 과감하게 버려서 어림산할 수 있다.

• A회사 3월 매출액 vs B회사 3월 매출액

	1월매출액	전월대비매출액증가율	
		2월	3월
A회사	1,000만원	15%	12%
B회사	800만원	30%	10%

➡ A회사 3월 매출액: 1,000만원×(1.15)×(1.12)
➡ B회사 3월 매출액: 8,000만원×(1.2)×(1.2)

위의 계산처럼 증가율을 두 번 이상 적용한 결과를 비교할 경우 곱셈 인수가 3개라서 비교가 쉽지 않다.

이 경우 다음과 같이 계산하면 좀더 효율적이다.

증가율이 a, b 두 번 증가한 경우 증가한 배율

• $(1+a)(1+b)=1+a+b+ab$

➡ A 회사: $(1+0.15)(1+0.12)=1+0.15+0.12+0.018=1.288$
$$\Rightarrow 약 1.27 \Rightarrow 27\% 증가$$
➡ B 회사: $(1+0.30)(1+0.10)=1+0.30+0.10+0.03=1.43$
$$\Rightarrow 약 1.40 \Rightarrow 약 40\% 증가$$

A 회사의 증가율이 적용된 경우를 나누어서 전개하면 0.018은 상대적으로 매우 작은 값이다. 따라서 15% 증가하고 12% 증가한 경우는 약 27% 증가했다고 판단하면 된다. 오차를 감안하면 27% 증가한 값보다 살짝 클 것이다.

• A회사 3월 매출액: 1,000만원에서 약 27% 증가 ⇒ 약 1,270만원
• B회사 3월 매출액: 800만원에서 약 40% 증가 ⇒ 약 1,120만원

따라서 위의 예시를 이와 같이 처리하면 A, B 회사의 3월 매출액을 다음과 같이 어림산 할 수 있다.

두 회사의 3월 매출액 차이가 오차를 감안해도 비교가 충분히 가능한 정도이므로 A회사의 3월 매출액이 더 크다고 판단 가능하다.

(10) 역 증가율의 어림산

• A회사 1월 매출액 vs B회사 1월 매출액

	2월매출액	전월대비매출액증가율
A회사	1,000만원	13%
B회사	800만원	−20%

➡ A회사 1월 매출액: $\dfrac{1,000만\ 원}{1.13}$ ➡ B회사 1월 매출액: $\dfrac{800만원}{0.8}$

이전 시기 대비 증가율은 빈출되는 자료이다. 이러한 형식의 자료가 주어지면 반드시 주어지지 않은 이전 시기의 자료값에 대해 묻는다. 그리고 위의 계산식과 같이 증가한 배율로 나누어서 이전 시기의 값을 구해야 한다.

하지만 어림산한 결과로 비교 가능하기 때문에 대략적인 값을 다음과 같이 계산해 볼 수 있다.

• 1월 매출액: a, 1월 대비 증가율: 10%

➡ 2월 매출액: a(1+0.1)
➡ 2월 매출액 기준으로 10% 감소한 값: a(1+0.1)(1−0.1)=a(1+0.1−0.1−0.01)=a(0.99)

위에서 정리한 결과를 보면 2월 매출액이 전월 대비 10% 증가한 경우 2월 매출액을 기준으로 다시 10% 감소시키면 전월 매출액의 99%가 된다. 이 값은 전월 매출액과 같은 값은 아니지만 거의 유사하다.

따라서 해당 시기의 자료값을 이전 시기 증가율만큼 감소시키면 대략적인 이전 시기의 자료값을 어림산할 수 있다. 그리고 그 값은 정확한 이전 시기 값보다 작은 값이기 때문에 오차의 방향을 고려하면 정확한 값은 어림산한 결과보다 살짝 더 클 것이다.

• A회사 1월 매출액 vs B회사 1월 매출액

	2월매출액	전월대비매출액증가율
A회사	1,000만원	13%
B회사	800만원	−20%

➡ A회사 1월 매출액: 1,000만원의 13%는 130만원이므로
   ⇒ 「1,000만원−130만원」=약 870만원(실제 값은 이보다 살짝 더 큼)
➡ B회사 1월 매출액: 800만원의 20%는 160만원이므로
   ⇒ 「800만원+160만원」=약 960만원(실제 값은 이보다 살짝 더 큼)

위와 같은 방식으로 이전 시기의 값을 어림산할 수 있고, 그 결과는 오차를 감안해도 대소관계가 분명하다면 바로 판단해도 된다. 그리고 만약 값의 차이가 미묘하다면 분수 비교 방법을 이용하여 더 정확하게 판단하면 될 것이다.

(11) 실수자료와 상대자료의 비례관계 이용하기

• P회사의 상품별 매출액

	매출액	매출액 비율
A	1,500만원	33%
B	800만원	( )
C	( )	10%
D	( )	( )
E	( )	22%
전체	( )	100%

➡ 전체 매출액: $\dfrac{\text{A상품의 매출액}}{\text{A상품의 매출액 비율}} = \dfrac{1,500\text{만원}}{33\%}$

➡ B상품의 매출액 비율: $\dfrac{800\text{만원}}{\text{전체 매출액}} = \dfrac{800\text{만원}}{\dfrac{\text{A상품 매출액}}{33\%}}$

➡ E상품의 매출액: 전체 매출액×E상품 매출액비율$= \dfrac{1,500\text{만원}}{33\%} \times 22\%$

위와 같이 전체를 구성하는 부분의 실숫값과 비율이 주어진 자료를 자주 볼 수 있다. 이 경우 빈칸에 주어진 값을 묻는 경우가 많고, 이러한 값을 구하려면 계산과정이 필요하다.

하지만 이 경우에는 다음과 같은 비례관계를 활용하는 것이 효율적이다.

• 전체 매출액: A 매출액=100% : 33% ⇒ 약 3 : 1
  ➡ 따라서 전체 매출액은 약 4,500만원 (이보다 살짝 큼)

• A상품 매출액: B상품 매출액=A상품 매출액 비율 : B상품 매출액 비율
  ⇒ 1,500만원 : 800만원=33% : ( )
  ➡ 800만원이 1,500만원 절반보다 살짝 큼
    ➡ B상품 매출액은 16.5%보다 조금 더 큰 값임, 17~18%정도로 추정.

• A상품 매출액: E상품 매출액=A상품 매출액 비율 : E상품 매출액 비율
  ⇒ 1,500만원 : ( )=33% : 22%
  ➡ 33% : 22%는 3 : 2 이므로 1,500만원의 $\dfrac{2}{3}$은 1,000만원
    ➡ E상품 매출액은 1,000만원

위의 결과처럼 비율의 식을 정리하여 계산하지 않고 비율과 실숫값의 비례관계를 활용하면 훨씬 직관적이고 빠르게 결과를 도출할 수 있다.

(12) 선택지에 주어진 값 이용하기

〈표〉 A회사의 1월, 2월 매출액

	1월	2월
매출액	283만원	315만원

Q. 3월의 2월 대비 매출액 증가율이 1월 대비 2월의 매출액 증가율과 같다면 3월 매출액은 340만원 이상이다.

➡ 3월 매출액 = 2월 매출액 × (1 + '1월 대비 2월 매출액 증가율')

$$= 315만원 \times (1 + \frac{315만원 - 283만원}{283만원})$$

$$= 315만원 \times (\frac{315만원}{283만원})$$

만약 위의 지문에서와 같이 1월 대비 2월의 매출액 증가율을 계산하고 이 값을 활용하여 다시 3월의 매출액을 계산한다는 것은 결코 쉽지 않은 계산이다.

이 경우에는 다음과 같이 선택지 지문에 주어진 340만원이라는 값을 활용하는 것이 효율적이다.

- 3월의 매출액을 340만원이라고 가정
➡ 1월 대비 2월 매출액 증가율 vs 2월 대비 3월 매출액 증가율

$$\Rightarrow \frac{315만원 - 283만원}{283만원} \text{ vs } \frac{340만원 - 315만원}{315만원}$$

$$\Rightarrow \frac{32만원}{283만원} \text{ vs } \frac{25만원}{315만원} \Rightarrow \frac{32만원}{283만원} > \frac{25만원}{315만원}$$

➡ 1월 대비 2월 매출액 증가율 > 2월 대비 3월 매출액 증가율
⇒ 지문에서 2월 대비 3월 매출액 증가율이 1월 대비 2월 매출액 증가율과 같다고 하였으므로 2월 대비 3월 매출액 증가율은 위의 계산보다 더 커져야 함.
⇒ 따라서 3월 매출액이 340만원보다 커야함

위와 같이 선택지에서 판단의 기준으로 주어진 340만원 이용해서 지문의 정오를 판단할 수 있다. 여러가지 상황에서 이용할 수 있으나 특히 가정형 지문에서 활용도가 높다.

(13) 가중치를 간단한 정수비로 바꾸어 비교하기

가중치를 적용하여 합을 구하거나 가중평균을 구한 후 비교해야 하는 상황에서 가중치의 값을 간단한 정수비로 변경하면 계산이 좀 더 간단하다.

• 가중치를 적용한 갑, 을, 병 점수의 순위는?

과목	가중치	갑	을	병
국어	0.2	87점	75점	74명
영어	0.4	60점	80점	83점
수학	0.2	78점	84점	77점

⇓

과목	가중치	갑	을	병
국어	1	87점	75점	74명
영어	2	60점	80점	83점
수학	1	78점	84점	77점

위 계산에서 어차피 상대적으로 비교하는 상황이므로 가중치를 간단하게 정수비로 변환한다면 계산이 보다 효율적이다.

그리고 상대적인 대소를 비교하는 상황이므로 기준값을 설정하고 편차를 활용해 계산하면 더 간단하게 비교가 가능할 것이다.

• 70점을 기준값으로 설정하고 편차를 계산

가중치	가중치	갑	을	병
	기준값	70점	70점	70점
국어	1	+17점	+5점	+4점
영어	2	−10점	+10점	+13점
수학	1	+8점	+14점	+7점

⇓

갑	갑	을	병
국어	+17점	+5점	+4점
영어	−20점	+20점	+26점
수학	+8점	+14점	+7점
합계	+5점	+39점	+37점

⮕ 을 > 병 > 갑

(14) 가중평균을 활용할 수 있는 상황 이해하기

가중평균의 원리는 평균, 비율, 증가율 등 다양한 상황에서 활용할 수 있다. 아래의 경우들은 점수 평균에 대한 예시이지만, 비율이나 증가율에서도 같은 방식으로 적용이 가능하다.

1) 가중 평균의 직관적 이해

• 전체 평균 vs 70점			
	남자	여자	전체
인원	25명	75명	100명
점수	60점	80점	( )

➡ 여자의 인원이 더 많기 때문에 전체 평균은 남자와 여자의 산술평균을 기준으로 여자 점수로 치우쳐야 하므로 70점보다 크다.

가중평균을 직관적으로 이해하면 자료의 도수가 더 많은 쪽으로 평균이 치우친다. 따라서 항목이 2개인 경우에는 산술평균을 기준으로 도수가 더 많은 항목의 값에 평균이 더 가깝다.

2) 가중 평균의 활용

① 전체 평균 계산

	남자	여자	전체
인원	25명	75명	100명
점수	60점	80점	( )

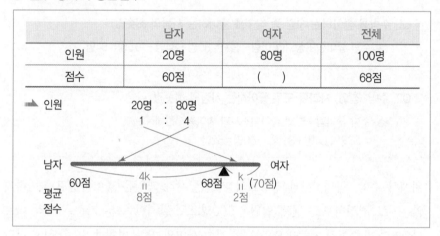

② 일부 항목의 평균점수

	남자	여자	전체
인원	20명	80명	100명
점수	60점	( )	68점

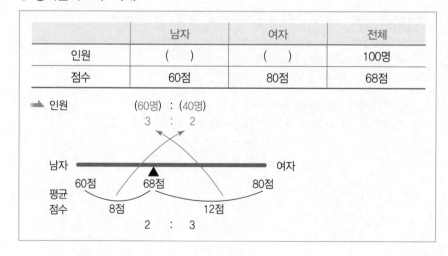

③ 항목들의 도수 비례

	남자	여자	전체
인원	( )	( )	100명
점수	60점	80점	68점

(15) 최소 교집합을 이용할 수 있는 상황 이해하기

구분기준이 다른 집단(기준이 다른 두 집합)의 총합이 전체보다 큰 경우 공통범위의 최솟값을 구할 수 있다.

비율자료에서는 구분기준이 다른 집단의 총비율의 합이 100%를 넘는 경우에 공통범위의 최소비율을 알 수 있다.

1) 실수자료에서 최소 교집합의 활용

〈표〉 100명의 과일 선호도

선호도＼과일	수박	참외	사과
좋아함	80명	84명	88명
싫어함	20명	16명	12명

※ 조사대상 한 사람이 여러개의 과일을 좋아한다고 대답할 수 있음

Q1. 수박을 좋아하는 사람 중 참외를 좋아하는 사람의 최솟값

➡ 수박 좋아함＋참외 좋아함－전체＝80명＋84명－100명＝64명

Q2. 수박, 참외, 사과를 모두 좋아하는 사람의 최솟값

➡ 수박 좋아함＋참외 좋아함＋사과 좋아함－전체×2
＝80명＋84명＋88명－200명＝52명

위에서 수박, 참외, 사과 선호도의 기준은 각각 과일은 좋아하는지 좋아하지 않는지로 결정하므로 전체 인원은 100명으로 같지만 구분 기준은 각각 다르다. 따라서 주어진 자료만으로는 두 기준 사이의 공통 범위를 알 수 없고 다만 범위를 알 수 있을 뿐이다. 따라서 앞에서 정리한 다음과 같은 최소 교집합의 공식을 적용하여 두 집단 사이의 최솟값을 계산할 수 있다.

- 두 집합 사이 교집합의 최소 범위
  $n(A \cap B) \geq n(A) + n(B) - n(U)$
- 세 집합 사이 교집합의 최소 범위
  $n(A \cap B \cap C) \geq n(A) + n(B) + (C) - n(U) \times 2$

2) 비율 자료에서 최소 교집합의 활용

〈표〉 500명의 과일 선호도

선호도 \ 과일	수박	참외	사과
좋아함	80%	84%	88%
싫어함	20%	16%	12%

※ 조사인원은 각각의 과일마다 좋아함 또는 싫어함으로 대답함.

Q1. 수박을 좋아하는 사람 중 참외를 좋아하는 사람의 최솟값

➡ 수박 좋아함＋참외 좋아함－전체＝80%＋84%－100%＝64%

➡ 500명×64%＝320명

Q2. 수박, 참외, 사과를 모두 좋아하는 사람의 최솟값

➡ 수박 좋아함＋참외 좋아함＋사과 좋아함－전체×2

  ＝80%＋84%＋88%－200%＝52%

➡ 500명×52%＝260명

☑ 위의 자료에서 만약 선호도의 조사를 주어진 과일 중에 가장 좋아하는 과일을 선택하게 한 경우라면 수박과 참외를 동시에 좋아하는 공통범위 자체가 성립하지 않음을 주의해야 한다. 따라서 〈표〉에서 주어진 항목들의 이름만 가지고 관계를 파악하면 안되고 전체적은 수의 구성과 〈각주〉 등을 종합적으로 이해해야 한다.

강필
PSAT
자료해석 기본서

CHAPTER

05

유형별 실전문제

CHAPTER

5 유형별 실전문제

문항을 접하면 발문, 자료의 제목, 단위, 각주의 역할, 주 자료의 특성, 선택지의 특징 등을 빠르게 스캔하여 어떠한 스타일의 문제인지 파악하는 것이 중요하다. 이 챕터의 유형별 연습을 통해 지금까지 학습해 온 자료해석 문항 파악 방법들을 연습해볼 수 있을 것이다.

여기에 정리해 둔 문항 유형은 필자가 임의로 분류해 둔 것이며 빠른 시간 안에 파악해야 하는 내용과 주의점들을 정리해 두었다. 사실 자료해석 문항은 명확하게 유형 분류하기가 쉽지 않다. 하지만 비교적 출제빈도가 높고 자료나 문제해결 아이디어 특징이 뚜렷한 기준으로 분류해 두었기 때문에 분명 유사한 많은 문제를 접하게 될 것이라고 생각한다.

이를 바탕으로 기출문제, 모의고사 등의 문제를 접했을 때 문항의 주요 사항들을 체크해보는 습관을 기를 수 있길 바란다.

자료 형태	1. 계층구조	2021년 7급 나형 13번
	2. 복수자료	2020년 7급 모의평가 16번
	3. 분할표	2019년 5급 가형 5번
	4. 시계열 자료	2021년 7급 나형 8번
	5. 순위표	2021년 5급 가형 11번
	6. 짝표	2021년 7급 나형 9번
	7. 꺾은선, 막대 그래프	2021년 7급 나형 3번
	8. 분산 그래프	2020년 민경 가형 20번
	9. 괄호 채우기	2021년 7급 나형 4번
	10. 특수 형태 자료	2021년 5급 가형 12번
	11. 조건, 정보, 규칙 제시형	2021년 5급 가형 15번
상대 자료	12. 비율자료	2020년 5급 나형 36번
	13. 구성비, 증가율	2020년 7급 모의평가 20번
	14. 지수자료	2020년 5급 나형 22번
	15. A 당 B	2020년 7급 모의평가 23번
보고서형	16. 보고서형 선택지	2021년 5급 가형 35번
	17. 보고서와 부합하는 표 그림	2020년 7급 모의평가 1번
	18. 보고서 작성에 주가로 필요한 자료	2021년 5급 가형 19번
	19. 일부 값이 주어지지 않은 보고서	2020년 7급 모의평가 21번
특수 유형	20. 표−그림 변환형	2020년 7급 모의평가 10번
	21. 매칭형	2020년 7급 모의평가 11번
수리계산형	22. 구조 이해 계산	2021년 7급 나형 11번
	23. 조건 적용 계산	2021년 7급 나형 5번
	24. 퀴즈형	2020년 5급 나형 39번

문 1.

다음 〈표〉는 '갑'국의 2020년 농업 생산액 현황 및 2021~2023년의 전년 대비 생산액 변화율 전망치에 관한 자료이다. 이에 대한 〈보기〉의 설명 중 옳은 것만을 모두 고르면?

〈표〉 농업 생산액 현황 및 변화율 전망치

(단위: 십억 원, %)

구분		2020년 생산액	전년 대비 생산액 변화율 전망치		
			2021년	2022년	2023년
농업		50,052	0.77	0.02	1.38
재배업		30,270	1.50	−0.42	0.60
축산업		19,782	−0.34	0.70	2.57
	소	5,668	3.11	0.53	3.51
	돼지	7,119	−3.91	0.20	1.79
	닭	2,259	1.20	−2.10	2.82
	달걀	1,278	5.48	3.78	3.93
	우유	2,131	0.52	1.12	0.88
	오리	1,327	−5.58	5.27	3.34

※ 축산업은 소, 돼지, 닭, 달걀, 우유, 오리의 6개 세부항목으로만 구성됨.

┤ 보기 ├

ㄱ. 2021년 '오리' 생산액 전망치는 1.2조 원 이상이다.

ㄴ. 2021년 '돼지' 생산액 전망치는 같은 해 '농업' 생산액 전망치의 15 % 이상이다.

ㄷ. '축산업' 중 전년 대비 생산액 변화율 전망치가 2022년보다 2023년이 낮은 세부항목은 2개이다.

ㄹ. 2020년 생산액 대비 2022년 생산액 전망치의 증감폭은 '재배업'이 '축산업'보다 크다.

① ㄱ, ㄴ
② ㄱ, ㄷ
③ ㄴ, ㄹ
④ ㄱ, ㄷ, ㄹ
⑤ ㄴ, ㄷ, ㄹ

발문	• 자료 요약 • 옳은 것 취합
제목	• 주 자료 요약
단위 항목	• 실수자료: 생산액 (십억원) • 상대자료: 변화율 전망치 (%) • 주 자료(십억원) 와 보기 지문 (조 원)으로 단위 다르므로 주의

주 자료	• 계층구조 표
	  − 농업 ⊃ 재배축산 ⊃ 6개 세부항목
	  − '~ 중 ~' 표현 주의
	• 시계열(2020~2023년)
	• 상대자료(변화율):
	  2021~2023년 생산액은 제시되지 않았으나 계산가능함

각주	• 자료 범위 한정
선택지	ㄱ. 단순연산 ㄴ. 단순연산 ㄷ. 단순읽기 ㄹ. 단순연산

▶ 자료 이해 ///

• 농업이 최상위 단계인 계층 구조이다. 농업은 재배업과 축산업을 포함하고 있는데, 재배업과 축산업 생산액 합은 농업 생산액과 같으므로 농업은 재배업과 축산업만으로 이루어진다. 축산업은 소, 돼지, 닭, 달걀, 우유, 오리를 포함하는데 〈각주〉를 통해 다른 항목이 없다는 것을 알 수 있다.

> **옳은 지문** ///

ㄱ. (○)

2021년 '오리' 생산액을 1.2조원(1,200십억원)이라고 가정하면 2021년 변화율은

$\ulcorner\dfrac{1,200십억원-1,327십억원}{1,327십억원}=\dfrac{-127십억원}{1,327십억원}\lrcorner$ 으로 약 -10%에 가깝다.

하지만 자료에 주어진 2021년 오리의 전년 대비 생산액 변화율 전망치는 -5.58%이므로 변화량의 절댓값이 더 적어야 한다. 따라서 2021년 '오리' 생산액 전망치는 1,200십억원보다 커야할 것이므로 1.2조원 이상이다.

ㄷ. (○)

〈표〉에 주어진 전망치 수치를 읽어서 판단할 수 있으며, 우유(1.12%→0.88%)와 오리(5.22%→3.34%) 2개 항목이다.

ㄹ. (○)

2020년 생산액 대비 2022년 생산액 전망치는 2021년과 2022년 변화율을 누적해서 계산해야 하면 다음과 같다.

▶ 재배업: 30,270십억원×(1+0.0150)×(1-0.0042)

▶ 축산업: 19,782십억원×(1-0.0034)×(1+0.0070)

'재배업'의 경우 증감폭을 계산하기 위해서 누적된 변화율을 정리하면 다음과 같다.

(1+0.0150)×(1-0.0042)=1+0.0150-0.0042-0.0150×0.0042

이때 0.0150×0.0042의 값은 상대적으로 작기 때문에 무시하고 계산하면 결과는 약 $\ulcorner$1+0.0108$\lrcorner$ 이므로 약1.08%가량 증가했고 증감폭은 $\ulcorner$30,270십억 달러×1.08%$\lrcorner$이다.

'축산업'의 경우 같은 방식으로 정리하면 다음과 같다.

(1-0.0034)×(1+0.0070)=1-0.0034+0.0070+0.0034×0.0070=약 1+0.0036

이때 상대적으로 매우 작은 $\ulcorner$0.0034×0.0070$\lrcorner$을 무시하면 전체적인 증가율은 약 $\ulcorner$1+0.0036$\lrcorner$이므로 약 0.36% 정도 증가했고, 증감폭은 $\ulcorner$19,782십억 달러×0.36%$\lrcorner$이다.

두 결과를 비교하면 다음과 같다.

▶ '재배업' vs '축산업' ⇒ 30,270십억원×1.08% > 19,782십억원×0.36%

따라서 '재배업'이 '축산업'보다 크다.

> **옳지 않은 지문** ///

ㄴ. (×)

2021년 '농업'과 '돼지' 생산액을 계산하면 다음과 같다.

▶ 2021년 '농업' 생산액: 50,052십억 달러×(100%+7.7%)

▶ 2021년 '돼지' 생산액: 7,119십억 달러×(100%-3.91%)

▶ 2021년 '돼지' 생산액 vs 2021년 '농업' 생산액×15%

⇒ 7,119십억달러×(100%-3.91%) vs 50,052십억달러×(100%+7.7%)×15%

⇒ 7,500십억달러 미만 vs 7,500십억달러 이상

이때 2021년 '농업' 생산액의 15%는 50,000십억달러의 15%가 7,500십억달러이므로 7,500십억달러 이상이다. 그런데 2021년 '돼지' 생산액은 7,119십억달러보다 감소하였으므로 7,500십억달러보다 작다.

따라서 15% 미만이므로 옳지 않은 지문이다.

정답 >> ④

문 2.

다음 〈표〉는 2013~2020년 '갑'국 재정지출에 대한 자료이다. 이에 대한 설명으로 옳지 않은 것은?

〈표 1〉 전체 재정지출

(단위: 백만 달러, %)

연도 \ 구분	금액	GDP 대비 비율
2013	487,215	34.9
2014	466,487	31.0
2015	504,426	32.4
2016	527,335	32.7
2017	522,381	31.8
2018	545,088	32.0
2019	589,175	32.3
2020	614,130	32.3

〈표 2〉 전체 재정지출 중 5대 분야 재정지출 비중

(단위: %)

분야 \ 연도	2013	2014	2015	2016	2017	2018	2019	2020
교육	15.5	15.8	15.4	15.9	16.3	16.3	16.2	16.1
보건	10.3	11.9	11.4	11.4	12.2	12.5	12.8	13.2
국방	7.5	7.7	7.6	7.5	7.8	7.8	7.7	7.6
안전	3.6	3.7	3.6	3.8	4.0	4.0	4.1	4.2
환경	3.1	2.5	2.4	2.4	2.4	2.5	2.4	2.4

① 2015~2020년 환경 분야 재정지출 금액은 매년 증가하였다.

② 2020년 교육 분야 재정지출 금액은 2013년 안전 분야 재정지출 금액의 4배 이상이다.

③ 2020년 GDP는 2013년 대비 30 % 이상 증가하였다.

④ 2016년 이후 GDP 대비 보건 분야 재정지출 비율은 매년 증가하였다.

⑤ 5대 분야 재정지출 금액의 합은 매년 전체 재정지출 금액의 35 % 이상이다.

발문
- 자료 요약
- 옳지 않은 것 선택

제목
- 〈표 2〉에서 〈표 1〉의 일부가 세부 분야로 파생됨
- 〈표 2〉에서 5대 분야이므로 다른 분야 존재함을 알 수 있음

단위 항목
- 실수자료: 재정지출 금액 (백만 달러)
- 상대자료
  - GDP 대비 재정지출 금액비율 (%)
  - 기준값: 해당연도 GDP
- 상대자료
  - 재정지출 비중 (%)
  - 가준값: 해당연도 전체 재정지출

주 자료
- 복수자료
- 시계열(2013~2020년)
- 상대자료
  - 자료에 GDP는 제시되지 않았으나 계산 가능함
  - 분야별 재정지출 금액은 주어져 있지 않지만 계산 가능함

각주

선택지
① 단순연산
② 단순연산
③ 단순연산
④ 응용연산
⑤ 단순연산 → 간접비교 가능

> **자료 이해** ///

• 따로 식이 주어진 것은 아니지만 자료의 제목이나 항목 자체에서 대상들의 관계식을 얻을 수 있다.
• 〈표 1〉에서 'GDP 대비 비율' 항목을 이용하여 GDP를 계산할 수 있다.

→ $GDP = \dfrac{\text{전체 재정지출 금액}}{\text{GDP대비 비율}}$

• 〈표 2〉의 비율은 기준값이 해당 연도의 전체 재정지출 금액이고 〈표 1〉에 주어져 있다. 따라서 분야별 비중에 해당하는 금액을 계산할 수 있다.

→ $\text{분야별 재정지출 비중} = \dfrac{\text{분야별 재정지출 금액}}{\text{전체 재정지출 금액}}$

⇒ 분야별 재정지출 금액 = 전체 재정지출×분야별 비중

> **옳은 지문** ///

② (O)

분야별 재정지출 금액은 전체 재정지출금액에 분야별 재정지출 비중을 곱하여 구할 수 있다.

▶ 2020년 교육 분야 재정지출 금액 vs 2013년 안전 분야 재정지출 금액의 4배
⇒ 614,130(백만 달러)×16.1% vs 487,215(백만 달러)×3.6%×4
⇒ 614×16.1 > 487×14.4

③ (O)

GDP는 자료에 제시되어 있지 않기 때문에 '재정지출'금액을 'GDP 대비 비율'로 나누어서 계산하여야 한다.

▶ 2020년 GDP vs 2013년 GDP의 130%

$\Rightarrow \dfrac{614,130(\text{백만 달러})}{32.3\%}$ vs $\dfrac{487,215(\text{백만 달러})}{34.9\%} \times 1.3$

$\Rightarrow \dfrac{614}{323}$ vs $\dfrac{487}{349} \times 1.3 \Rightarrow \dfrac{614}{323}$ vs $\dfrac{633}{349} \Rightarrow \dfrac{614}{323}$ vs $\dfrac{614+19}{323+26}$

$\Rightarrow \ulcorner \dfrac{614}{323}(=1 \text{ 이상})\lrcorner > \ulcorner \dfrac{19}{26}(=1 \text{ 미만})\lrcorner$

④ (O)

GDP 대비 보건 분야 재정지출 비율은 다음과 같은 관계가 있으므로 〈표 1〉의 'GDP 대비 비율' 항목과 〈표 2〉의 보건 분야 재정지출 비중을 곱하여 계산한다.

→ $\text{GDP 대비 보건 분야 재정지출 비율} = \dfrac{\text{보건분야 재정지출 금액}}{\text{GDP}}$

$= \dfrac{\text{전체 재정지출}}{\text{GDP}} \times \dfrac{\text{보건분야 재정지출}}{\text{전체 재정지출}}$

= GDP 대비 재정지출 비율×재정지출 중 보건 분야 재정지출 비율

2017~2020년 동안은 'GDP 대비 비율'과 '보건 분야 재정지출' 모두 증가하므로 이 기간에 GDP 대비 보건 분야 재정지출 비율은 증가한다. 따라서 2016~2017년 기간만 비교하면 된다.

▶ 2016년 vs 2017년 ⇒ 32.7%×11.4% < 31.8%×12.2%

(5% 미만 / 5% 이상)

⑤ (O)

〈표 2〉에서 분야별 재정지출 비중의 기준값은 모두 같은 연도의 '전체 재정지출 금액'으로 동일하다. 따라서 5대 분야에 대한 분야별 재정지출 비중 합이 35% 이상인지 계산하면 된다.

▶ 2013년의 경우: 「15.5%+10.3%+7.5%+3.6%+3.1%=40%」 > 35%
다른 연도도 같은 방식으로 확인하면 모두 35% 이상이다.

옳지 않은 지문

① (×)

2016년과 2017년을 비교해보면 2017년의 재정지출 금액은 감소하였으나 환경 분야 재정지출 비중은 같기 때문에 2017년에는 2016년 대비 감소하였다.

▶ 2016년 vs 2017년

⇒ 527,335(백만달러)×2.4% vs 522,381(백만달러)×2.4% ⇒ 좌변 > 우변

증가 / 동일

따라서 재정지출 금액이 감소한 연도가 있으므로 지문은 옳지 않다.

[TIP]

〈선택지〉③의 계산은 우선 연산관계를 정리해야 하기 때문에 까다로울 수 있다. 그러나 〈선택지〉①에서 정답을 쉽게 결정할 수 있다. 이처럼 자료해석은 까다로운 선택지를 판단하지 않아도 정답이 결정되는 상황이 많다. 까다롭게 느껴지는 지문은 과감하게 넘어가고 확실하게 판단할 수 있는 지문부터 공략하자.

정답 ≫ ①

문 3.   분할표 `2019년 5급 가형 5번`

다음 〈표〉는 A, B 기업의 경력사원채용 지원자 특성에 관한 자료이다. 이에 대한 〈보기〉의 설명 중 옳은 것만을 모두 고르면?

〈표〉 경력사원채용 지원자 특성

(단위: 명)

지원자 특성	기업	A 기업	B 기업
성별	남성	53	57
	여성	21	24
최종 학력	학사	16	18
	석사	19	21
	박사	39	42
연령대	30대	26	27
	40대	25	26
	50대 이상	23	28
관련 업무 경력	5년 미만	12	18
	5년 이상~10년 미만	9	12
	10년 이상~15년 미만	18	17
	15년 이상~20년 미만	16	9
	20년 이상	19	25

※ A 기업과 B 기업에 모두 지원한 인원은 없음

──────┤ 보기 ├──────

ㄱ. A 기업 지원자 중, 남성 지원자의 비율은 관련 업무 경력이 10년 이상인 지원자의 비율보다 높다.

ㄴ. 최종학력이 석사 또는 박사인 B 기업 지원자 중 관련 업무 경력이 20년 이상인 지원자는 7명 이상이다.

ㄷ. 기업별 여성 지원자의 비율은 A 기업이 B 기업보다 높다.

ㄹ. A, B 기업 전체 지원자 중 40대 지원자의 비율은 35 % 미만이다.

① ㄱ, ㄴ   ② ㄱ, ㄷ

③ ㄴ, ㄷ   ④ ㄴ, ㄹ

⑤ ㄷ, ㄹ

> **자료 이해** ///

〈표〉에서 A, B 두 기업의 경력사원채용 지원자를 4가지 특성에 따라 분류한 자료를 제시하고 있다. 이 문제와 같이 항목의 분류가 계층적으로 되어 있는 경우에는 질문하는 대상이 어느 계층에 속하는 항목인지 파악하는 것이 중요하다.

발문
- 자료 요약
- 옳은 것 취합

제목
- 주 자료 요약

단위 항목
- 실수자료: 지원자(명)

주 자료
- 성별, 학력, 연령, 업무경력, 지원기업별로 분할 자료임
- 지원자 특성과 기업사이는 공통자료 주어짐
- 성별, 학력, 연령, 경력 사이 공통 자료 알 수 없으나 공통자료 가능함
- 기업 사이 공통자료 불가능

각주
- 기업별 지원자에 공통자료 없다고 한정

선택지
- ㄱ. 단순연산 – 간접비교 가능
- ㄴ. 범위추론 – 최소교집합
- ㄷ. 단순연산
- ㄹ. 단순연산

ㄴ. (○)

(최종학력이 석사 또는 박사인 B 기업 지원자) 중 (관련 업무 경력이 20년 이상인 지원자)는 두 집단 사이의 교집합이고, 두 집단의 수의 합에서 두 집단을 포함하고 있는 전체집합의 수를 뺀 경우가 최솟값이다.(TIP 참고)

B기업의 전체 지원자의 수는 B기업의 남성과 여성 지원자의 합으로부터 구하면 「57명+24명= 81명」이고, 최종학력이 석사 또는 박사인 지원자는 「21명+42명=63명」, 관련 업무 경력이 20년 이상인 지원자는 25명이므로. (최종학력이 석사 또는 박사인 B 기업 지원자) 중 (관련 업무 경력이 20년 이상인 지원자)는 「63명+25명-81명=7명」이 최솟값이다.

따라서 최종학력이 석사 또는 박사인 B 기업 지원자 중 관련 업무 경력이 20년 이상인 지원자는 7명 이상이다.

ㄹ. (○)

A, B 기업 전체 지원자는 「74명+81명=155명」이고, 40대 지원자의 합은 「25명+26명=51명」이다.

따라서 A, B 기업 전체 지원자 중 40대 지원자의 비율은 「$\frac{51(명)}{155(명)} < \frac{1}{3}=33.3\%$」이므로 35% 미만이다.

ㄱ. (×)

A 기업 지원자 중 남성 지원자의 비율은 「$\frac{A기업의\ 남성지원자}{A\ 기업\ 전체지원자}$」이고, A 기업 지원자 중 10년 이상인 지원자의 비율은 「$\frac{A기업의\ 관련\ 업무경력\ 10년\ 이상\ 지원자}{A\ 기업\ 전체지원자}$」이다.

두 값을 비교할 때, 분모가 A 기업 전체 지원자로 같기 때문에 분자인 남성지원자의 수와 관련 업무 경력이 10년 이상인 지원자의 수를 비교하여 비율의 대소 관계를 파악할 수 있다.

따라서, A 기업의 남성 지원자 수는 53명이고, 관련 업무 경력이 10년 이상인 지원자 수는 「18명 +16명+19명=53명」으로 서로 같기 때문에. A 기업 지원자 중, 남성 지원자의 비율과 관련 업무 경력이 10년 이상인 지원자의 비율은 서로 같다.

ㄷ. (×)

여성 지원자의 비율은 「$\frac{여성지원자}{남성지원자+여성지원자}$」이고, 이 값을 계산해보면

▶ A기업: $\frac{21(명)}{53(명)+21(명)}=\frac{21(명)}{74(명)}=0.25\sim0.3$

▶ B기업: $\frac{24(명)}{57(명)+24(명)}=\frac{24(명)}{81(명)}=0.25\sim0.3$

두 값은 소수범위의 어림산으로 값이 비슷하므로 분수비교해보면 다음과 같다.

▶ $\frac{21(명)}{74(명)}$ vs $\frac{24(명)}{81(명)}$ ⇒ $\frac{21}{74}$ vs $\frac{21+3}{74+7}$ ⇒ $\frac{21}{74}$ vs $\frac{3}{7}$ ⇒ $\frac{21}{74}<\frac{3}{7}$

따라서 기업별 여성 지원자의 비율은 A 기업이 B 기업보다 낮다.

[TIP]

두 집단 사이의 교집합의 범위는 다음과 같은 관계로 구할 수 있다.
$n(A) \le n(B)$라고 가정하면,
$n(A \cap B)=n(A)+n(B)-n(A \cup B)$이고, $n(A \cup B) \le n(U)$이므로,
$n(A)+n(B)-n(U) \le n(A \cap B) \le n(A)$

정답 >> ④

문 **4.** 시계열 자료 `2021년 7급 나형 8번`

다음 〈표〉는 2021~2027년 시스템반도체 중 인공지능반도체의 세계 시장규모 전망이다. 이에 대한 〈보기〉의 설명 중 옳은 것만을 모두 고르면?

〈표〉 시스템반도체 중 인공지능반도체의 세계 시장규모 전망

(단위: 억 달러, %)

구분 \ 연도	2021	2022	2023	2024	2025	2026	2027
시스템반도체	2,500	2,310	2,686	2,832	( )	3,525	( )
인공지능반도체	70	185	325	439	657	927	1,179
비중	2.8	8.0	( )	15.5	19.9	26.3	31.3

┤ 보기 ├

ㄱ. 인공지능반도체 비중은 매년 증가한다.
ㄴ. 2027년 시스템반도체 시장규모는 2021년보다 1,000억 달러 이상 증가한다.
ㄷ. 2022년 대비 2025년의 시장규모 증가율은 인공지능반도체가 시스템반도체의 5배 이상이다.

① ㄷ   ② ㄱ, ㄴ
③ ㄱ, ㄷ   ④ ㄴ, ㄷ
⑤ ㄱ, ㄴ, ㄷ

왼쪽 여백 표:

발문	• 자료 요약 • 옳은 것 취합
제목	• 주 자료 요약
단위 항목	• 반도체 시장 규모 (억 달러) • 상대자료 　– 인공지능 반도체 시장 규모 　　비중(%) 　– 기준값: 시스템반도체 시장 　　규모
주 자료	• 시계열(2021~2027년) • 계층구조 　시스템 반도체 안에 인공지능 　반도체 포함 • 괄호 작성 　인공지능반도체 비중 식으로 　계산 가능
각주	
선 택 지	ㄱ. 괄호연산 → 단순읽기 ㄴ. 괄호연산 → 단순연산 ㄷ. 괄호연산 → 단순연산

> **자료 이해** ///

다음 관계를 이용하여 주어지지 않은 자료를 구할 수 있다.

→ 비중 = $\dfrac{\text{인공지능 반도체 시장규모}}{\text{시스템 반도체 시장규모}}$

⇒ 시스템 반도체 시장규모 = $\dfrac{\text{인공지능 반도체 시장규모}}{\text{비중}}$

⇒ 인공지능 반도체 시장규모 = 시스템 반도체 시장규모 × 비중

ㄱ. (O)

2023년 인공지능 반도체 비중을 구한 후 판단할 수 있다.

2023년 인공지능반도체 비중은 「$\frac{325억 달러}{2,686억 달러}$ =0.1~0.15」이므로 10~15%이다. 이 값은 2022년보다는 크고 2024년보다 작다. 나머지 연도도 모두 인공지능반도체 비중이 증가하므로 인공지능반도체 비중은 매년 증가한다.

ㄴ. (O)

2027년 시스템반도체 시장규모를 계산하면 「$\frac{1,179억 달러}{31.3\%}$」이다. 그런데 분모 분자를 각각 3배 하면 「$\frac{3,537억 달러}{93.9\%}$ ⇒ $\frac{3,537억 달러 초과}{100\%}$」이므로 100%에 해당하는 시스템반도체 시장규모는 3,500억 달러보다 크다.

따라서 2021년 시스템반도체 시장규모인 2,500억 달러보다 1,000억 달러 이상 증가한다.

💡 참고 ───────

다음과 같이 1,000억 달러 증가했다고 가정하고 판단하는 방법도 유용할 수 있다.

2027년 시스템반도체 시장규모를 1,000억 달러 증가한 3,500달러라고 가정하여 계산한 인공지능반도체 비중과 자료에 주어진 2027년 인공지능반도체 비중을 비교하면 다음과 같다.

▶ $\frac{1,179억 달러}{3,500억 달러}$ vs 31.3% ⇒ 1,179억 달러 vs 3,500억 달러×31.3%

  ⇒ 1,179억 달러 > 약 1,090억 달러

결국 「$\frac{1,179억 달러}{3,500억 달러}$ > 31.3%」이므로 분모가 3,500억 달러보다 커야만 실제 비중과 같아질 것이므로 2027년 시스템반도체 규모는 3,500억 달러를 넘을 것이고, 2021년보다 1,000억 달러 이상 증가한다.

ㄷ. (O)

2025년의 시스템반도체 시장규모는 「$\frac{657억 달러}{19.9\%}$ ⇒ $\frac{657억 달러×5}{99.5\%}$ ⇒ $\frac{3,285억 달러}{99.5\%}$」이므로 약 3,285억 달러이다. 이 값을 이용하여 2022년 대비 2025년 증가율을 계산하면 다음과 같다.

▶ 인공지능 시장규모 증가율: $\frac{657억 달러-185억 달러}{185억 달러}$ ⇒ $\frac{472억 달러}{185억 달러}$ =2.5~3.0

▶ 시스템반도체 시장규모 증가율: $\frac{3,285억 달러-2,310억 달러}{2,310억 달러}$ ⇒ $\frac{975억 달러}{2,310억 달러}$ =0.5 미만

따라서 증가율을 살펴보면 인공지능반도체(250% 이상)가, 시스템반도체의 5배(50% 미만×5= 250% 미만) 이상이다.

💡 참고 ───────

2025년의 비중은 19.9%로 20% 가깝다. 그리고 20%는 5배를 하면 100%에 가까워진다. 이렇게 정수배를 해서 100%에 가까워지는 비율을 활용하면 100% 해당하는 값을 쉽게 추론할 수 있다. 다음과 같은 특수비율은 암기해두면 유용하다.

비율	10%	11.1%	12.5%	14.3%	16.7%	20%	25%	33.3%	50%
100%	10배	9배	8배	7배	6배	5배	4배	3배	2배

정답 ≫ ⑤

문 5.

다음 〈표〉는 2024년 예상 매출액 상위 10개 제약사의 2018년, 2024년 매출액에 관한 자료이다. 이에 대한 〈보기〉의 설명 중 옳은 것만을 고르면?

〈표〉 2024년 매출액 상위 10개 제약사의 2018년, 2024년 매출액

(단위: 억 달러)

2024년 기준 매출액 순위	기업명	2024년	2018년	2018년 대비 2024년 매출액 순위변화
1	Pfizer	512	453	변화없음
2	Novartis	498	435	1단계 상승
3	Roche	467	446	1단계 하락
4	J&J	458	388	변화없음
5	Merck	425	374	변화없음
6	Sanofi	407	351	변화없음
7	GSK	387	306	5단계 상승
8	AbbVie	350	321	2단계 상승
9	Takeda	323	174	7단계 상승
10	AstraZeneca	322	207	4단계 상승
매출액 소계		4,149	3,455	
전체 제약사 총매출액		11,809	8,277	

※ 2024년 매출액은 예상 매출액임.

┤ 보기 ├

ㄱ. 2018년 매출액 상위 10개 제약사의 2018년 매출액 합은 3,700억 달러 이상이다.

ㄴ. 2024년 매출액 상위 10개 제약사 중, 2018년 대비 2024년 매출액이 가장 많이 증가한 기업은 Takeda이고 가장 적게 증가한 기업은 Roche이다.

ㄷ. 2024년 매출액 상위 10개 제약사의 매출액 합이 전체 제약사 총매출액에서 차지하는 비중은 2024년이 2018년보다 크다.

ㄹ. 2024년 매출액 상위 10개 제약사 중, 2018년 대비 2024년 매출액 증가율이 60% 이상인 기업은 2개이다.

① ㄱ, ㄴ
② ㄱ, ㄷ
③ ㄱ, ㄹ
④ ㄴ, ㄷ
⑤ ㄴ, ㄹ

발문
• 자료 요약
• 옳은 것 취합

제목
• 주 자료 요약

단위
항목
• 실수자료: 매출액 (억 달러)
• 순위
• 순위변화

주
자료
• 순위표
  – 순위의 기준은 2024년 매출
    액임
  – 2024년 11위 이하는 매출액
    322억 달러 미만
  – 매출액 순위 변화를 통해
    2018년 순위 계산 가능
• 시계열 자료(2018년, 2024년)

각주
• 부연 설명

선
택
지
ㄱ. 범위추론
ㄴ. 단순연산
ㄷ. 단순연산
ㄹ. 단순연산

> 자료 이해 ////

• 순위자료에서는 주어져 있지 않은 순위 밖 자료들에 대해서 주의해야 한다. 순위 밖 자료는 정확한 값을 알 수 없지만, 마지막 순위의 자료값 미만이어야 하므로 범위를 추론할 수 있다.

• 2018년 대비 2024년 매출액 순위 변화를 통해 2024년 매출액 상위 10위 기업 각각에 대해서 2018년 매출액 순위를 알 수 있다.

ㄱ. (O)

자료에서 순위의 기준은 2024년 매출액 기준이므로 2018년 기준 상위 10위의 제약사가 아님을 주의해야 한다. '2018년 대비 2024년 매출액 순위변화'를 이용하여 2018년 순위를 파악해보면 Pfizer(1위), Novartis(3위), Roche(2위), J&J(4위), Merck(5위), Sanofi(6위), GSK(12위), AbbVie(10위), Takeda(16위), AstraZeneca(14위)이다.

2018년 매출액 상위 1~6위 기업은 알 수 있고 매출액의 합을 구하면,
「453+435+446+388+374+351=2,447억 달러」이다.

2018년 매출액 상위 7~9위는 알 수 없지만 2018년 10위에 해당하는 AbbVie의 매출이 321억 달러이므로 7~9위 기업의 매출액은 각각 321억 달러 이상임을 추론할 수 있다.

따라서 2018년 매출액 상위 7~10위 제약사의 2018년 매출액 합은 7~9위 기업의 매출액을 321억 달러라고 가정하면 최소가 되고 「321억 달러×4=1,284억 달러」이다.

결국 2018년 1~10위 기업의 매출액 합의 최소는 「2,447억 달러+1,284억 달러=3,731억 달러」이므로 3,700억 달러 이상이다.

ㄴ. (O)

각 제약사별로 2024년 매출액에서 2018년 매출액 값을 빼서 비교할 수 있다.

Takeda는 「323억 달러-174억 달러=149억 달러」증가하여 가장 많이 증가하였고, Roche는 「467억 달러-446억 달러=21억 달러」증가하여 가장 적게 증가하였다.

💡 참고

이 계산을 할 때 일의 자리는 버리고 계산해도 매출액이 가장 많이 증가한 기업과 가장 적게 증가한 기업은 충분히 구별 가능하다.

ㄷ. (×)

'전체 제약사 총매출액'과 2024년 매출액 상위 10개 제약사 '매출액 소계'가 주어져 있으므로 「$\frac{\text{매출액 소계}}{\text{전체 제약사 총매출액}}$」의 크기를 비교하면 된다.

▶ 2024년: $\frac{4,149억\ 달러}{11,809억\ 달러} = 0.3 \sim 0.4$ ▶ 2018년: $\frac{3,455억\ 달러}{8,277억\ 달러} = 0.4 \sim 0.5$

2024년이 2018년보다 작기 때문에 지문은 옳지 않다.

ㄹ. (×)

「$\frac{2024년\ 매출액 - 2018년\ 매출액}{2018년\ 매출액}$」의 값이 0.6 이상인지 계산해보면 된다.

Pfizer의 경우 「$\frac{512억\ 달러 - 453억\ 달러}{453억\ 달러} = \frac{59}{453}$」으로 증가량이 50%에도 미치지 못한다. 다른 기업의 경우도 살펴보면 Takeda와 AstraZeneca를 제외하면 모두 증가량이 50%에 미치지 못한다.

그리고 Takeda는 $\frac{323억\ 달러 - 174억\ 달러}{174억\ 달러} = \frac{149}{174}$로 증가율이 80%이상이다. AstraZeneca는 「$\frac{322억\ 달러 - 207억\ 달러}{207억\ 달러} = \frac{115}{207} = \frac{120-5}{200+7}$」로 증가율이 60%에 미치지 못한다.

따라서 매출액 증가율이 60% 이상인 기업은 Takeda 1개 뿐이므로 지문은 옳지 않다.

💡 참고

〈보기〉 'ㄹ' 지문의 경우 비율 계산을 10개나 해야한다는 부담이 있다. 하지만 기준이 되는 비율을 50%로 설정하면 8개 기업은 이 값 보다 작다. 50%는 계산이 매우 간단하기 때문에 60%와 가까운 50%를 이용하면 계산 대상을 줄일 수 있다. 이처럼 계산이 간단한 비율이나 수치를 활용하면 효율적인 계산이 가능하다.

정답 〉〉 ①

문 6.

다음 〈표〉는 A~H 지역의 화물 이동 현황에 관한 자료이다. 이에 대한 〈보기〉의 설명 중 옳은 것만을 모두 고르면?

〈표〉 화물의 지역 내, 지역 간 이동 현황

(단위: 개)

도착 지역 출발 지역	A	B	C	D	E	F	G	H	합
A	65	121	54	52	172	198	226	89	977
B	56	152	61	55	172	164	214	70	944
C	29	47	30	22	62	61	85	30	366
D	24	61	30	37	82	80	113	45	472
E	61	112	54	47	187	150	202	72	885
F	50	87	38	41	120	188	150	55	729
G	78	151	83	73	227	208	359	115	1,294
H	27	66	31	28	94	81	116	46	489
계	390	797	381	355	1,116	1,130	1,465	522	6,156

※ 출발 지역과 도착 지역이 동일한 경우는 해당 지역 내에서 화물이 이동한 것임

┤ 보기 ├

ㄱ. 도착 화물보다 출발 화물이 많은 지역은 3개이다.

ㄴ. 지역 내 이동 화물이 가장 적은 지역은 도착 화물도 가장 적다.

ㄷ. 지역 내 이동 화물을 제외할 때, 출발 화물과 도착 화물의 합이 가장 작은 지역은 출발 화물과 도착 화물의 차이도 가장 작다.

ㄹ. 도착 화물이 가장 많은 지역은 출발 화물 중 지역 내 이동 화물의 비중도 가장 크다.

① ㄱ, ㄴ
② ㄱ, ㄷ
③ ㄴ, ㄷ
④ ㄴ, ㄹ
⑤ ㄱ, ㄷ, ㄹ

〉 자료 이해

행과 열의 항목이 같은 짝표이다. 〈각주〉를 보면 출발 지역과 도착 지역이 동일한 경우는 해당 지역 내에서 화물이 이동한 상황을 의미하고 〈표〉에서 같은 지역의 행과 열이 교차하는 대각선 위치의 값이다.

발문
- 자료 요약
- 옳은 것 취합

제목
- 주 자료 요약

단위 항목
- 실수자료: 이동 화물 (개)

주 자료
- 분할표
  - 도착지역별, 출발지역별 구분
  - 출발지역과 도착지역 공통 자료 주어짐
- 짝표
  대각선 방향 자료의 의미는 출발지역과 도착지역이 동일한 경우로 화물이 지역내 이동

각주
- 부연 설명

선택지
ㄱ. 단순읽기
ㄴ. 단순읽기
ㄷ. 단순연산
ㄹ. 단순읽기, 단순연산

> **옳은 지문** ///

ㄱ. (O)

해당 지역 도착화물은 '계' 항목의 값이고, 출발 화물은 '합' 항목의 값이다.

A역의 경우를 살펴보면 도착화물은 390개이고 출발화물은 977개로 출발화물이 더 많다.

같은 방식으로 살펴보면 도착 화물보다 출발 화물이 많은 지역은 'A', 'B', 'D' 3개 지역이다.

ㄷ. (O)

지역 내 이동 화물을 제외하고 출발 화물과 도착 화물의 합을 계산하려면 다음과 같이 계산한다.

→ ('출발 화물'-'지역 내 이동 화물')+('도착 화물'-'지역 내 이동 화물')

  ='출발 화물'+'도착 화물'-2×'지역 내 이동 화물'

  ='합'+'계'-'교차점 값'×2

우선 확연하게 '출발 화물'과 '도착 화물'이 작은 'C'가 여기에 해당될 가능성이 크다.

'C'의 경우 「366개+381개-2×30개=687개」이고 지역 내 이동 화물을 제외하고 출발 화물과 도착 화물의 합이 가장 작은 지역이다.

지역 내 이동 화물을 제외하고 출발 화물과 도착 화물의 차이를 계산하려면 다음과 같이 계산한다.

|('출발 화물'-'지역 내 이동 화물')-('도착 화물'-'지역 내 이동 화물')|

=|'출발 화물'-'도착 화물'|=|'합'-'계'|

위의 계산을 지역별로 살펴보면 'C'지역의 경우 차이는 「|366개-381개|=15개」인데, 다른 지역은 모두 이 값보다 크다.

따라서 지문이 말하는 지역은 모두 'C' 지역으로 같다.

ㄹ. (O)

도착 화물이 가장 많은 지역은 'G'(1,465개)이다.

출발 화물 중 지역 내 이동 화물의 비중은 「$\dfrac{\text{해당지역 내 이동 화물}}{\text{해당 지역 출발 지역 화물}} = \dfrac{\text{해당 지역 '교차점'}}{\text{해당 지역 '합'}}$」

이다. 그리고 'G'지역의 경우 이 값을 계산하면 「$\dfrac{359개}{1,294개} = \dfrac{1}{4}$ 이상」이다. 그런데 나머지 지역은 모두 $\dfrac{1}{4}$ 미만이다.

따라서 지문이 말하는 지역은 모두 'G'지역으로 같다.

💡 **참고**

출발 화물 중 지역 내 이동 화물의 비중을 계산하려면 전 지역을 조사해야 해서 부담을 느낄 수 있지만 실제로는 다음과 같은 단계를 거쳐서 계산하면 효율적이다.

1단계: 우선 'G'지역을 먼저 계산해서 대략적인 기준점을 설정한다.

2단계: 'G'의 경우 값이 $\dfrac{1}{4}$ 보다 좀 더 크기 때문에 $\dfrac{1}{4}$ 을 기준점으로 하여 이보다 작은 경우를 먼저 제거한다.

3단계: 만약 $\dfrac{1}{4}$ 보다 크고 'G'하고 비슷한 경우만 다시 분수비교하여 판단한다.

이 문제의 경우 2단계에서 결정이 가능하기 때문에 계산해야 하는 대상이 많은 것에 비해서 판단이 쉬운 편이다.

> **옳지 않은 지문** ///

ㄴ. (×)

지역 내 이동 화물은 대각선 위치의 값이고 'A'의 경우에는 65개이다. 따라서 대각선 위치의 값이 가장 적은 지역은 'C'(30개)이고 지역 내 이동 화물이 가장 적다.

도착 화물이 가장 적은 지역은 '계' 항목이 가장 적은 지역인 'D'(355개)이다.

따라서 두 지역이 다르기 때문에 옳지 않은 지문이다.

정답 » ⑤

발문	• 자료 요약 • 옳은 것 선택
제목	• 주 자료 요약
단위 항목	• 실수자료 　– 시행기업수 (개) 　– 그림에서 왼쪽 눈금 • 실수자료 　– 참여직원수 (명) 　– 그림에서 오른쪽 눈금
주 자료	• 꺾은선그래프 • 막대그래프 • 그래프의 길이나 기울기 등 시 　각적 정보 활용 가능 여부 확인
각주	
선 택 지	① 단순연산 – 간접비교 가능 ② 단순연산 ③ 단순연산 ④ 단순연산 ⑤ 단순연산

문 7.

꺾은선, 막대그래프　2017년 5급 가형 22번

다음 〈그림〉은 2012~2015년 '갑'국 기업의 남성육아휴직제 시행 현황에 관한 자료이다. 이에 대한 설명으로 옳은 것은?

〈그림〉 남성육아휴직제 시행기업수 및 참여직원수

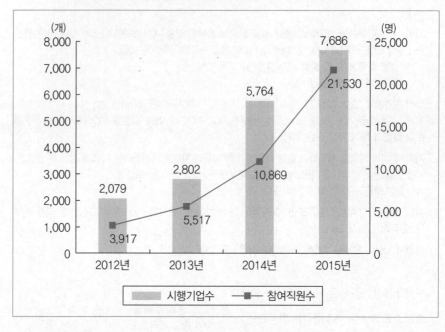

① 2013년 이후 전년보다 참여직원수가 가장 많이 증가한 해와 시행기업수가 가장 많이 증가한 해는 동일하다.

② 2015년 남성육아휴직제 참여직원수는 2012년의 7배 이상이다.

③ 시행기업당 참여직원수가 가장 많은 해는 2015년이다.

④ 2013년 대비 2015년 시행기업수의 증가율은 참여직원수의 증가율보다 높다.

⑤ 2012~2015년 참여직원수 연간 증가인원의 평균은 6,000명 이하이다.

> **자료 이해**

• 〈그림〉은 남성육아휴직제 시행기업수를 막대그래프로, 참여직원수는 꺾은선으로 나타내고 있다.
　이와 같이 연도별로 주어진 자료의 경우 변화율, 증감 등에 대한 질문이 빈출된다.

③ (O)

시행기업당 참여직원 수는 「$\dfrac{참여\ 직원수}{시행\ 기업수}$」이고, 〈그림〉에서 꺾은 선 그래프의 수치를 대입하여

이를 살펴보면 2015년의 경우 「$\dfrac{21,530명}{7,686명}$ ⇒ $\dfrac{215}{76}$ = 2~3」이다. 같은 방법으로 다른 연도를 조

사해보면 2012~2014년의 경우는 모두 2보다 작다.

따라서 시행기업당 참여 직원수가 가장 많은 해는 2015년이다.

[TIP]

〈그림〉의 높이를 이용해서 판단할 수도 있다. 막대길이 대비(시행기업수) 꺾은선의 높이(참여직원수)가 가장 큰 경우가 2015년이므로 쉽게 알 수 있다.

> 옳지 않은 지문

① (×)

직접 수치를 대입하여 계산해볼 수 있으나, 참여직원 수는 〈그림〉에서 꺾은 선 그래프에 해당하고, 시행 기업수는 막대 그래프에 해당하므로, 각각의 세로 변화 폭이 클수록 참여직원수나 시행기업수의 증가폭이 크다는 것을 알 수 있다.

그러므로 그래프의 세로 간격이 가장 크게 변화한 연도를 살펴보면, 참여직원수가 가장 많이 증가한 해는 2015년이고, 시행기업수가 가장 많이 증가한 해는 2014년이다.

따라서 2013년 이후 전년보다 참여직원수가 가장 많이 증가한 해와 시행기업수가 가장 많이 증가한 해는 서로 다르다.

② (×)

〈그림〉에서 꺾은 선 그래프의 수치로 쉽게 확인할 수 있으며, 이를 살펴보면 다음과 같다.
▶ 2015년 남성육아휴직제 참여직원수는 21,530명
▶ 2012년 남성육아휴직제 참여직원수는 3,197명

그리고 3,197명 보다 작은 3,100명의 7배만 해도 21,700명이므로 21,530은 3,197명의 7배 미만이다. (21,530명 < (21,700명=3,100명×7) < 3,197명×7)

따라서 2015년 남성육아휴직제 참여직원수는 2012년의 7배 미만이다.

④ (×)

▶ 2013년 대비 2015년 시행기업수의 증가율은 「$\dfrac{7,686명-2,802명}{2,802명}$ ⇒ $\dfrac{488}{280}$ = 1~2」

▶ 2013년 대비 2015년 참여직원수의 증가율은 「$\dfrac{21,530명-5,517명}{5,517명}$ ⇒ $\dfrac{1,601}{551}$ = 2~3」

따라서 시행기업수의 증가율은 참여직원수의 증가율보다 낮다.

⑤ (×)

2012 ~ 2015년 참여직원수 연간 증가인원의 평균은 다음과 같이 구해야 한다.

「$\dfrac{2013년,\ 2014년,\ 2015년\ 연간\ 참여\ 직원수\ 증가인원의\ 합}{3}$」

그리고, 2012 ~ 2015년의 참여직원수의 연간 증가 인원의 합은 2015년의 참여직원수와 2012년의 참여직원수의 차이이므로 「21,530명-3,197명=18,333명」이다.

따라서 2012 ~ 2015년 참여직원수 연간 증가인원의 평균은 「$\dfrac{18,333명}{3}$ =6,111명」이므로

6,000명 초과이다.

정답 ≫ ③

문 8.
분산 그래프 | 2020년 민경채 가형 20번

다음 〈그림〉은 W 경제포럼이 발표한 25개 글로벌 리스크의 분류와 영향도 및 발생가능성 지수에 관한 자료이다. 이에 대한 설명으로 옳지 않은 것은?

〈그림〉 글로벌 리스크의 분류와 영향도 및 발생가능성 지수

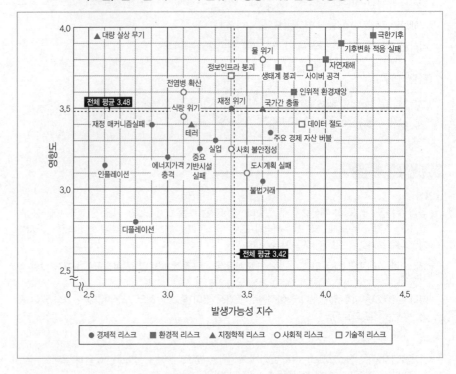

① 모든 환경적 리스크의 발생가능성 지수 대비 영향도의 비는 1 이상이다.
② 영향도와 발생가능성 지수의 차이가 가장 큰 글로벌 리스크는 '대량 살상 무기'이다.
③ '에너지가격 충격'의 영향도 대비 발생가능성 지수의 비는 1 이하이다.
④ 영향도와 발생가능성 지수가 각각의 '전체 평균' 이하인 경제적 리스크의 수는 영향도나 발생가능성 지수가 각각의 '전체 평균' 이상인 경제적 리스크의 수보다 많다.
⑤ 모든 환경적 리스크는 영향도와 발생가능성 지수가 각각의 '전체 평균' 이상이다.

좌측 표:

발문	• 자료 요약 • 옳지 않은 것 선택
제목	• 주 자료 요약
단위 항목	• '지수'의 기준값 설명이 없음 여기에서 지수는 상대자료가 아니라 '점수'와 같은 개념임
주 자료	• 분산형 그래프 – 분산형 그래프 내에 특정 기준선 제시(평균) – 축에 생략된 부분 있음 • 기울기 등 직선 식 활용한 해석 가능성 확인
각주	
선 택 지	① 단순연산 → 간접비교 가능 ② 단순연산 → 간접비교 가능 ③ 단순연산 ④ 단순읽기 ⑤ 단순읽기

> **자료 이해**

• 분산형 자료에 생략된 부분이 있지만 가로와 세로 눈금의 비율이 같고 생략된 부분도 같기 때문에 기울기를 이용하여 「$\frac{영향도}{발생가능성지수}$」를 파악할 수 있다.

② (O)

〈그림〉에서 '영향도'와 '발생가능성 지수'가 같은 위치는 원점을 지나며 기울기가 1인 직선(y=x) 위이다.

그리고 직선(y=x)에서 떨어진 거리가 멀수록 '영향도'와 '발생가능성 지수'의 차이가 크다. 그런데 〈그림〉을 보면 '대량 살상 무기'가 원점을 지나며 기울기가 1인 직선(y=x)로부터 가장 멀리 떨어져 있기 때문에 '영향도'와 '발생가능성 지수'의 차이가 가장 크다.

③ (O)

'에너지가격 충격'의 경우 「$\dfrac{\text{발생가능성 지수}}{\text{영향도}} = \dfrac{3.0}{3.2} < 1$」이므로 '영향도' 대비 '발생가능성 지수'의 비가 1 이하이다.

> **참고**
>
> 다음과 같이 〈그림〉에서 기울기를 이용해서 판단할 수도 있다. 판단 대상이 여러 개인 경우라면 기울기를 활용하는 것이 효율적일 것이다.
>
> 「$\dfrac{\text{발생가능성 지수}}{\text{영향도}} = \dfrac{1}{\dfrac{\text{영향도}}{\text{발생가능성 지수}}}$」이므로 원점을 지나는 원점을 지나며 기울기가 1인 직선
>
> (y=x)보다 기울기가 같거나 커야 영향도 대비 발생가능성 지수의 비가 1 이하가 된다.
> '에너지가격 충격'의 경우 x축 위치가 3.0 y축 위치가 3.2로 기울기가 1보다 크기 때문에 '영향도' 대비 '발생가능성 지수'의 비가 1 이하이다.

④ (O)

'영향도' 평균은 3.48이고 '발생가능성 지수' 평균은 3.42이다. 〈그림〉을 보면 각각의 평균에 대한 기준선이 그어져 있다. 따라서 각각의 '전체 평균' 이하인 영역은 기준선으로 나누어진 4개의 영역 중 왼쪽 하단 영역에 해당하고 여기에 속하는 경제적 리스크는 '인플레이션', '디플레이션', '재정 매커니즘 실패', '에너지가격 충격', '중요 기반시설 실패', '실업' 6개이다. 그리고 각각의 '전체 평균' 이상이 영역은 기준선으로 나누어진 4개의 영역 중 오른쪽 상단 영역이고 여기에 속하는 경제적 리스크는 0개이다.

따라서 각각의 '전체 평균' 이하인 경제적 리스크의 수가 더 많다.

⑤ (O)

환경적 리스크는 '극한기후', '기후변화적응 실패', '자연 재해', '인위적 환경재앙', '생태계 붕괴' 5개인데 모두가 '영향도'와 '발생가능성 지수' 각각의 '전체 평균' 이상인 오른쪽 상단 영역에 위치하고 있다.

① (×)

「$\dfrac{\text{영향도}}{\text{발생가능성 지수}}$」가 1 이상이려면 원점을 지나며 기울기가 1인 직선(y=x)보다 기울기가 같거나 큰 쪽에 위치해야 한다. 환경적 리스크는 검은색 사각형으로 표시된 항목('극한기후', '기후변환적응 실패', '자연재해', '생태계 붕괴', '인위적 환경재앙')들이며 '생태계 붕괴'를 제외하면 모두 기울기가 1보다 작다. 따라서 지문은 옳지 않다.

정답 ≫ ①

문 9.

괄호 작성　2021년 7급 나형 4번

다음 〈표〉는 최근 이사한 100가구의 이사 전후 주택규모에 관한 조사 결과이다. 이에 대한 〈보기〉의 설명 중 옳은 것만을 모두 고르면?

〈표〉 이사 전후 주택규모 조사 결과

(단위: 가구)

이사 후 ＼ 이사 전	소형	중형	대형	합
소형	15	10	( )	30
중형	( )	30	10	( )
대형	5	10	15	( )
계	( )	( )	( )	100

※ 주택규모는 '소형', '중형', '대형'으로만 구분하며, 동일한 주택규모는 크기도 같음

┤ 보기 ├

ㄱ. 주택규모가 이사 전 '소형'에서 이사 후 '중형'으로 달라진 가구는 없다.
ㄴ. 이사 전후 주택규모가 달라진 가구 수는 전체 가구 수의 50 % 이하이다.
ㄷ. 주택규모가 '대형'인 가구 수는 이사 전이 이사 후보다 적다.
ㄹ. 이사 후 주택규모가 커진 가구 수는 이사 후 주택규모가 작아진 가구 수보다 많다.

① ㄱ, ㄴ
② ㄱ, ㄷ
③ ㄴ, ㄹ
④ ㄷ, ㄹ
⑤ ㄱ, ㄴ, ㄷ

표 작성 항목 (좌측 여백)

- **발문**
  - 자료 요약: 주자료에서 알 수 있지만 가구수 100 확인
  - 옳은 것 취합
- **제목**
  - 주 자료 요약
- **단위 항목**
  - 실수자료: 주택 (가구)
- **주 자료**
  - 짝표: 대각선의 의미는 이사 전 후 주택 규모가 같은 경우임
  - 분할표: 이사전 규모, 이사후 규모로 구분
  - 괄호 작성
    - 이사 전 각 규모의 덧셈은 '계'
    - 이사 후 각 규모의 덧셈은 '합'
- **각주**
  - 제시된 자료 이외에 고려할 필요 없음
  - 같은 규모 내에서 크기 변화 없음을 명시
- **선택지**
  - ㄱ. 괄호연산 → 단순읽기
  - ㄴ. 괄호연산 → 단순연산
  - ㄷ. 괄호연산 → 단순읽기
  - ㄹ. 괄호연산 → 단순연산

자료 이해

- 〈발문〉에 최근 이사한 '100가구'라는 값이 주어져 있으므로 주의해야 한다. 전체 가구 수가 100이므로 해당되는 위치의 수가 전체 가구 수 대비 비율값과 같다.
- 〈표〉의 빈칸은 어렵지 않은 계산으로 구할 수 있고 결과는 다음과 같다.

이사 후 ＼ 이사 전	소형	중형	대형	합
소형	15	10	(5)	30
중형	(0)	30	10	(30)
대형	5	10	15	(30)
계	(20)	(50)	(30)	100

ㄱ. (O)

이사 전 '소형' 항목과 이사 후 '중형'이 교차하는 위치의 값이 여기에 해당한다. 그런데 결과를 보면 값이 0이므로 이사 전 '소형'에서 이사 후 '중형'으로 달라진 가구는 없다.

ㄴ. (O)

주택규모가 달라지지 않은 가구에 해당하는 위치는 위의 〈자료이해〉에서 회색 칸에 해당하는 대각선이다. 그 이외는 모두 주택규모가 달라진 경우에 해당한다.

따라서 주택규모가 달라진 가구 수가 전체 가구 수의 50% 이하이려면 주택 규모가 달라지지 않은 가구 수가 전체 가구 수의 50% 이상이면 된다. 기준 값이 100가구 이므로 대각선 위치의 합이 「15가구+30가구+15가구=60가구」이다.

따라서 주택규모가 달라지지 않은 가구 수는 60가구로 60%이고, 주택규모가 달라진 가구 수는 40가구로 40%이다.

ㄷ. (×)

〈표〉에 비율의 기준값은 모두 동일한 100가구이다. 따라서 가구 수의 비교는 비율값으로 판단해도 된다. 비어있는 값을 계산해보면 이사 전과 후 모두 '대형' 가구는 비율은 30%로 동일하므로 '대형' 가구 수도 같다.

따라서 옳지 않은 지문이다.

ㄹ. (×)

이사 후 주택 규모가 커진 가구는 대각선 아래 방향 비율에 해당한다. 그리고 주택 규모가 작아진 가구 수는 '소형-소형', '중형-중형', '대형-대형'이 만나는 대각선 위 방향 비율에 해당한다.

대각선 아래 방향 비율의 합은 「0%+5%+10%=15%」이고

대각선 위 방향 비율 합은 「10%+5%+10%=20%」이다.

따라서 이사 후 주택규모가 커진 가구 수가 작고 옳지 않은 지문이다.

정답 >> ①

발문	• 자료 요약 • 옳지 않은 것 선택
제목	• 주 자료 요약
단위 항목	
주 자료	• 특수 그래프 • 〈정보〉 사각형 넓이와 토지 면적이 같 고, 사각형은 모두 동일하므로 사각형 개수와 면적은 비례함
각주	
선 택 지	① 구조이해 – 간접비교 – 단순 읽기 ② 구조이해 – 간접비교 – 단순 읽기 ③ 구조이해 – 단순읽기 ④ 구조이해 – 단순읽기 ⑤ 구조이해 – 단순읽기

문 10.   특수 형태 자료 [2021년 5급 가형 12번]

다음 〈정보〉와 〈그림〉은 '갑'국의 2010년과 2020년 구획별 토지이용유형 현황을 보여주는 자료이다. 이에 대한 설명으로 옳지 않은 것은?

┤ 정보 ├

○ '갑'국은 36개의 정사각형 구획으로 이루어져 있고, 각 구획의 토지면적은 동일함.
○ '갑'국 각 구획의 토지이용유형은 '도시', '산림', '농지', '수계', '나지'로만 구성됨.

〈그림〉 2010년, 2020년 구획별 토지이용유형 현황

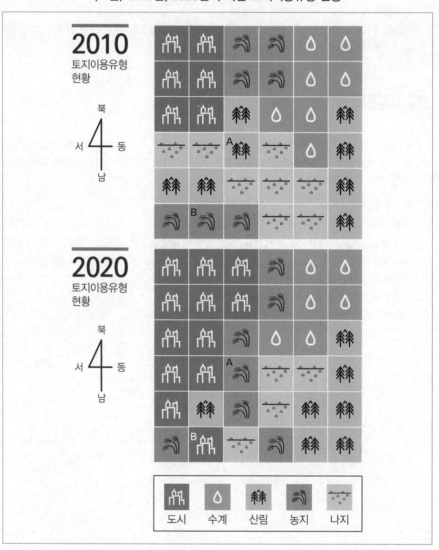

① 2010년 대비 2020년 토지이용유형별 토지면적 증감량은 가장 큰 유형이 두 번째로 큰 유형의 1.5배 이상이다.

② 2010년 '산림' 구획 중 2020년 '산림'이 아닌 구획의 토지면적은 2010년 '농지'가 아닌 구획 중 2020년 '농지'인 구획의 토지면적보다 작다.

③ 2010년 '농지' 구획의 개수는 2010년 '산림'이 아닌 구획 중 2020년 '산림'인 구획의 개수와 같다.

④ 2010년 전체 '나지' 구획 중 일부 구획은 2020년 '도시', '농지', '산림' 구획이 되었다.

⑤ 2021년 A 구획과 B 구획이 각각 '도시', '나지'이고 나머지 구획이 2020년의 토지이용유형과 동일하다면, 2020년과 2021년의 '도시' 구획의 토지면적은 동일하다.

> 자료 이해 ///

• 〈정보 1〉에 의하면 정사각형 모양으로 구획된 토지 면적은 일정하기 때문에, '토지이용유형'에 해당하는 정사각형의 개수가 토지면적에 비례한다는 것을 이해해야 한다. 따라서 '토지이용유형'별로 토지면적에 관한 비교는 '토지이용유형'에 해당하는 정사각형의 개수로 판단하면 된다.

> 옳은 지문 ///

① (O)

토지면적은 해당 유형 토지 개수로 비교 가능하다.

한편 증감량은 증가 또는 감소한 양으로 부호를 따지지 않고 절댓값으로 비교한다.

증감량이 가장 큰 유형은 도시로 6개(6개 → 12개) 증가하였고, 두 번째로 큰 유형은 나지로 4개(8개 → 4개)감소하였다.

따라서 「$\frac{6개}{4개}$ =1.5」이므로 1.5배 이상이다.

② (O)

토지면적은 해당 유형 토지 개수로 비교 가능하다

2010년 '산림' 구획은 8개이다. 이 중 2020년 '산림'이 아닌 유형으로 바뀐 토지는 3개이다.

2010년 '농지' 구획은 7개이다. 이 중 2020년 '농지'가 아닌 유형으로 바뀐 토지는 4개이다.

④ (O)

2010년 '나지' 구획은 8개이다. 이 중 2개는 '도시', 2개는 '산림', 2개는 '농지'로 변경되었고 2개는 변경되지 않았다. 따라서 8개 중 6개 구획이 2020년 '도시', '산림', '농지' 구획이 되었다.

⑤ (O)

토지면적은 해당 유형 토지 개수로 비교 가능하다.

2020년 A 구획은 농지이고, B 구획은 도시이다. 2021년 A 구획이 '도시'이고 B 구획이 '나지'이고 나머지는 2020년과 토지이용유형이 동일하다면, 2020년과 대비해서 '도시'구획은 A구획에서 1개 증가 B구획에서 1개 감소하였으므로 전체적으로 변화가 없기 때문에 동일하다.

> 옳지 않은 지문 ///

③ (×)

2010년 '농지' 구획의 개수는 7개이다.

2010년 '산림'이 아닌 구획 중 2020년 '산림'인 구획은 2020년에 '산림'구획인 경우를 먼저 찾은 다음 2010년에 '산림'이 아닌 경우를 찾으면 되고 2개이다.

따라서 각각은 7개와 2개로 서로 달라서 지문은 옳지 않다.

정답 >> ③

문 **11.**　　　　　　　　　　　조건, 정보, 규칙 제시형　`2021년 5급 가형 15번`

다음 〈표〉는 어느 학술지의 우수논문 선정대상 논문 I~V에 대한 심사자 '갑', '을', '병'의 선호순위를 나열한 것이다. 〈표〉와 〈규칙〉에 근거한 〈보기〉의 설명 중 옳은 것만을 모두 고르면?

〈표〉 심사자별 논문 선호순위

심사자＼논문	I	II	III	IV	V
갑	1	2	3	4	5
을	1	4	2	5	3
병	5	3	1	4	2

※ 선호순위는 1~5의 숫자로 나타내며 숫자가 낮을수록 선호가 더 높음.

┤ 규칙 ├

○ 평가점수 산정방식

　가. [(선호순위가 1인 심사자 수 × 2) + (선호순위가 2인 심사자 수 × 1)]의 값이 가장 큰 논문은 1점, 그 외의 논문은 2점의 평가점수를 부여한다.

　나. 논문별 선호순위의 중앙값이 가장 작은 논문은 1점, 그 외의 논문은 2점의 평가점수를 부여한다.

　다. 논문별 선호순위의 합이 가장 작은 논문은 1점, 그 외의 논문은 2점의 평가점수를 부여한다.

○ 우수논문 선정방식

　A. 평가점수 산정방식 가, 나, 다 중 한 가지만을 활용하여 평가점수가 가장 낮은 논문을 우수논문으로 선정한다. 단, 각 산정방식이 활용될 확률은 동일하다.

　B. 평가점수 산정방식 가, 나, 다에서 도출된 평가점수의 합이 가장 낮은 논문을 우수논문으로 선정한다.

　C. 평가점수 산정방식 가, 나, 다에서 도출된 평가점수에 가중치를 각각 $\frac{1}{6}$, $\frac{1}{3}$, $\frac{1}{2}$을 적용한 점수의 합이 가장 낮은 논문을 우수논문으로 선정한다.

※ 1) 중앙값은 모든 관측치를 크기 순서로 나열하였을 때, 중앙에 오는 값을 의미함. 예를 들어, 선호순위가 2, 3, 4인 경우 3이 중앙값이며, 선호순위가 2, 2, 4인 경우 2가 중앙값임
　2) 점수의 합이 가장 낮은 논문이 2편 이상이면, 심사자 '병'의 선호가 더 높은 논문을 우수논문으로 선정함

┤ 보기 ├

ㄱ. 선정방식 A에 따르면 우수논문으로 선정될 확률이 가장 높은 논문은 I이다.

ㄴ. 선정방식 B에 따르면 우수논문은 II이다.

ㄷ. 선정방식 C에 따르면 우수논문은 III이다.

① ㄴ　　　　　　　　　　　② ㄱ, ㄴ

③ ㄱ, ㄷ　　　　　　　　　④ ㄴ, ㄷ

⑤ ㄱ, ㄴ, ㄷ

발문
- 자료 요약
- 옳지 않은 것 취합

제목
- 주 자료 요약

단위 항목
- 순위

주 자료
- 순위 자료
- 〈규칙〉
  - 가, 나, 다 세 가지 방식의 평가점수 산정방식
  - A, B, C 세 가지 방식의 우수논문 선정방식

각주
- 〈표〉의 각주
  : 선호순위 부연설명
- 〈규칙〉의 각주
  - 중앙값 정의
  - 동점자 중 우수논문 선정 방식 제시

선택지
- ㄱ. 규칙이해 – 단순연산
- ㄴ. 규칙이해 – 단순연산
- ㄷ. 규칙이해 – 단순연산

> **자료 이해** ///

• 〈규칙〉의 이해에 많은 시간을 투자해야 하는 유형이다. 〈표〉에 주어진 수치는 심사자가 부여한 논문 선호순위이므로 점수로 착각하지 않도록 주의해야 한다.

• 〈규칙〉의 평가점수 산정방식에 따른 결과는 다음과 같다.

– 산정방식 '가'에 따른 결과

논문	I	II	III	IV	V
1위	2명×2	0명×2	1명×2	0명×2	0명×2
2위	0명×1	1명×1	1명×1	0명×1	1명×1
합	4	1	3	0	1
점수	1점	2점	2점	2점	2점

– 산정방식 '나'에 따른 결과

논문	I	II	III	IV	V
중앙값	1	3	2	4	3
점수	1점	2점	2점	2점	2점

– 산정방식 '다'에 따른 결과

논문	I	II	III	IV	V
합	7	9	6	13	10
점수	2점	2점	1점	2점	2점

> **옳은 지문** ///

ㄱ. (O)

선정방식 A에 따라 논문 I이 우수논문으로 선정되려면 산정방식 '가' 또는 '나'가 활용되어야 한다.

한편 선정방식 A에 따르면 각각의 평가점수 산정방식이 활용될 확률은 $\frac{1}{3}$로 동일하기 때문에,

산정방식 '가' 또는 '나'가 활용될 확률은 「$\frac{1}{3} + \frac{1}{3} = \frac{2}{3}$」이다.

이 값은 0.5보다 크기 때문에 다른 논문이 우수논문으로 선정될 확률은 0.5 미만일 것이고 결국 논문 I이 우수논문으로 선정될 확률이 가장 높다.

💡 **참고** ─────────────────────────────

산정방식 '다'를 활용하면 논문 III이 우수논문으로 선정되고 확률은 $\frac{1}{3}$이다.

───

ㄷ. (O)

선정방식 C에서 주어진 가중치는 분수형태이므로 계산의 편의상 가중치를 정수비로 바꾸어 1, 2, 3으로 적용하여 계산하는 것이 효율적이다.

논문	I	II	III	IV	V
합	1점+2점+6점 =9점	2점+4점+6점 =12점	2점+4점+3점 =9점	2점+4점+6점 =12점	2점+4점+6점 =12점

결과를 보면 점수가 가장 낮은 논문이 논문 I과 III으로 같다. 따라서 〈각주〉 2)를 적용하면 심사자 '병'의 선호가 더 높은 논문 III이 우수 논문으로 선정된다.

> 옳지 않은 지문 ///

ㄴ. (×)

선정방식 B에 따르면 산정방식 '가', '나', '다'에서 도출된 점수의 합을 구해야 하고 결과는 다음과 같다.

논문	I	II	III	IV	V
합	4점	6점	5점	6점	6점

따라서 우수논문은 점수가 가장 낮은 논문 I이므로 지문은 옳지 않다.

정답 ≫ ③

문 12.

비율자료 〔2020년 5급 나형 36번〕

다음 〈표〉는 A 시 초등학생과 중학생의 6개 식품 섭취율을 조사한 결과이다. 이에 대한 설명으로 옳은 것은?

〈표〉A 시 초등학생과 중학생의 6개 식품 섭취율

(단위: %)

식품	섭취 주기	초등학교			중학교		
		남학생	여학생	전체	남학생	여학생	전체
라면	주 1회 이상	77.6	71.8	74.7	89.0	89.0	89.0
탄산음료	주 1회 이상	76.6	71.6	74.1	86.0	79.5	82.1
햄버거	주 1회 이상	64.4	58.2	61.3	73.5	70.5	71.7
우유	매일	56.7	50.9	53.8	36.0	27.5	30.9
과일	매일	36.1	38.9	37.5	28.0	30.0	29.2
채소	매일	30.4	33.2	31.8	28.5	29.0	28.8

※ 1) 섭취율(%) = $\dfrac{\text{섭취한다고 응답한 학생 수}}{\text{응답 학생 수}} \times 100$

2) 초등학생, 중학생 각각 2,000명을 대상으로 조사하였으며, 전체 조사 대상자는 6개 식품에 대해 모두 응답하였음.

① 라면을 주 1회 이상 섭취하는 중학교 남학생 수와 중학교 여학생의 수는 같다.

② 채소를 매일 섭취하는 중학교 남학생 수는 과일을 매일 섭취하는 중학교 남학생 수보다 적다.

③ 우유를 매일 섭취하는 중학교 여학생 수는 275명이다.

④ 과일을 매일 섭취하는 초등학교 남학생 중 햄버거를 주 1회 이상 섭취하는 학생 수는 4명 이하이다.

⑤ 채소를 매일 섭취하는 여학생 수는 중학생이 초등학생보다 많다.

발문	• 자료 요약 • 옳은 것 선택
제목	• 주 자료 요약
단위 항목	• 상대자료: 섭취율(%) – 기준값: 응답학생수 （학교별 남학생 여학생 전체）
주 자료	• 남학생, 여학생 비율을 구할 수 있는 구조: 가중평균 활용하여 남녀비율 파악 가능 • 비율자료로 제시되었으나 비율의 기준값을 알 수 있으므로 해당하는 실숫값을 계산 가능함
각주	• 섭취율 수식 제시 • '전체'에 해당하는 비율자료 기준값 제시 – 2,000명 – 모두 응답하였음을 부연설명
선 택 지	① 구조이해 – 단순연산 ② 구조이해 – 단순연산 → 간접비교 가능 ③ 구조이해 – 단순연산 ④ 구조이해 – 범위추론(최소교집합) ⑤ 구조이해 – 단순연산

> **자료 이해** //

• 응답한 학생은 초등학생, 중학생 각각 2,000명이지만 남학생·여학생 수는 주어져 있지 않다. 하지만 식품별로 남학생, 여학생, 전체 비율이 각각 주어져 있으므로 가중평균을 이용해서 남학생과 여학생 비율을 구할 수 있다.

• 초등학교의 경우 채소의 섭취율을 이용하면

	남학생	전체	여학생
채소 섭취율	30.4%	31.8%	33.2%
전체와 차이	1.4%p		1.4%p
차이의 비	1		1
학생수의 비	1		1
학생수	1,000명		1,000명

• 중학교의 경우 과일의 섭취율을 이용하면

	남학생	전체	여학생
과일 섭취율	28.0%	29.2%	30.0%
전체와 차이	1.2%p		0.8%p
차이의 비	3		2
학생수의 비	2		3
학생수	800명		1,200명

• 〈각주〉 1)의 식을 정리하면
「'섭취한다고 응답한 학생 수'='응답 학생 수'×'섭취율'」

> **옳은 지문** ///

⑤ (O)
▶ 채소를 매일 섭취하는 초등학교 여학생 수=1,000명×0.332=332명
▶ 채소를 매일 섭취하는 중학교 여학생 수=1,200명×0.290=348명
따라서 채소를 매일 섭취하는 여학생 수는 중학생이 초등학생보다 많다.

🔖 **참고** ─────

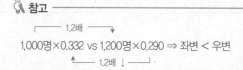

연산 결과의 비교는 수의 구성이나 특징에 따라서 여러 방법이 사용될 수 있다. 가능한 많은 방법들을 연습해보도록 하자.

> **옳지 않은 지문** ///

① (×)
위에서 정리한 식을 이용해서 계산하면 다음과 같다
▶ 라면을 주 1회 이상 섭취하는 중학교 남학생
　=(중학교 남학생 수)×(라면을 주 1회 이상 섭취하는 남학생비율)=800명×0.89
▶ 라면을 주 1회 이상 섭취하는 중학교 여학생
　=(중학교 여학생 수)×(라면을 주 1회 이상 섭취하는 여학생비율)=1,200명×0.89
두 값을 비교하면 인수가 하나는 0.89로 같지만 다른 인수(인원수) 다르기 때문에 결과가 서로 다르다.

② (×)
▶ 채소를 매일 섭취하는 중학교 남학생 수=800명×0.285
▶ 과일을 매일 섭취하는 중학교 남학생 수=800명×0.280
이 경우에는 기준값이 같으므로 비율만으로 비교할 수 있고 「0.285 〉 0.280」이므로 채소를 매일 섭취하는 중학교 남학생 수가 더 많다.

③ (×)
▶ 우유를 매일 섭취하는 중학교 여학생 수=1,200명×0.275 ⇒ 결과가 275명 이상
1,000명×0.275=275명인데. 1,200명은 1,000명보다 크기 때문에 계산결과는 275명보다 많다.
따라서 우유를 매일 섭취하는 중학교 여학생 수는 275명보다 많다.

④ (×)
▶ 과일을 매일 섭취하는 초등학교 남학생 수=1,000명×0.361=361명
▶ 햄버거를 주 1회 이상 섭취하는 초등학교 남학생=1,000명×0.644=644명
따라서 두 경우의 합이 「361+644=1,005명」이고 전체인원보다 5명 많기 때문에 최소 5명이다.

🔖 **참고** ─────
CHAPTER 4. 최소교집합을 이용할 수 있는 상황이해하기

정답 ≫ ⑤

문 13.

다음 〈표〉는 2015년 와인 생산량 및 소비량 상위 8개국 현황에 관한 자료이다. 이에 대한 〈보기〉의 설명 중 옳은 것만을 모두 고르면?

〈표 1〉 2015년 와인 생산량 상위 8개국 현황

(단위: 천 L, %)

구분 국가	2015년 생산량	구성비	2013년 생산량 대비 증가율
이탈리아	4,950	17.4	-8.3
프랑스	4,750	16.7	12.8
스페인	3,720	13.1	-18.0
미국	2,975	10.4	-4.5
아르헨티나	1,340	4.7	-10.7
칠레	1,290	4.5	0.8
호주	1,190	4.2	-3.3
남아프리카공화국	1,120	3.9	22.4
계	21,335	74.9	-3.8

〈표 2〉 2015년 와인 소비량 상위 8개국 현황

(단위: 천 L, %)

구분 국가	2015년 소비량	구성비	2013년 소비량 대비 증가율
미국	3,320	13.3	6.5
프랑스	2,720	10.9	-3.5
이탈리아	2,050	8.2	-5.9
독일	2,050	8.2	1.0
중국	1,600	6.4	-8.4
영국	1,290	5.2	1.6
아르헨티나	1,030	4.1	-0.4
스페인	1,000	4.0	2.0
계	15,060	60.2	-0.8

※ 1) 구성비는 세계 와인 생산(소비)량에서 각 국가 생산(소비)량이 차지하는 비율임.
　 2) 구성비와 증가율은 소수 둘째 자리에서 반올림한 값임.

┤ 보기 ├

ㄱ. 2015년 와인 생산량 상위 8개국 중 와인 소비량이 생산량보다 많은 국가는 1개이다.

ㄴ. 2015년 와인 생산량 상위 8개국만 와인 생산량이 각각 10 %씩 증가했다면, 2015년 세계 와인 생산량은 30,000천 L 이상이었을 것이다.

ㄷ. 2015년 중국 와인 소비량은 같은 해 세계 와인 생산량의 6 % 미만이다.

ㄹ. 2013년 스페인 와인 생산량은 같은 해 영국 와인 소비량의 3배 미만이다.

① ㄱ, ㄷ
② ㄴ, ㄹ
③ ㄷ, ㄹ
④ ㄱ, ㄴ, ㄷ
⑤ ㄱ, ㄴ, ㄹ

발문	• 자료 요약 • 옳은 것 취합
제목	• 주 자료 요약 • 구조가 똑 같은 병렬적 자료 　: 생산량, 소비량
단위 항목	• 실수자료:생산량, 소비량(천 L) • 상대자료: 구성비(%) 　- 기준값=2015년 전체 와인 　　생산량(소비량) • 상대자료 　- 생산량,소비량 증가율(%) 　- 기준값=2013년 와인 생산 　　량(소비량)
주 자료	• 순위자료 　- 8위 초과 자료 제시되지 않음 　- 8위 밖 자료는 8위보다 생산 　　량(소비량) 낮음 • 구성비로 전체 생산량(소비량) 　계산가능 • 증가율로 2013년 생산량(소비 　량) 계산가능 • 시계열 자료(2013년, 2015년)
각주	• 구성비의 기준값 제시 　- 부연설명에 가까움
선 택 지	ㄱ. 단순읽기 - 범위추론 ㄴ. 응용연산 ㄷ. 단순연산 ㄹ. 단순연산

> 자료 이해 ///

• 두 자료가 병렬적 구조를 갖고 있다. 한 자료는 와인 생산량을, 한 자료는 와인 소비량을 제시하고 있다.
• 자료는 순위 자료에 해당하므로 순위 밖 자료의 범위 등을 주의해야 할 것이다.
• 비율은 구성비와 증가율 자료가 주어져 있다. 구성비의 기준값은 전체 와인 생산량(소비량)이며 자료에 주어져 있지 않다. 증가율의 기준값은 해당 국가의 2013년 생산량(소비량)인데 자료에 주어져 있지 않다.

→ 해당 구성비 $= \dfrac{\text{2015년 해당국가 와인 생산량(소비량)}}{\text{전체 와인 생산량(소비량)}}$

⇒ 전체 생산량(소비량) $= \dfrac{\text{2015년 해당국가 와인 생산량(소비량)}}{\text{해당 구성비}}$

→ 해당국가 와인 생산량(소비량) 증가율 $= \dfrac{\text{2015년 와인 생산량(소비량)} - \text{2013년 와인 생산량(소비량)}}{\text{2013년 와인 생산량(소비량)}}$

⇒ 2013년 와인 생산량(소비량) $= \dfrac{\text{2015년 와인 생산량}}{1 + \text{증가율}}$

> 옳은 지문 ///

ㄱ. (O)
〈표 1〉의 8개 국가에 대해서 살펴보면 생산량 상위 5개국 중 미국만 소비량이 생산량보다 많다. 그리고 생산량 5~8위 국가의 소비량은 〈표 2〉에 제시되어 있지 않다. 하지만 〈표 2〉가 소비량 순위표이므로 생산량 5~8위 국가의 소비량은 모두 소비량 8위인 스페인(1,000천 L)보다 작을 것이므로 소비량이 생산량보다 작다는 것을 알 수 있다.
결국 지문에 해당하는 국가는 미국 1개국뿐이다.

ㄴ. (O)
우선 지문에서 가정한 상황 이전의 2015년 와인 생산량을 구하면 다음과 같다. 이때 미국의 구성비가 간단한 비율이므로 이를 활용한다.

▶ 2015년 전체 와인 생산량 $= \dfrac{\text{미국 와인 생산량}}{\text{미국 와인 생산량 구성비}} = \dfrac{2,975\text{천 L}}{10.4\%} \Rightarrow \dfrac{29,750\text{천 L}}{104\%}$

⇒ 약 28,000~29,000천 L

지문에서 가정한 상황처럼 상위 8개국만 10% 생산량이 증가한다면 8개국 생산량 합인 21,335천 L의 10%인 약 2,133천 L가 더 증가한다.

▶ 2015년 전체 와인 생산량 + 상위 8개국 10% 증가량 = 28,000천 L + 2,133 L = 30,000천 L 이상

따라서 어림산한 오차를 감안해도 30,000천 L 이상이다.

※ 2015년 전제 생산량은 프랑스의 구성비를 이용하는 것도 효율적이다.

$16.7\% = \dfrac{1}{6}$ 이므로 「전체 생산량 = 4,750천 L × 6 = 28,500천 L」이다.

ㄷ. (O)
우선 〈보기〉 ㄴ 해설에서 어림산으로 계산한 세계 와인 생산량 '28,000천 L'를 이용하여 계산해 보자. 그리고 2015년 중국 와인 소비량은 〈표 2〉를 보면 1,600L이다.

▶ $\dfrac{\text{2015년 중국 와인 소비량}}{\text{2015년 세계 와인 소비량}}$ vs 6% $\Rightarrow \dfrac{1,600\text{천 L}}{28,000\text{천 L}}$ vs $\dfrac{6}{100} \Rightarrow \dfrac{4}{70}$ vs $\dfrac{6}{100}$

$\Rightarrow 4 \times 100$ vs $6 \times 70 \Rightarrow$ 좌변 < 우변

세계 와인 생산량은 실제보다 작은 경우로 가정하고 계산한 것이므로 오차를 감안해도 6% 미만이다.

2015년 세계   와인 생산량을 어림산으로 대입하지 않고 계산하면 다음과 같다.

「2015년 세계 와인 생산량 $= \dfrac{2,975\text{천 L}}{10.4\%}$」

▶ $\dfrac{2015\text{년 중국 와인 소비량}}{2015\text{년 세계 와인 소비량}}$ vs 6%

$\Rightarrow \dfrac{1,600\text{천 L}}{\dfrac{2,975\text{천 L}}{10.4\%}}$ vs $\dfrac{6}{100}$ $\Rightarrow \dfrac{1,600}{2,975}$ vs $\dfrac{60}{104}$ $\Rightarrow \dfrac{160}{297} < \dfrac{180}{312}$

$\Rightarrow$ 좌변 < 우변 (∵우변 분자의 배율이 더 크다)

> 옳지 않은 지문 ///

ㄹ. (×)

2013년의 자료는 제시되어 있지 않기 때문에 '2015년 생산량(소비량)'과 '2013년 생산량(소비량) 대비 증가율'을 이용하여 계산할 수 있다.

▶ 2013년 스페인 와인 생산량$= \dfrac{3,720\text{천 L}}{100\%+(-18.0\%)} = \dfrac{3,720\text{천 L}}{0.820}$

▶ 2013년 영국 와인 소비량$= \dfrac{1,290\text{천 L}}{100\%+1.6\%} = \dfrac{1,290\text{천 L}}{1.016}$

▶ 2013년 스페인 와인 생산량 vs '2013년 영국 와인 소비량'의 3배

$\Rightarrow \dfrac{3,720\text{천 L}}{0.820}$ vs $\dfrac{1,290\text{천 L}}{1.016} \times 3$

$\Rightarrow \dfrac{372}{820}$ vs $\dfrac{387}{1016}$ $\Rightarrow \dfrac{372}{820} > \dfrac{387}{1016}$

따라서 지문은 옳지 않다.

정답 》 ④

문 14.

지수자료 2020년 5급 나형 22번

다음 〈표〉는 일제강점기 8개 도시의 기간별 물가와 명목임금 비교지수에 관한 자료이다. 이에 대한 〈보기〉의 설명 중 옳은 것만을 모두 고르면?

〈표 1〉 일제강점기 8개 도시의 물가 비교지수

기간＼도시	경성	대구	목포	부산	신의주	원산	청진	평양
1910~1914년	1.04	0.99	0.99	0.95	0.95	1.05	1.06	0.97
1915~1919년	0.98	1.03	0.99	0.96	0.98	1.03	1.03	1.00
1920~1924년	1.03	1.01	1.01	1.03	0.96	0.99	1.05	0.92
1925~1929년	1.05	0.98	0.99	0.98	0.98	1.04	1.05	0.93
1930~1934년	1.06	0.96	0.93	0.98	1.06	1.00	1.04	0.97
1935~1939년	1.06	0.98	0.94	1.01	1.02	0.99	1.02	0.98

※ 기간별 각 도시의 물가 비교지수는 해당 기간 8개 도시 평균 물가 대비 각 도시 물가의 비율임

〈표 2〉 일제강점기 8개 도시의 명목임금 비교지수

기간＼도시	경성	대구	목포	부산	신의주	원산	청진	평양
1910~1914년	0.92	0.83	0.89	0.96	1.01	1.13	1.20	1.06
1915~1919년	0.97	0.88	0.99	0.98	0.92	1.01	1.32	0.93
1920~1924년	1.13	0.93	0.97	1.05	0.79	0.96	1.32	0.85
1925~1929년	1.05	0.83	0.91	0.98	0.95	1.05	1.36	0.87
1930~1934년	1.06	0.86	0.84	0.96	0.96	1.01	1.30	1.01
1935~1939년	0.99	0.85	0.85	0.95	1.16	1.04	1.10	1.06

※ 기간별 각 도시의 명목임금 비교지수는 해당 기간 8개 도시 평균 명목임금 대비 각 도시 명목임금의 비율임

┤ 보기 ├

ㄱ. 경성보다 물가가 낮은 도시는 '1910~1914년' 기간에는 5곳이고 '1935~1939년' 기간에는 7곳이다.

ㄴ. 물가와 명목임금 모두가 기간별 8개 도시 평균보다 매 기간에 걸쳐 높은 도시는 한 곳뿐이다.

ㄷ. '1910~1914년' 기간보다 '1935~1939년' 기간의 명목임금이 경성은 증가하였으나 부산은 감소하였다.

ㄹ. '1920~1924년' 기간의 명목임금은 목포가 신의주의 1.2배 이상이다.

① ㄱ, ㄷ

② ㄱ, ㄹ

③ ㄴ, ㄷ

④ ㄱ, ㄴ, ㄹ

⑤ ㄴ, ㄷ, ㄹ

왼쪽 여백 표

발문	• 자료 요약 • 옳은 것 취합
제목	• 주 자료 요약 • 복수자료 　– 병렬적 구조
단위 항목	• 상대자료: 지수자료 　– 기준값: 같은 기간의 8개 도시 평균 물가(임금)를 1로 함
주 자료	• 기준값이 특정대상인 지수자료이고 실숫값의 정보 없음 • 같은 시기 다른 도시의 실숫값만 지수자료로 비교 가능
각주	• 지수값의 기준이 되는 특정대상 제시
선 택 지	ㄱ. 간접비교 – 단순읽기 ㄴ. 간접비교 – 단순읽기 ㄷ. 알수없음 ㄹ. 응용연산

• 지수자료에서는 기준값을 파악하는 것이 중요하다. 각각 기간별로 8개 도시의 평균 물가(명목임금)이 1에 해당하는 값임을 알 수 있다. 따라서 같은 기간내에서 도시사이에 비교는 가능하지만 다른 기간 사이에는 비교가 불가능하다는 점을 알아야 한다.
그리고 〈표 1〉과 〈표 2〉는 병렬적 구조이고 특별한 관계는 없다.

> 옳은 지문 ///

ㄱ. (O)
실제 물가는 알 수 없지만 같은 기간에 대해 다른 도시끼리의 물가는 지수값으로 비교 가능하다.
〈표 1〉에서 해당 기간에 '경성'의 물가 지수값보다 낮은 도시를 찾으면 된다.
'1910 ~ 1914년' 기간에 '경성'의 물가 지수는 1.04이고 이보다 낮은 도시는 '대구', '목포', '부산', '신의주', '평양' 5곳이다.
'1935~1939년' 기간에 '경성'의 물가 지수는 1.06이고 이보다 낮은 도시는 '대구', '목포', '부산', '신의주', '원산', '청진', '평양' 7곳이다.

ㄴ. (O)
물가는 〈표 1〉에서 1보다 매 기간 1보다 높아야 하고, 명목임금은 〈표 1〉에서 매 기간 1보다 높아야 한다.
〈표 1〉에서 매 기간에 걸쳐 수치가 1보다 높은 도시는 '청진'뿐이다.
〈표 2〉에서 '청진'에 대해서만 살펴보면 되고, '청진'의 명목임금 지수가 모두 1보다 크다.
따라서 물가와 명목임금 모두가 기간별 8개 도시 평균보다 매 기간에 걸쳐 높은 도시는 '청진' 한 곳뿐이다.

ㄹ. (O)
다음 식과 같은 관계가 있으므로 〈표 1〉에서 두 도시 사이의 명목임금 지수 사이의 비율로 계산하면 된다.

$$\left\lceil \frac{\text{목포의 명목임금}}{\text{신의주의 명목임금}} = \frac{\dfrac{\text{목포의 명목임금}}{\text{8개도시 평균명목임금}}}{\dfrac{\text{신의주의 명목임금}}{\text{8개도시 평균명목임금}}} = \frac{\text{목포의 명목임금 비교지수}}{\text{신의주의 명목임금 비교지수}} \right\rfloor$$

이 값을 계산하면 $\left\lceil \dfrac{\text{목포의 명목임금 비교지수}}{\text{신의주의 명목임금 비교지수}} = \dfrac{0.97}{0.79} > 1.2 \right\rfloor$ 이므로 1.2배 이상이다.

참고 ──────────

〈보기〉 ㄹ의 계산에서 $\left\lceil \dfrac{0.97}{0.79} = \dfrac{97}{79} \right\rfloor$ 이고, 79의 0.1배는 약 80이고 0.2배는 약 16이다. 그리고 79에 16을 더하면 95이고 이 값이 약 1.2배에 해당한다. $\dfrac{97}{79}$ 에서 97은 79의 1.2배인 95보다 크기 때문에 $\dfrac{97}{79}$ 은 1.2 이상이다.

> 옳지 않은 지문 ///

ㄷ. (×)
지수자료의 기준값은 해당 기간 8개 도시의 평균값이므로 다른 조건이 없는 한 다른 기간에서의 명목임금(실숫값)은 비교할 수 없다.
'1910~1914년의 평균 명목임금을 100a라고 하고, '1935~1939년' 평균 명목임금을 100라고 하면

기간 \ 도시	경성	부산
1910~1914년	92a	96a
1935~1939년	99b	85b

경성: 92a → 113b   부산: 96a → 85b
a, b 값을 알 수 없기 때문에 증가했는지 감소했는지 실숫값의 증감을 알 수 없다.

정답 >> ④

문 15.

A 당 B 2021년 7급 모의평가 23번

다음 〈그림〉은 '갑'국의 2003~2019년 교통사고 현황에 관한 자료이다. 이를 근거로 2003년 인구와 2019년 인구 1만명당 교통사고 건수를 바르게 나열한 것은?

〈그림 1〉 교통사고 건수 및 교통사고 사망자 수

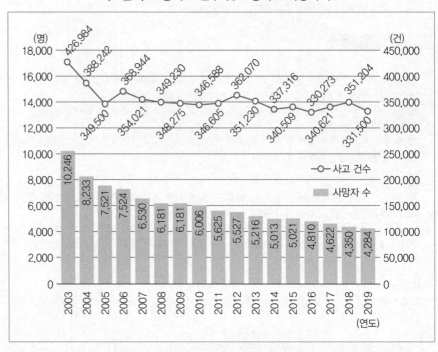

〈그림 2〉 인구 10만명당 교통사고 사망자 수〉

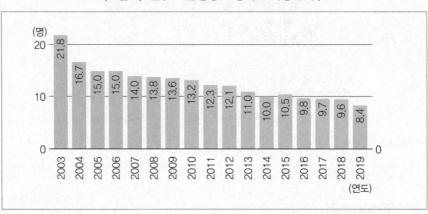

	2003년 인구(백만명)	2019년 인구 1만명당 교통사고 건수(건)
①	44	65
②	44	650
③	47	65
④	47	650
⑤	49	65

발문	• 자료 요약 • 2003년 인구와 2019년 인구 1만명당 교통사고 건수
제목	• 주 자료 요약 • 〈그림 2〉 제목에 연산관계 제시 : 교통사고 사망자 수 / 인구수 ×10만 • 복수자료 관계 – 〈그림 1〉과 〈그림 2〉에 연계 대상이 있음 – 교통사고 사망자 수
단위 항목	• 실수자료: 교통사고 건수(건) • 실수자료: 교통사고 사망자 수(명) • 상대자료: 인구 10만명당 교통사고 사망자 수(명) • 주자료와 선택지 자료 단위 다름(환산 필요)
주 자료	• 시계열 자료(2003~2019년) • 제시된 자료 교통사고 건수, 교통사고 사망자 수 • 인구는 제시되지 않았으나 계산 가능함
각주	
선택지	• 수치 제시형 – 2003년 인구(백만명)은 자릿수는 같고 수 배열만 다름 – 2019년 인구 1만명당 교통사거 건수는 수 배열은 같고 자릿수만 다름

> **자료 이해** ///

- 자료에 직접 주어진 자료는 '교통사고 건수', '교통사고 사망자 수', '인구 10만명당 교통사고 사망자 수' 항목이다. 따라서 '인구'는 직접적으로 주어져 있지 않기 때문에 계산이 필요하다. 이때 필요한 계산식을 정리하면 다음과 같다.

  → 인구 10만명당 교통사고 사망자 수(A) = $\dfrac{\text{교통사고 사망자 수}}{\text{인구수}} \times 10$만

  ⇒ 인구수 = $\dfrac{\text{교통사고 사망자 수}}{A} \times 10$만

  ⇒ 교통사고 사망자 수 = $\dfrac{A \times \text{인구수}}{10\text{만}}$

> **해설** ///

'2003년 인구(백만명)'는 자료에 직접 주어져 있지 않기 때문에 위의 관계식을 이용해서 계산해야 한다.

「2003년 인구 = $\dfrac{\text{2003년 교통사고 사망자 수}}{\text{2003년 인구 10만명당 교통사고 사망자 수}} \times 10$만

= $\dfrac{\text{10,246명}}{\text{21.8명}} \times 10$만 = $\dfrac{\text{10,246명}}{218} \times 100$만 = 약 47×100만」

※ 〈선택지〉에서 단위가 백만명이므로 연산 중간에 단위를 100만으로 정리하면 좋다. 그리고 정답을 고를 때 〈선택지〉에서 주어진 값이 '44', '47', '49'로 자릿수는 같고 수치만 다르기 때문에 결국 단위는 고려하지 않고 나눈 결과가 어떠한 수로 시작하는지만 계산하면 효율적으로 문제를 풀 수 있다.

남은 〈선택지〉를 보면 2019년 인구 1만명당 교통사고 건수는 '65건', '650건'으로 수치는 같고 자릿수만 다르기 때문에 단위를 주의해서 계산해야 한다.

「2019년 인구수 = $\dfrac{\text{2019년 교통사고 사망자 수}}{\text{인구 10만명당 교통사고 사망자 수}} \times 10$만」

▶ 인구 1만명당 교통사고 건수 = $\dfrac{\text{2019년 교통사고 건수}}{\text{2019년 인구 수}} \times 1$만

⇒ 2019년 교통사고 건수 × 1만 × $\dfrac{\text{인구 10만명당 교통사고 사망자 수}}{\text{2019년 교통사고 사망자 수} \times 10\text{만}}$

⇒ $\dfrac{\text{331,500건} \times 8.4\text{명}}{\text{4,284명}} \times \dfrac{1}{10}$ ⇒ $\dfrac{\text{약 240~270만}}{\text{약 4만}}$ ⇒ 60~70건 (결과가 두 자릿수 임)

따라서 〈선택지〉에서 결과가 두 자릿수인 65건이 되어야 하므로 정답은 ③번이다.

정답 ≫ ③

발문	• 자료 요약 • 옳은 것 취합
제목	• 주 자료 요약
단위 항목	• 실수자료: 노선수(개) • 실수자료: 차량대수(대)
주 자료	• 시계열 자료(2016~2020) • 버스 유형별로 노선수, 차량대 수 실수자료 제시
각주	• 자료 범위 한정 제시된 버스 유형의 합이 총 노 선, 총 자량대수임
선 택 지	ㄱ. 단순읽기 ㄴ. 단순연산 ㄷ. 단순읽기, 단순연산 ㄹ. 단순연산 ㅁ. 단순연산

문 16.

보고서형 선택지 **2021년 5급 가형 35번**

다음 〈표〉는 A 시의 2016~2020년 버스 유형별 노선 수와 차량대수에 관한 자료이다. 이에 대한 〈보고서〉의 내용 중 옳은 것만을 고르면?

〈표〉 2016~2020년 버스 유형별 노선 수와 차량대수

(단위: 개, 대)

유형 구분 연도	간선버스		지선버스		광역버스		순환버스		심야버스	
	노선 수	차량 대수	노선 수	차량 대수	노선 수	차량 대수	노선 수	차량 대수	노선 수	차량 대수
2016	122	3,703	215	3,462	11	250	4	25	9	45
2017	121	3,690	214	3,473	11	250	4	25	8	47
2018	122	3,698	211	3,474	11	249	3	14	8	47
2019	122	3,687	207	3,403	10	247	3	14	9	70
2020	124	3,662	206	3,406	10	245	3	14	11	78

※ 버스 유형은 간선버스, 지선버스, 광역버스, 순환버스, 심야버스로만 구성됨

┤ 보고서 ├

     ⊙ 2017~2020년 A 시 버스 총노선 수와 총차량대수는 각각 매년 감소하고 있으며, ⓒ 전년 대비 감소폭은 총노선 수와 총차량대수 모두 2019년이 가장 크다. 이는 A 시 버스 이용객의 감소와 버스 노후화로 인한 감차가 이루어져 나타난 결과로 볼 수 있다. ⓒ 2019년 심야버스는 버스 유형 중 유일하게 전년에 비해 차량대수가 증가하였고 전년 대비 차량대수 증가율은 45 %를 상회하였다. 이는 심야시간 버스 이용객의 증가로 인해 나타난 것으로 볼 수 있다. ⓔ 2016~2020년 동안 노선 수 대비 차량대수 비는 간선버스가 매년 가장 크다. 이는 간선버스가 차량운행거리가 길고 배차시간이 짧다는 특성이 반영된 것으로 볼 수 있다. 마지막으로 ⓜ 2016~2020년 동안 노선 수 대비 차량대수 비는 심야버스가 순환버스보다 매년 크다.

① ㄱ, ㄴ, ㄷ   ② ㄱ, ㄹ, ㅁ

③ ㄴ, ㄷ, ㄹ   ④ ㄴ, ㄷ, ㅁ

⑤ ㄷ, ㄹ, ㅁ

> **자료 이해** ///

- 자료가 연도별로 구성된 일반적인 자료이다. 이러한 형식의 자료가 주어지면 '증감', '증감률', '대소비교', '비율', '차이' 등에 관한 일반적인 계산을 자주 묻는다.
- 〈각주〉를 보면 다른 버스유형을 고려할 필요가 없기 때문에 주어진 자료만으로 계산하면 된다.

ㄴ. (O)

버스유형별 노선과 차량대수의 증감을 계산한 후 증감을 합산하여 총 증감을 계산하는 것이 효율적이다.

2018년 대비 2019년 노선수의 증감을 살펴보면, 간선버스 0개, 지선버스 −4개, 광역버스 −1개, 순환버스 0개, 심야버스 +1개이고 합은 −4개이다.

2018년 대비 2019년 차량대수의 증감을 살펴보면, 간선버스 −9대, 지선버스 −71대, 광역버스 −2대, 순환버스 0대, 심야버스 +23개이고 합은 −61대이다.

같은 방식으로 다른 연도에 대해서 살펴보면 전년 대비 증가량은 노선수와 총차량대수 모두 2019년보다 작다.

🔦 참고

연도별로 모두 비교해야 해서 부담이 될 수 있다. 하지만 노선수는 수치가 작아서 계산이 간단하고, 차량대수는 2019년 감소량이 확연하게 커서 대충 계산해도 쉽게 판단이 가능하다.

ㄷ. (O)

'ㄴ'의 해설을 보면 2018년 대비 2019년 버스 유형별 차량대수 증가량은 심야버스만 23대 증가하였고 나머지는 감소하거나 그대로이다.

그리고 심야버스의 2018년 대비 2019년 증가율은 「$\frac{70대-47대}{47대}=\frac{23대}{47대}=0.45\sim0.5$」이므로 45%를 넘는다.

ㄹ. (O)

2016년 간선버스의 노선 수 대비 차량대수 비는 「$\frac{3,703대}{122개}=$약 30」이고 다른 연도에 대해서도 살펴보면 간선버스의 노선 수 대비 차량대수 비는 약 30이다.

그런데 다른 유형의 버스에 대해서 노선 수 대비 차량대수 비를 살펴보면 주어진 모든 연도에 대해서 지선버스는 약 16~17, 광역버스는 약 22~25, 순환버스는 약 4~7, 심야버스는 약 5~80이다.

따라서 노선 수 대비 차량대수 비는 간선버스가 매년 가장 크다

ㄱ. (×)

2019년 대비 2020년 노선수 증가량을 버스유형별로 살펴보면 간선버스는 +2개, 지선버스는 −1개, 광역버스는 0개, 순환버스는 0개, 심야버스는 +2개이고 증가량의 총합은 +3개이다.

따라서 총노선 수가 증가한 연도가 존재하므로 옳지 않은 지문이다.

ㅁ. (×)

2016년 노선 수 대비 차량대수 비를 살펴보면

심야버스는 「$\frac{45대}{9개}=5$」, 순환버스는 「$\frac{25대}{4개}=6.25$」이다.

따라서 심야버스가 순환버스보다 작은 연도가 있기 때문에 옳지 않다.

정답 ≫ ③

문 17.   보고서와 부합하는 표-그림   2021년 5급 가형 6번

다음 〈보고서〉는 세계 전기차 현황과 전망에 대한 자료이다. 〈보고서〉를 작성하기 위해 사용하지 않은 것은?

┤ 보고서 ├

세계 각국이 내연기관차의 배기가스 배출을 규제하고, 친환경차 도입을 위한 각종 지원정책을 이어가면서 전기차 시장은 빠르게 성장하고 있다. '세계 전기차 전망' 보고서에 따르면, 전문가들은 2015년 1.2백만 대에 머물던 세계 전기차 누적 생산량이 2030년에는 2억 5천만 대를 넘어설 것으로 추정하고 있다. 전기차 보급에 대한 전망도 희망적이다. 2020년 5백만 대에 못 미치던 전 세계 전기차 연간 판매량이 2030년에는 2천만 대가 넘을 것으로 추정된다.

국내 역시 빠른 속도로 전기차 시장이 성장하고 있다. 정부의 친환경차보급로드맵에 따르면 2015년 산업수요 대비 비중이 0.2 %였던 전기차는 2019년에는 2.4 %까지 비중이 늘었고, 2025년에는 산업수요에서 차지하는 비중을 14.4 %까지 끌어올린다는 목표를 가지고 있다.

전기차가 빠른 기간 내에 시장 규모를 키워나갈 수 있었던 것은 보조금 지원과 전기 충전 인프라 확충의 영향이 크다. 현재 전기차는 동급의 내연기관차에 비해 가격이 비싸지만, 보조금을 받아 구매하면 실구매가가 낮아진다. 우리나라에서 소비자는 2019년 3월 기준, 전기차 구매 시 지역별로 대당 최소 450만 원에서 최대 1,000만 원까지 구매 보조금을 받을 수 있다. 이는 전기차의 가격 경쟁력을 높이는 요인 중 하나다. 충전 인프라의 확충은 전기차 보급 확대의 핵심적인 요소로, 국내 전기 충전 인프라는 2019년 3월 기준 전국 주유소 대비 80 % 수준으로 설치되어 있다.

① 세계 전기차 누적 생산량 현황과 전망

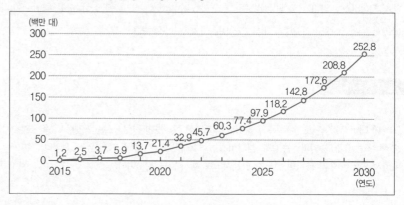

② 우리나라 지역별 전기차 공용 충전기 현황(2020년 3월)

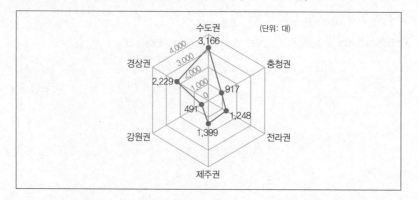

---

③ 우리나라 산업수요 대비 전기차 비중의 현황과 전망

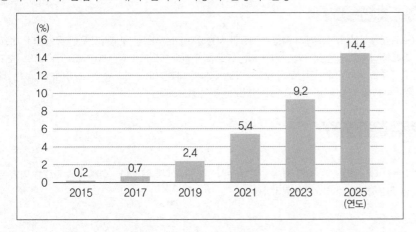

④ 세계 전기차 연간 판매량의 국가별 비중 현황과 전망

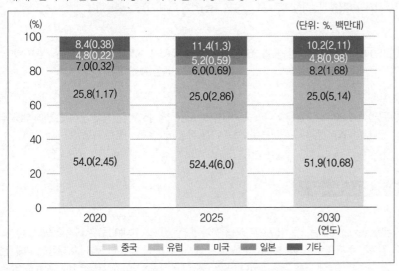

⑤ 우리나라 지역별 전기차 구매 보조금 현황(2019년 3월)

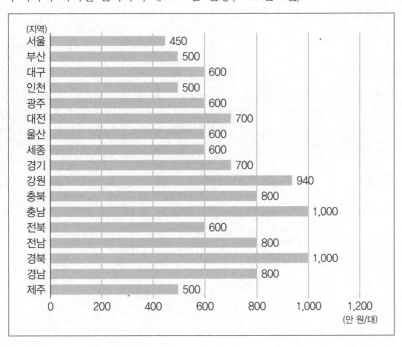

> **자료 이해** ///

• 〈보고서〉를 작성하기 위해서 사용한 자료와 사용하지 않은 자료를 구분하기 위한 유형이다. 〈보고서〉에서 다루고 있는 내용의 근거가 되는 자료를 구별하면 되므로 〈선택지〉 자료의 수치와 〈보고서〉의 부합 여부까지는 판단하지 않아도 되는 경우가 대부분이다. 따라서 〈보고서〉에서 다루는 내용과 시기 및 대상이 맞는지 위주로 살펴보는 것이 중요하다.

> **사용한 자료** ///

① (○)
〈1문단〉에 2015년, 2030년 세계 전기차 누적 생산량을 다루고 있다. 〈선택지〉의 자료는 이 부분을 작성하기 위해 필요한 자료이다.

③ (○)
〈2문단〉에서 2015년과 2019년, 2025년의 산업수요 대비 비중(0.2%, 2.4%, 14.4%)을 다루고 있고, 시기와 대상이 일치하므로 〈보고서〉를 작성하기 위해 사용된 자료이다.

④ (○)
〈1문단〉에서 2020년(5백만 대)과 2030년(2천만 대)의 세계 전기차 연간판매량을 다루고 있다. 시기와 대상이 일치하므로 〈보고서〉를 작성하기 위해 사용된 자료이다.

⑤ (○)
〈3문단〉에서 2019년 3월 우리나라의 지역별 보조금(최소 450만원, 최대 1,000만원)에 대해 다루고 있다. 시기와 대상이 일치하므로 〈보고서〉를 작성하기 위해 사용된 자료이다.

> **사용하지 않은 자료** ///

② (×)
〈3문단〉에서 2019년 3월 기준으로 국내 전기 충전 인프라 수치(80%)를 다루고 있다. 〈선택지〉의 자료는 주제가 관련되어 보이지만 〈보고서〉에서는 기간이 2020년 3월이고 대상도 국내 '전체' 전기 충전 인프라에 대해 다루고 있다. 반면 〈선택지〉 자료는 2019년 3월에 대한 자료도 없고 대상도 지역별 충전기 현황에 대한 것이다. 따라서 시기와 대상이 서로 맞지 않는 자료이기 때문에 〈보고서〉를 작성하기 위해 사용한 자료가 아니다.

[**TIP**]☞

이 유형은 〈보고서〉와 〈선택지〉의 부합 여부를 다루는 '자료변환'유형과 유사해 보이지만 접근 방법이 다르다. '자료변환'유형은 구체적으로 계산 결과가 같은지 판단해야 하지만, 이 문제의 유형은 〈보고서〉의 근거가 되는 자료를 찾는 것이므로 기간과 대상이 맞는지를 중점으로 살펴보는 것만으로 정답을 구할 수 있다.

정답 》 ②

문 18.

보고서 작성에 추가로 필요한 자료 `2020년 5급 나형 3번`

다음 〈표〉는 '갑'국의 택배 물량, 평균단가 및 매출액에 관한 자료이다. 〈보고서〉를 작성하기 위해 〈표〉 이외에 추가로 필요한 자료만을 〈보기〉에서 모두 고르면?

〈표〉 택배 물량, 평균단가 및 매출액

(단위: 만 박스, 원/박스, 억 원)

연도 \ 구분	물량	평균단가	매출액
2015	181,596	2,392	43,438
2016	204,666	2,318	47,442
2017	231,946	2,248	52,141
2018	254,278	2,229	56,679

┤ 보고서 ├

'갑'국의 택배 물량은 2015년 이후 매년 증가하였고, 2018년은 2017년에 비해 약 9.6 % 증가하였다. 2015년 이후 '갑'국의 경제활동인구 1인당 택배 물량 또한 매년 증가하고 있는데, 이와 같은 추세는 앞으로도 계속될 것으로 예측된다.

2018년 '갑'국의 택배업 매출액은 2017년 대비 약 8.7 % 증가한 5조 6,679억 원이었다. '갑'국 택배업 매출액의 연평균 성장률을 살펴보면 2001~2010년 19.1 %, 2011~2018년 8.4 %를 기록하였는데, 2011년 이후 성장률이 다소 둔화하였지만, 여전히 높은 성장률을 유지하고 있음을 알 수 있다. 2011~2018년 '갑'국 유통업 매출액의 연평균 성장률은 3.5 %로 동기간 택배업 매출액의 연평균 성장률보다 매우 낮다고 할 수 있다. 한편, 택배의 평균단가는 2015년 이후 매년 하락하고 있다.

┤ 보기 ├

ㄱ. 2001~2014년 연도별 택배업 매출액
ㄴ. 2011~2018년 연도별 유통업 매출액
ㄷ. 2012~2014년 연도별 택배 평균단가
ㄹ. 2015~2018년 연도별 경제활동인구

① ㄱ, ㄴ   ② ㄱ, ㄹ
③ ㄴ, ㄷ   ④ ㄱ, ㄴ, ㄹ
⑤ ㄴ, ㄷ, ㄹ

발문	• 자료 요약 • 추가로 필요한 자료
제목	• 주 자료 요약
단위 항목	• 실수자료: 택배물량(만 박스) • 실수자료: 평균단가(원/박스) • 실수자료: 매출액(억 원)

주
자료
	• 시계열 자료(2015~2018)
	• 보고서
	  – 1문단 택배 물량 증가 현황
	    (2015~2018)
	  – 2문단 택배업 매출액
	    (2001~2018)
	    택배 평균단기
	    (2015~2018)

각주	
선 택 지	ㄱ. 2문단 관련 ㄴ. 2문단 관련 ㄷ. 2문단 관련 ㄹ. 1문단 관련

> **자료 이해** ///

• 〈보고서〉작성에 추가로 필요한 자료를 찾는 유형은 우선 〈보고서〉의 내용 중 기존 자료에서 알 수 있는 값들을 찾아서 제거시키는 것이 더 쉽다. 그리고 〈보고서〉에서 언급하고 있지 않은 자료는 필요 없는 자료이므로 이러한 자료들 먼저 제외시키는 것이 효율적이다.

> **필요한 자료** ///

ㄱ. (○)

2문단에서 〈표〉에 주어지지 않은 2001~2010, 2011~2018년의 매출액 연평균 성장률을 언급하고 있다.

〈표〉에 2015~2018년의 매출액은 알 수 있으므로 2001~2014년 연도별 택배업 매출액 정보가 필요하다.

ㄴ. (○)

2문단에서는 2011~2018년의 '유통업' 매출액 연평균 성장률을 언급하는데, 〈표〉에서는 관련 정보가 없다. 따라서 2011~2018년 연도별 유통업 매출액 자료가 필요하다.

ㄹ. (○)

1문단에서 2015년 이후 '경제활동 1인당 택배 물량'을 언급하고 있다. '경제활동 1인당 택배 물량'은 $\dfrac{택배물량}{경제활동인구}$ 의 값인데, 주어진 〈표〉에서는 택배물량만 알 수 있고 경제활동인구는 알 수 없다. 따라서 '2015~2018년 연도별 경제활동인구'는 추가로 필요한 자료이다.

> **필요하지 않은 자료** ///

ㄷ. (×)

2문단에서 택배의 평균단가를 언급하고 있지만, 시기가 2015년 이후에 관한 것이므로 이 값은 〈표〉에서 알 수 있다. 따라서 '2012~2014년 연도별 택배 평균단가'는 필요 없는 자료이다.

참고 ───

〈보기〉 ㄷ에서 '택배의 평균단가는 2015년 이후 매년 하락'한다는 의미는 그 이전에는 증가하였다는 의미라고 추론하여, '2012~2014년의 연도별 택배 평균단가'도 필요한 자료라고 판단한 수험생도 있을 것이다.

하지만 우선 그런 맥락이 추론된다고 하여도 정확히 2012~2014년이라는 기간에 관한 것이 필요한 것인지는 알 수 없다. 또한 자료해석에서는 문맥의 흐름을 파악하는 것이 아니라 주어진 정보와 자료에 따라 객관적으로 확실한 것들을 정답으로 선택해야 한다.

따라서 객관적으로 확실한 나머지를 정답으로 선택해야 한다.

───

정답 » ④

다음 〈표〉는 2016~2018년 '갑'국의 공무원 집합교육 실적에 관한 자료이다. 이를 바탕으로 작성한 〈보고서〉의 B, C, D에 해당하는 내용을 바르게 나열한 것은?

〈표〉 공무원 집합교육 실적

(단위: 회, 명)

분류	과정	연도 구분	2016 차수	2016 교육인원	2016 연인원	2017 차수	2017 교육인원	2017 연인원	2018 차수	2018 교육인원	2018 연인원
기본교육		고위	2	146	13,704	2	102	14,037	3	172	14,700
		과장	1	500	2,500	1	476	1,428	2	580	2,260
		5급	3	2,064	81,478	3	2,127	86,487	3	2,151	89,840
		6급 이하	6	863	18,722	6	927	19,775	5	1,030	22,500
		소계	12	3,573	116,404	12	3,632	121,727	13	3,933	129,300
가치교육		공직가치	5	323	1,021	3	223	730	2	240	800
		국정과제	8	1,535	2,127	8	467	1,349	6	610	1,730
		소계	13	1,858	3,148	11	690	2,079	8	850	2,530
전문교육		직무	6	395	1,209	9	590	1,883	9	660	2,100
		정보화	30	2,629	8,642	29	1,486	4,281	31	1,812	5,096
		소계	36	3,024	9,851	38	2,076	6,164	40	2,472	7,196
전체			61	8,455	129,403	61	6,398	129,970	61	7,255	139,026

※ 차수는 해당 교육과정이 해당 연도 내에 진행되는 횟수를 의미하며, 교육은 시작한 연도에 종료됨.

―| 보고서 |―

　2017년 공무원 집합교육 실적을 보면, 연인원은 전년보다 500명 이상 증가하였으나, 교육인원은 전년 대비 20 % 이상 감소하였다. 2017년 공무원 집합교육 과정별 실적을 보면, 교육인원과 연인원은 각각 [　　A　　]과정이 가장 많았으며, 차수당 교육인원은 [　B　]과정이 가장 많았다.

　2018년 공무원 집합교육 실적을 보면, 전체 차수는 2017년과 같은 61회였으나, 교육인원과 연인원은 각각 전년보다 [　C　]. 한편, 기본교육 중 '과장'과정의 교육인원 대비 연인원 비율을 보면, 2018년은 2017년에 비해서는 [　　D　　]하였으나, 2016년에 비해서는 [　E　]하였다.

	B	C	D
①	5급	적었다	감소
②	5급	많았다	증가
③	5급	많았다	감소
④	과장	적었다	증가
⑤	과장	많았다	감소

우측 여백 주석

발문
- 자료 요약
- B, C, D에 해당하는 내용

제목
- 주 자료 요약

단위
항목
- 실수자료: 차수(회)
- 실수자료: 교육인원, 연인원(명)

주
자료
- 시계열 자료(2016~2018년)
- 보고서
  1문단: 2017년 공무원 집합교육 실적
  2문단: 2018년 공무원 집합교육 실적

각주
- 자료의 범위 한정
  연도와 연도 사이에 걸쳐서 진행되는 교육과정이 없음을 한정

선택지
빈칸 매칭
B: 단순연산, '5급' 아니면 '과장'
C: 단순읽기, '많았다' 또는 '적었다'
D: 단순연산, '증가' 또는 '감소'

> **자료 이해** ///

- 공무원 집합교육 실적을 여러 과정에 대하여 분류해 두었으므로 과정별 명칭을 잘 구별해야 한다. 그리고 〈보고서〉에서 연도에 대한 내용이 많기 때문에 시점을 정확히 체크해야 할 것이다.

> **해설** ///

〈선택지〉를 보면 〈보고서〉의 B, C, D만 필요하기 때문에 해당되는 내용만 살펴본다.

- 2017년 공무원 집합교육 과정별 실적을 보면, … 차수당 교육인원은 [B] 과정이 가장 많았다. 과정별로 모두 계산할 필요 없이 〈선택지〉에서 'B'에 '5급'과 '과장'만 있으므로 두 과정에 대해서만 비교하면 된다.

  '차수'당 '교육인원'은 $\frac{교육인원}{차수}$ 이고, '5급' 과정의 경우 「$\frac{2,127명}{3회}$ =약700명」, '과장' 과정의 경우 「$\frac{476명}{1회}$ =476명」이다. 따라서 'B'는 '차수'당 '교육인원'이 가장 많은 과정이므로 '5급'이다.

- 2018년 공무원 집합교육 실적을 보면, 전체 차수는 2017년과 같은 61회였으나, 교육인원과 연인원은 각각 전년보다 [C].
  〈표〉에 전체 '차수' 및 '교육인원' 연인원 집계가 나와 있으므로 비교만 하면 된다.
  2018년에는 2017년에 비해 '교육인원'(6,398명 → 7,255명)과 '연인원'(129,970명 → 139,026명) 모두 증가하였으므로 'C'에 해당하는 내용은 '많았다'이다.

- 기본교육 중 '과장'과정의 교육인원 대비 연인원 비율을 보면, 2018년은 2017년에 비해서는 [D] 하였으나, '기본교육' 중 '과장'과정의 '교육인원' 대비 '연인원' 비율은 「$\frac{연인원}{교육인원}$」이고 2018년의 경우 「$\frac{2,260명}{580명}$ =3~4」, 2017년의 경우 「$\frac{1,428명}{476명}$ =3」이다.
  따라서 2018년에는 2017년 대비 증가하였으므로 'D'에 해당하는 내용은 '증가'이다.

따라서 B, C, D에 해당하는 내용은 차례로 「5급, 많았다, 증가」이다.

정답 ≫ ②

문 20.

표-그림 변환형 `2021년 5급 가형 32번`

다음 〈표〉는 2020년 A 지역의 가구주 연령대별 및 종사상지위별 가구 구성비와 가구당 자산 보유액 현황에 관한 자료이다. 이를 이용하여 작성한 〈보기〉의 그래프 중 옳은 것만을 모두 고르면?

〈표〉 가구 구성비 및 가구당 자산 보유액

(단위: %, 만 원)

구분	자산 유형 / 가구 구성비	가구 구성비	전체	금융자산	실물자산 부동산	실물자산 거주주택	실물자산 기타
가구 전체		100.0	43,191	10,570	30,379	17,933	2,242
가구주 연령대	30세 미만	2.0	10,994	6,631	3,692	2,522	671
	30~39세	12.5	32,638	10,707	19,897	13,558	2,034
	40~49세	22.6	46,967	12,973	31,264	19,540	2,730
	50~59세	25.2	49,346	12,643	33,798	19,354	2,905
	60세 이상	37.7	42,025	7,912	32,454	18,288	1,659
가구주 종사상 지위	상용근로자	42.7	48,531	13,870	32,981	20,933	1,680
	임시·일용근로자	12.4	19,498	4,987	13,848	9,649	663
	자영업자	22.8	54,869	10,676	38,361	18,599	5,832
	기타(무직 등)	22.1	34,179	7,229	26,432	16,112	518

┤ 보기 ├

ㄱ. 가구주 연령대별 부동산 자산 중 거주주택 자산 비중

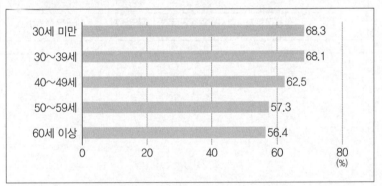

ㄴ. 상용근로자와 자영업자의 자산 유형별 자산 보유액 구성비 비교

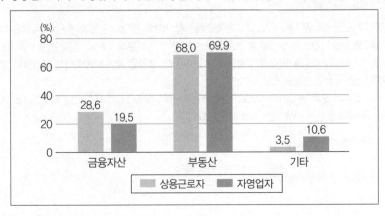

발문	• 자료 요약 • 옳은 것 취합
제목	• 제목의 연산식 가구 구성비 = $\dfrac{\text{해당연령대(종사상 지위) 가구}}{\text{가구 전체}}$ 가구당 자산 보유액 = $\dfrac{\text{해당유형 자산 보유액}}{\text{해당연령대(종사상지위) 가구수}}$
단위 항목	• 상대자료 – 가구당 자산 보유액(만원) – 전체, 금융, 실물(부동산, 기타) • 상대자료 – 가구 구성비(%) – 연령대별, 종사상 지위별
주 자료	• 계층구조 • 상대자료 • 가구수, 자산 보유액 등의 실수 자료는 주어지지 않았고 계산 도 불가능함.
각주	
선택지	ㄱ. 응용연산 ㄴ. 응용연산 ㄷ. 응용연산 ㄹ. 단순연산

ㄷ. 전체 자산의 가구주 연령대별 구성비

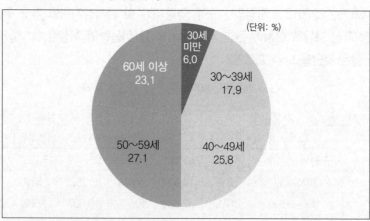

ㄹ. 가구주 종사상지위별 가구당 실물자산 규모

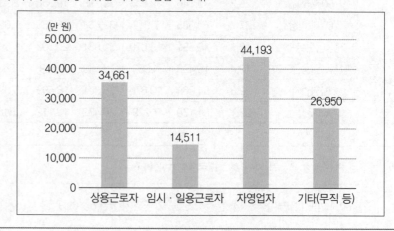

① ㄱ, ㄹ
② ㄴ, ㄷ
③ ㄴ, ㄹ
④ ㄷ, ㄹ
⑤ ㄱ, ㄴ, ㄹ

> 자료 이해 ///

• 주어진 자료의 일부를 나타낸 그래프가 부합하는지 여부를 판단하는 유형이다. 이 유형은 우선 단순 비교와 단순계산으로 확인할 수 있는 대상부터 먼저 살펴본다. 그리고 정확한 수치를 계산하기보다는 대략적인 값들로 비슷한지 확인해 보아야 한다. 보통은 확연히 차이나는 대상들이 있어 대략적인 계산으로도 정답을 찾을 수 있다.
• 자료의 값들이 모두 상대자료이므로, 묻고 있는 내용이 상대자료에 대한 것인지 상대자료에 대응되는 실수자료들인지 구별하는 것이 매우 중요하다.

→ 가구 구성비 $= \dfrac{\text{해당 항목 가구 수}}{\text{전체 가구 수}}$

→ 가구당 자산 보유액 $= \dfrac{\text{해당 항목 가구 자산 총액}}{\text{해당 항목 가구수}}$

ㄱ. (○)

그래프의 제목에 해당하는 값은 「$\dfrac{\text{해당 연령대 거주주택 자산 보유액 총액}}{\text{해당 연령대 부동산 자산 보유액 총액}}$」이다. 그리고 이 값은 〈표〉에 직접 주어져 있지 않으므로 다음 관계를 이해한 다음, 〈표〉에 주어진 항목을 대입하여 계산할 수 있다.

$$\rightarrow \frac{\text{해당 연령대 거주주택 자산 보유액 총액}}{\text{해당 연령대 부동산 자산 보유액 총액}} = \frac{\dfrac{\text{해당 연령대 거주주택 자산 총액}}{\text{해당 연령대 가구 수}}}{\dfrac{\text{해당 연령대 부동산 자산 총액}}{\text{해당 연령대 가구 수}}}$$

$$= \frac{\text{해당 연령대 가구당 거주주택 자산}}{\text{해당 연령대 가구당 부동산 자산}}$$

30세 미만 연령대에 대해서 계산해보면 「$\dfrac{2,522\text{만원}}{3,692\text{만원}}=68.3\%$」로 그래프의 수치와 일치한다.

다른 연령대도 같은 방법으로 살펴보면 일치하는 값이고 바르게 작성된 그래프이다.

ㄴ. (○)

상용근로자의 자산 유형별 자산 보유액 구성비는 「$\dfrac{\text{해당 유형 자산 보유액 총액}}{\text{상용근로자 전체 자산 보유액 총액}}$」이고 〈표〉 직접 주어져 있지 않기 때문에 다음의 관계를 이해한 다음, 〈표〉에 주어진 항목을 대입하여 계산할 수 있다.

$$\rightarrow \frac{\text{해당 유형 자산 보유액 총액}}{\text{상용 근로자 전체 자산 보유액 총액}} = \frac{\dfrac{\text{해당 유형 자산 보유액 총액}}{\text{상용근로자 가구 수}}}{\dfrac{\text{상용근로자 전체 자산 보유액 총액}}{\text{상용근로자 가구 수}}}$$

$$= \frac{\text{상용 근로자 가구당 해당 유형 자산 보유액}}{\text{상용 근로자 가구당 전체 자산 보유액}}$$

상용근로자의 금융자산 보유액 구성비를 계산해보면 「$\dfrac{13,870\text{만원}}{48,531\text{만원}}=28.6\%$」로 그래프의 수치와 부합한다. 같은 방법으로 나머지 자료에 대해서 살펴보면 모두 일치함을 알 수 있다.

ㄹ. (○)

가구주 종사상지위별 가구당 실물자산 규모는 「$\dfrac{\text{해당 종사상지위 실물자산 보유액}}{\text{해당 종사상 지위 가구 수}}$」의 값이다. 이 값은 다음과 같은 관계를 이해한 다음 〈표〉에 주어진 자료의 단순 합으로 계산 가능하다.

$$\rightarrow \frac{\text{해당 종사상 지위 부동산 자산 보유액}+\text{해당 종사상 지위 기타자산 보유액}}{\text{해당 종사상지위 가구수}}$$

$$= \text{가구당 부동산 자산 보유액}+\text{가구당 기타자산 보유액}$$

상용근로자의 경우 「$32,981\text{만원}+1,680\text{만원}=34,661\text{만원}$」으로 그래프의 수치와 일치한다. 다른 가구주 종사상지위에 대해서도 같은 방법으로 계산하면 모두 바르게 나타낸 그래프이다.

ㄷ. (×)

전체 자산의 가구주 연령대별 구성비는 $\dfrac{\text{해당 연령대 자산 보유액 총액}}{\text{전체 자산 보유액 총액}}$로 계산해야 한다.

$$\rightarrow \frac{\text{해당 연령대 자산 보유액 총액}}{\text{전체 자산 보유액 총액}} = \frac{\text{해당 연령대 가구당 자산 보유액}\times\text{해당 연령대 가구 수}}{\text{가구당 전체 자산 보유액}\times\text{전체 가구 수}}$$

$$= \frac{\text{해당 연령대 가구당 자산 보유액}}{\text{가구당 전체 자산 보유액}}\times\text{해당 연령대 가구 구성비}$$

따라서 30세 미만에 연령대 자산의 구성비를 계산해보면

$\dfrac{10,994\text{만원}}{43,191\text{만원}} \times 2.0\% = 1\%$ 미만」으로 그래프의 수치와 부합하지 않는다. 따라서 그래프는 주어

진 자료를 이용해서 바르게 나타낸 그래프가 아니다.

🔍 참고

그래프의 값은 「$\dfrac{\text{해당 연령대 가구당 전체 자산 보유액}}{\text{연령대별 가구당 전체 자산 보유액 합}}$」의 값과 일치한다. 하지만 가구의 구성

비가 연령대별로 다르기 때문에 가구의 구성비를 고려하지 않은 값이다. 즉, 〈표〉에 주어진 가구
당 자산 보유액은 해당 구분에 대한 평균값이다. 따라서 해당 구분의 가구 수가 더 많으면 자산
보유액 총액도 많아진다. 결국 가구 구성비가 높고 낮음을 고려한 일종의 가중평균 개념으로 접
근해야 올바른 값을 구할 수 있다.

[TIP]👉

그래프 자료의 제목이 의미하는 연산관계를 〈표〉 주어진 항목들과의 관계를 이용할 수 있게
바뀌는 과정을 이해하는 것이 매우 중요하다. 이 문제를 통해 복잡하고 길게 구성된 상대자료
의 계산식을 파악하는 연습을 충분히 해 두어야 한다. 특히 「A 당 B」 형식의 상대자료는 물어
보는 대상이 복잡한 경우가 많기 때문에 충분히 연습을 해야 한다.

정답 ≫ ⑤

문 21.

다음 〈표〉는 우리나라 7개 도시의 공원 현황을 나타낸 자료이다. 〈표〉와 〈조건〉을 바탕으로 '가'∼'라' 도시를 바르게 나열한 것은?

〈표〉 우리나라 7개 도시의 공원 현황

구분	개소	결정면적 (백만 m²)	조성면적 (백만 m²)	활용률 (%)	1인당 결정면적 (m²)
전국	20,389	1,020.1	412.0	40.4	22.0
서울	2,106	143.4	86.4	60.3	14.1
(가)	960	69.7	29.0	41.6	25.1
(나)	586	19.6	8.7	44.2	13.4
부산	904	54.0	17.3	29.3	16.7
(다)	619	22.2	12.3	49.6	15.5
대구	755	24.6	11.2	45.2	9.8
(라)	546	35.9	11.9	33.2	31.4

┤ 조건 ├

○ 결정면적이 전국 결정면적의 3 % 미만인 도시는 광주, 대전, 대구이다.

○ 활용률이 전국 활용률보다 낮은 도시는 부산과 울산이다.

○ 1인당 조성면적이 1인당 결정면적의 50 % 이하인 도시는 부산, 대구, 광주, 인천, 울산이다.

	가	나	다	라
①	울산	광주	대전	인천
②	울산	대전	광주	인천
③	인천	광주	대전	울산
④	인천	대전	광주	울산
⑤	인천	울산	광주	대전

➤ 자료 이해

• 주어진 자료를 바탕으로 '가∼라'에 해당하는 도시를 매칭시키는 문제이다. 이와 같은 유형의 문제는 확실하게 대상을 결정해주거나, 계산이 쉬운 조건부터 확인해야 한다.

• 이 문제의 경우 단순비교 〈조건〉인 〈조건 2〉부터 살펴보는 것이 효율적이다.

• '1인당 결정면적'은 ⌜$\dfrac{결정면적}{인구}$⌟이므로 자료에 주어지지 않은 인구에 대한 관계를 얻을 수 있다.

옆 여백 주석

발문	• 자료 요약 • '가'∼'라' 도시 나열(매칭형)
제목	• 주 자료 요약
단위 항목	• 실수자료: 공원 수(개소) • 실수자료: 결정면적(백만 m²) • 실수자료: 조성면적(백만 m²) • 상대자료: 활용률 (%) 　기준값 및 분자 알 수 없음 • 상대자료: 1인당 결정면적(m²) 　$= \dfrac{결정면적}{해당 도시인구}$
주 자료	• 〈조건〉 　조건1: 단순연산 　조건2: 단순읽기 　조건3: 응용연산 • 간단한 '조건2' 부터 처리하는 것이 좋음
각주	
선택지	• 매칭형 선택지 – 선택지 매칭 상황을 보고 경우의 수를 줄일 수 있음 – 예를 들어 선택지 구성상 '가'는 울산 또는 인천임 – 광주와 대전은 나와 다 중 하나일 가능성이 큼

> **해설**

* 〈조건2〉 활용률이 전국 활용률보다 낮은 도시는 부산과 울산이다.

  → 전국 활용률은 40.4%이고 이보다 활용률이 낮은 도시는 '부산'과 '라'이다.

  따라서 '라'는 울산이다.

  → 〈선택지〉 구성에서 '라'에 울산이 매칭되어 있지 않은 ①, ②, ⑤를 제거할 수 있다.

  → 남은 〈선택지〉에서 '가'는 인천이고, '나'와 '다' 중 대전과 광주를 구별해 주면 된다.

  → 따라서 광주와 대전을 구별해 줄 수 있는 〈조건〉을 우선적으로 살펴보아야 한다. 〈조건1〉은 광
    주와 대전을 구별해 주는 조건이 아니므로 〈조건3〉을 먼저 검토하는 것이 좋다.

* 〈조건3〉 1인당 조성면적이 1인당 결정면적의 50 % 이하인 도시는 부산, 대구, 광주, 인천, 울산이다.

  → 1인당 조성면적은 「$\dfrac{\text{도시 조성면적}}{\text{도시인구}}$」, 1인당 결정면적은 「$\dfrac{\text{도시 결정면적}}{\text{도시인구}}$」이다.

  → 같은 도시에서 도시 인구는 같을 것이므로 다음과 같이 식을 정리할 수 있다.

  「$\dfrac{\text{1인당 조성면적}}{\text{1인당 결정면적}} = \dfrac{\dfrac{\text{도시 조성면적}}{\text{도시인구}}}{\dfrac{\text{도시 결정면적}}{\text{도시인구}}} = \dfrac{\text{도시 조성면적}}{\text{도시 결정면적}}$」이다.

  → 따라서 「$\dfrac{\text{도시 조성면적}}{\text{도시 결정면적}} < 0.5$」여부를 '나'와 '다'에 대해서만 살펴보면 된다.

  → '나'는 「$\dfrac{8.7\text{백만 m}^2}{19.6\text{백만 m}^2} < 0.5$」이고 '다'는 「$\dfrac{12.3\text{백만 m}^2}{22.2\text{백만 m}^2} > 0.5$」이다.

  → 따라서 정답은 ③번이다.

참고

〈조건1〉을 살펴보면,

〈조건1〉 결정면적이 전국 결정면적의 3 % 미만인 도시는 광주, 대전, 대구이다.

→ 전국 결정면적이 1,020.1백만㎡이고 이 값의 3%는 약 30백만㎡이다.

→ 결정면적이 30백만㎡보다 작은 도시는 '나'와 '다', 대구이다.

→ '나'와 '다'는 광주, 대전과 매칭되어야 하므로 〈선택지〉 ⑤번을 제거할 수 있다.

[TIP]

〈조건3〉을 판단할 때 1인당 조성면적은 주어져 있지 않기 때문에 제시된 '1인당 결정면적'을 이용해
서 인구를 먼저 구하려고 할 수 있다. 물론 계산은 가능하지만 비효율적이다. 따라서 비교할 수 있
는 대상을 직접 계산으로 구하는 것보다 간접적인 방식으로 비교할 수 있을지 생각해보는 것이 중
요하다.

정답 >> ③

문 22.

다음 〈그림〉은 A 사 플라스틱 제품의 제조공정도이다. 1,000 kg의 재료가 '혼합' 공정에 투입되는 경우, '폐기처리' 공정에 전달되어 투입되는 재료의 총량은 몇 kg인가?

〈그림〉A 사 플라스틱 제품의 제조공정도

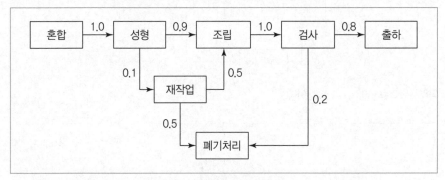

※ 제조공정도 내 수치는 직진율 $\left(=\dfrac{\text{다음 공정에 전달되는 재료의 양}}{\text{해당 공정에 투입되는 재료의 양}}\right)$ 을 의미함

예를 들어, 가 $\xrightarrow{0.2}$ 나 는 해당 공정 '가'에 100kg의 재료가 투입되면

이 중 20kg(=100kg×0.2)의 재료가 다음 공정 '나'에 전달되어 투입됨을 의미함

① 50

② 190

③ 230

④ 240

⑤ 280

발문	• 자료 요약 • 본문 자료에 없는 정보 　: 투입되는 재료 1,000kg • 폐기처리 공정에 전달되어 투입되는 재료
제목	• 주 자료 요약
단위 항목	• 단위는 주어져 있지 않지만 그림의 수치는 다음 공정에 투입되는 비율을 의미함
주 자료	• 각 사각 불럭은 공정을 의미 • 화살표는 공정 사이에 재료 전달 방향을 의미 • 수치는 직진율(각주에서 정의)
각주	• 주 자료의 수치의 정의 　: 직진율=$\dfrac{\text{다음 공정 전달량}}{\text{해당 공정 투입량}}$
선 택 지	• 수치로 선택지 제시

> 자료 이해 ///

• 〈발문〉을 보면 처음 '혼합'공정에 투입되는 재료의 양은 1,000KG이다.

• 〈각주〉를 보면 제조공정도 내 수치가 직진율을 의미하므로 각 공정을 거쳤을 때 재료의 변화를 다음과 같이 계산할 수 있다.

→ 다음 공정에 전달되는 재료의 양=해당 공정에 투입되는 재료의 양×직진율

> 해설

공정도의 구조와 수치를 이해하여 폐기처리 공정에 투입되는 양을 계산한 결과는 다음과 같다.

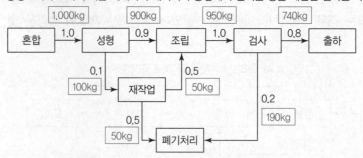

따라서 「50kg+190kg=240kg이다.」

정답 >> ④

문 23.

다음 〈그림〉과 〈조건〉은 직장인 '갑'~'병'이 마일리지 혜택이 있는 알뜰교통카드를 사용하여 출근하는 방법 및 교통비에 관한 자료이다. 이에 근거하여 월간 출근 교통비를 많이 지출하는 직장인부터 순서대로 나열하면?

〈그림〉 직장인 '갑'~'병'의 출근 방법 및 교통비 관련 정보

직장인	이동거리 A [m]	출근 1회당 대중교통요금 [원]	이동거리 B [m]	월간 출근 횟수 [회]	저소득층 여부
갑	600	3,200	200	15	○
을	500	2,300	500	22	×
병	400	1,800	200	22	○

┤ 조건 ├

○ 월간 출근 교통비 ＝{출근 1회당 대중교통요금 − (기본 마일리지 + 추가 마일리지) × $\left(\dfrac{\text{마일리지 적용거리}}{800}\right)$}× 월간 출근 횟수

○ 기본 마일리지는 출근 1회당 대중교통요금에 따라 다음과 같이 지급함

출근 1회당 대중교통요금	2천 원 이하	2천 원 초과 3천 원 이하	3천 원 초과
기본 마일리지 (원)	250	350	450

○ 추가 마일리지는 저소득층에만 다음과 같이 지급함

출근 1회당 대중교통요금	2천 원 이하	2천 원 초과 3천 원 이하	3천 원 초과
기본 마일리지 (원)	100	150	200

○ 마일리지 적용거리(m)는 출근 1회당 도보·자전거로 이동한 거리의 합이며 최대 800 m까지만 인정함

① 갑, 을, 병
② 갑, 병, 을
③ 을, 갑, 병
④ 을, 병, 갑
⑤ 병, 을, 갑

발문	• 자료 요약 • 월간 출근 교통비 많이 지출하는 직장인부터 나열
제목	• 주 자료 요약
단위 항목	• 실수자료: 이동거리(m) • 실수자료: 월간 출근 횟수(회) • 상대자료: 출근 1회당 대중교통요금(원) − 월간대중교통요금 ＝월간 출근횟수×1회당대중교통요금 • 〈그림〉, 〈조건〉에 단위가 원, 천원이 섞여 있으므로 단위 주의
주 자료	• 〈조건〉 조건 1＝주 계산식 조건 2＝기본 마일리지 조건 3＝추가 마일리지 조건 4＝마일리지 적용거리 상한선 • 〈그림〉의 자료값으로 각 조건에 해당하는 값 결정
각주	
선택지	선택지를 고려할 때 교통비를 가장 많이 지출하는 직장인은 갑, 을, 병 중 하나이다. 그리고 선택지에서 '갑', '을'이 가장 우선에 각각 두 개씩이므로 '갑' 또는 '을' 중 하나일 가능성이 크다.

> 자료 이해 ///

• 갑, 을, 병에 해당하는 〈조건〉을 적용시켜야 한다. 특히 '마일리지 적용거리' 관련 〈조건〉을 주의해야 한다.
• '마일리지 적용거리' 〈조건〉을 해석하면, 마일리지 적용거리는 「'이동거리 A'+'이동거리 B」이며 800m를 넘는 경우 800m까지 인정한다.
  ▶ 갑: 600m+200m=800m ⇒ 800m 인정
  ▶ 을: 500m+500m=1,000m ⇒ 800m 이상이므로 800m만 인정
  ▶ 병: 400m+200m=600m ⇒ 800m를 넘지 않으므로 600m 인정

> 해설 ///

	기본마일리지	추가마일리지	마일리지적용거리	월간출근횟수
갑	450원	200원	800m	15회
을	350원	0원	800m	22회
병	250원	100원	600m	22회

▶ 갑: {3,200원−650원×1}×15회=2,550원×15회=38,250원
▶ 을: {2,300원−350원×1}×22회=1,950원×22회=42,900원
▶ 병: $\{1,800원 - 350원 \times \frac{3}{4}\}$×22회=약1,530원×22회=33,660원

따라서 월간 교통비를 많이 지출하는 직장인부터 순서대로 나열하면 을, 갑, 병이다.

🔍 참고 —
 마지막 계산에서 직접 계산하지 않고 곱셈비교를 통해서 대소관계만 파악하는 것도 가능하다.

정답 ≫ ③

퀴즈형 <small>2020년 5급 나형 39번</small>

다음 〈표〉는 Z 리그 A~G 족구팀의 경기 결과이다. 〈표〉와 〈조건〉에 근거한 〈보기〉의 설명 중 옳은 것만을 모두 고르면?

〈표〉 Z 리그 족구팀 세트 스코어와 최종 승점

팀 \ 구분	1경기	2경기	3경기	4경기	5경기	6경기	승패	최종 승점
A	0 : 2	0 : 2	( )	( )	( )	0 : 2	2승 4패	6
B	2 : 1	2 : 0	0 : 2	1 : 2	0 : 2	1 : 2	2승 4패	7
C	1 : 2	2 : 0	0 : 2	2 : 1	2 : 0	2 : 1	4승 2패	11
D	2 : 0	1 : 2	2 : 0	2 : 0	2 : 0	2 : 1	5승 1패	15
E	( )	( )	1 : 2	0 : 2	( )	0 : 2	3승 3패	( )
F	0 : 2	0 : 2	2 : 0	2 : 0	2 : 0	2 : 0	4승 2패	12
G	1 : 2	2 : 0	0 : 2	0 : 2	0 : 2	1 : 2	1승 5패	5

※ 세트 스코어에서 앞의 수가 해당 팀이 획득한 세트 수임

┤ 조건 ├

ㅇ 한 팀이 다른 모든 팀과 각각 1번씩 경기한다.
ㅇ 한 경기에서 2세트를 먼저 획득한 팀이 승리한다.
ㅇ 세트 스코어가 2 : 0인 경우 승리팀에 승점 3점 및 패배팀에 승점 0점을 부여하고, 세트 스코어가 2 : 1인 경우 승리팀에 승점 2점 및 패배팀에 승점 1점을 부여한다.
ㅇ 경기한 총 세트 수는 A와 G가 같다.

┤ 보기 ├

ㄱ. 모든 팀 최종 승점의 합은 60점 이상이다.
ㄴ. E가 승리한 경기의 세트 스코어는 모두 2 : 1이다.
ㄷ. A가 2 : 0으로 승리한 경기 수는 1개이다.

① ㄱ
② ㄱ, ㄴ
③ ㄱ, ㄷ
④ ㄴ, ㄷ
⑤ ㄱ, ㄴ, ㄷ

발문 · 자료 요약 · 옳은 것 취합

제목 · 주 자료 요약

단위 항목 · 승점(점)

주 자료
· 스코어 표에서 승리와 패패 수는 같아야 함
· 스코어 표에서 승리한 세트 수와 패배한 세트 수가 같아야 함
· 스코어 결과가 반대인 결과가 반드시 있어야 함
· 조건에서 조건3과 조건4가 핵심 조건임

각주

선택지
ㄱ. 괄호작성 → 단순연산
ㄴ. 괄호작성 → 단순읽기
ㄷ. 괄호작성 → 단순읽기

> **자료 이해** ///

• 경기 스코어 〈표〉도 가끔 출제되는 퀴즈 스타일의 자료로 숨겨진 조건들을 이해해야 한다. 스코어 〈표〉에서는 승리한 수와 패패한 수가 일치해야 하고, 경기 결과도 a : b의 결과가 있으면 b : a의 결과도 반드시 있어야 함을 이용해야 한다.
• 〈조건〉을 보면 승점이 승패뿐만 아니라 세트 스코어에도 따라 달라짐을 주의해야 한다. 〈조건3〉과 〈조건4〉를 중점으로 문제를 접근해야 한다.

> **옳은 지문** ///

ㄱ. (O)
팀은 7팀이고 각각 6경기까지 치렀으므로 각 팀이 치른 경기 수의 총합은 42경기이다. 2팀이 1경기를 함께 치르므로 총 경기는 「$\frac{42경기}{2}$=21경기」가 치러졌다. 그리고 〈조건2〉를 보면 1경기당 승리와 패배가 항상 결정되고 〈조건3〉을 보면 어떤 스코어의 상황이라도 승리한 팀과 패배한 팀의 승점 합은 3점이다.
따라서 모든 경기를 치른 후 최종 승점의 합은 「21경기×3점=63점」임을 알 수 있다.

> **참고** ─────

〈보기〉 ㄱ에서 다음과 같이 추론할 수도 있다.
'E'를 제외한 승점의 합은 56점이다. 'E'의 알려진 승패 결과가 3승 3패이고 3경기에서 승점 1점을 획득했다. 한편 'E'는 3, 4, 6경기는 패배하였으므로 1, 2, 5경기에서 승리하였고 승리한 경우 최소승점은 2점이므로 'E'의 1, 2, 5경기 승점 합은 최소한 6점이다. 따라서 'E'의 최종 승점은 최소한 「1점+6점=7점」이므로 모든 팀 최종 승점은 최소한 「56점+7점=63점」으로 60점 이상이다.

ㄴ. (O)
〈보기〉 ㄱ의 해설을 보면 모든 팀의 최종 승점의 합은 63점이다. 그런데 'E'를 제외한 팀의 최종 승점의 합을 계산하면 56점이므로 'E'가 얻은 승점은 7점이다.
그리고 'E'는 3, 4, 6경기에서 3패를 하고 3경기에서 승점 1점을 획득했으므로 1, 2, 5경기에서는 「7점-1점=6점」을 획득했다. 한편, 승패는 3승 3패인데 3, 4, 6경기에는 3패를 하였으므로 1, 2, 5경기에서는 모두 승리하였다. 〈조건3〉을 보면 승리한 경우에 승점은 2점 또는 3점인데 1, 2, 5경기에서 얻은 승점은 6점이므로 1, 2, 5경기에서 모두 승점 2점을 얻었음을 알 수 있다.
결국 승점 2점을 얻은 경우는 〈조건3〉에 따라 2:1로 승리한 경우이므로 'E'는 승리한 1, 2, 5경기에서 모두 2 : 1로 승리하였다.

ㄷ. (O)
'A'는 1, 2, 6경기에서 3패를 하였고 승패는 2승 4패이므로 3, 4, 6경기의 결과는 2승 1패이다. 그리고 최종 승점은 6점이므로 3, 4, 6경기의 가능한 경우의 수는 「2 : 0(3점), 2 : 0(3점), 0:2(0점)」 또는 「2 : 0(3점), 2 : 1(2점), 1 : 2(1점)」이다.
그런데, 〈조건4〉에서 'A'와 'G'가 경기한 총 세트 수가 같고, 'G'가 경기한 총 세트를 〈표〉에서 세면 14세트이므로 'A'의 총 경기 세트 수도 14세트가 되어야 한다.
1, 2, 6경기에서 'A'는 6세트를 치렀으므로 3, 4, 5경기에서는 8세트를 치러야 한다. 따라서 위에서 조사한 두 가지 경우 중에 세트 수가 8세트인 「2 : 0(3점), 2 : 1(2점), 1 : 2(1점)」의 결과가 되어야 하므로 2 : 0으로 승리한 경기 수는 1개이다.

정답 ≫ ⑤

PSAT 자료해석

초판발행 | 2021년 12월 01일
편 저 자 | 강필
발 행 처 | 오스틴북스
인   쇄 | 영피앤피
등록번호 | 제 396-2010-000009호
주   소 | 경기도 고양시 일산동구 백석동 1351번지
전   화 | 070-4123-5716
팩   스 | 031-902-5716

정   가 | 19,000원
I S B N | 979-11-88426-29-4 13320